Andrea Freitag

Schurkisch!

Über das Böse und das Gute im Film

Andrea Freitag

Schurkisch!

Über das Böse und das Gute im Film

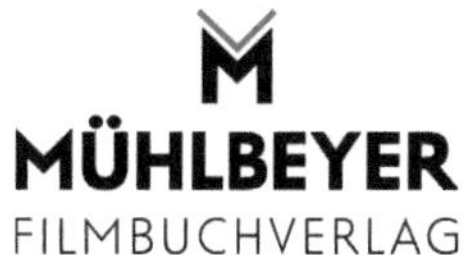

Bibliografische Information der Deutschen Nationalbibliothek:

Die Deutsche Nationalbibliothek verzeichnet diese Publikation in der Deutschen Nationalbibliografie; detaillierte bibliografische Daten sind im Internet über http://dnb.d-nb.de abrufbar.

Inh. Harald Mühlbeyer
Frankenstraße 21a
67227 Frankenthal
www.muehlbeyer-verlag.de

Lektorat, Layout: Harald Mühlbeyer

Umschlagbild: © Nina Lange

Umschlaggestaltung: Steven Löttgers, Löttgers-Design Birkenheide / Harald Mühlbeyer

ISBN: 978-3-945378-33-5

Druck: BoD, Norderstedt
Printed in Germany

Inhalt

Widmung

Für Muddy und Paps, Nina
und die Universitäts- und Landesbibliothek Düsseldorf.

1. Vorwort

»Und Gott sah, dass es gut war.«[1]

Gott sah also, dass »es« gut war. Aber sah er dabei auch das Böse? Und wenn er es nicht gesehen hat, wie kann der Mensch es sehen? Schmecken die Früchte vom Baum der Erkenntnis des Guten und Bösen denn allen gleich?

Die Trennung zwischen dem Guten und dem Bösen, zwischen Recht und Unrecht ist etwas, das dem Menschen von seinem Umfeld notwendigerweise von klein auf vermittelt wird. Aber dennoch sind die beiden Diskurse nie eindeutig fassbar.[2] Ihre Auslegung ist allzu oft situations- und kulturbedingt, sodass man sich fragt: Gibt es bestimmte Handlungen, die ausschließlich böse oder gut sind? Was macht einen echten Helden aus? Und ab wie vielen bösen Taten ist man eigentlich ein Schurke? Die Kategorien Gut und Böse werden häufig als a priori gegebener Teil der Menschheit angesehen, sind aber kulturellen Ursprungs. Über die Zeit wurden vielfältige religiöse, philosophische, psychologische und soziokulturelle Ansichten gesammelt, jedoch kann keiner der formulierten Deutungsansätze eine Allgemeingültigkeit für sich beanspruchen. Denn wenn eine der bisherigen Deutungen allgemeingültig wäre, so wäre sie jedem Menschen auf der Welt intuitiv verständlich und müsste weder propagiert noch verteidigt werden. Da es aber zahlreiche Deutungsansätze in der Dialektik von Gut und Böse gibt, muss weiter verhandelt werden, um einem vermeintlich allgemein verständli-

1 1. Moses 1, 12. Deutsche Bibelgesellschaft: Die Bibel – nach der Übersetzung Martin Luthers. Stuttgart: 1991.
2 Vgl. Neil Bather: There is evil there that does not sleep... The Construction of Evil in American Popular Cinema from 1989 to 2002, 2006 unter: http://researchcommons.waikato.ac.nz/bitstream/handle/10289/2564/thesis.pdf?sequence=2&isAllowed=y (Stand: 01.06.2014), S. 333.

chen Ansatz zumindest nahe zu kommen: Sei es im religiösen Sinne in Form von heiligen Schriften, im kritischen Sinne der Philosophie oder auf die fiktiv-kreative Weise der Literatur.

Die popkulturelle Variante Nummer eins zur Vermittlung eines bestimmten Konzeptes von Gut und Böse ist der Film. Das Aufeinandertreffen von Schurken- und Heldenfiguren und ihr stellvertretend für alles Gute und Böse ausgetragene Kampf verweist nicht nur auf ihre koexistente Beziehung, sondern auch auf das jeweils zugrundeliegende moralische Weltbild. Ganze Generationen von Menschen können so für ein bestimmtes Konzept der Weltansicht begeistert werden. Insbesondere das Fortschreiten der Film- und Tricktechnik ermöglicht eine fantasievolle und eindrückliche Inszenierung, deren Bildgewalt den Inhalt des Films herausfordert.

Je nach Genre und Ziel eines Films gibt es unterschiedliche Heldenfiguren und Gegenspieler, die es zu überwinden oder zu bewundern gilt. Von den mythischen Helden in Legenden und Märchen über Superhelden und ihre Schurken bis hin zu Horrorfilm-Monstern mit Kultstatus: Schurken und Helden sind untrennbar miteinander verbunden.[3] Oft ist es erst der Einfluss des Schurken, der den Zuschauer dazu bringt, den Erlebnissen des Helden seine Aufmerksamkeit zu schenken.[4] Dabei scheint das Böse insbesondere in fiktionalen Werken durch seine fremde, ungewisse Entität und seine teilweise sogar der Norm bewusst widersprechenden Handlungen einen Reiz auf den Zuschauer auszuüben. Der Reiz des Verbotenen konkurriert in vielerlei Art mit der ehrenvollen Erscheinung des Helden. Der Schurke im Film kann dabei überaus ambivalent erscheinen. Als Unsympath, dessen Bestrafung das Publi-

3 Vgl. Orrin E. Klapp: Heroes, Villains and Fools, as Agents of Social Control. In: American Sociological Review, Vol. 19, No. 1, 1954 unter: http://www.jstor.org/stable/pdfplus/2088173.pdf?&acceptTC=true&jpdConfirm=true, (Stand: 24.06.2014), S. 57.

4 Vgl. Bather: Construction of Evil, S. 80.

kum herbeisehnt, als Verführer[5], oder aber als Mitleid und Empathie weckende Figur. Insbesondere wenn sich seine Handlungen als nachvollziehbar herausstellen, erscheint der Schurke nicht vollständig böse. »Cinematic evil maintains a kind of double movement, having to be simultaneously repulsive and attractive.«[6] Der Verführer verspricht genau das, was andere verbieten. Diese gleichzeitig verführerische, aber auch abstoßende Wirkung ist zentral für die Spannung zwischen den Figuren untereinander und gegenüber dem Zuschauer.

Wie und warum das Böse unabhängig von Genre und Altersfreigabe in so vielen Filmen auftritt und maßgeblich zur Handlung beiträgt, soll im Folgenden untersucht werden. Hierbei lege ich meinen Fokus auf die Darstellung männlicher Schurken in ausgewählten amerikanischen Kinofilmen zwischen 1940 und 2014. Es sei angemerkt, dass ich dabei nicht ausführlich auf den Gender-Aspekt der Darstellung von weiblichen und männlichen Schurken eingehe. Die Unterschiede zwischen weiblichen und männlichen Schurken sind zahlreich und lassen sich meist eher auf kulturelle Gender-Ansichten als auf von Natur aus vorhandene körperliche Voraussetzungen zurückführen. Gewiss werden etliche weibliche Schurken stereotyp auf Schönheit oder Sexualität bzw. ihre körperliche Reproduktionsfähigkeit reduziert[7]. Insbesondere Figuren wie die *femme castratrice*, die *Vagina Dentata* oder der *Monstrous Womb*[8] werden als »Archetypen« bezeichnet, obwohl sie nur eine sehr selektive Auswahl darstellen. Jedoch werden männliche Helden und Schurken meist ebenso stereotyp auf einzelne Attribute wie z. B. perfekt trainierte Körper, große Genitale oder wahlweise viele Kinder bzw.

5 Vgl. Norbert Lennartz: The Bourgeois as a Villain: Representations of Evil in Ninteenth-Century British Fiction. In: Jochen Achilles, Ina Bergmann (Hrsg.): Representations of Evil in Fiction and Film. Trier 2009, S. 77-94, hier: S. 77.

6 Bather: Construction of Evil, S. 171.

7 Z. B. die Alien-Königin in ALIEN – DAS UNHEIMLICHE WESEN AUS EINER FREMDEN WELT (Ridley Scott, 1979) oder Pamela Vorhees in FREITAG DER 13. (Sean D. Cunningham, 1980).

8 Vgl. Barbara Creed: The Monstrous-Feminine. Film, Feminism, Psychoanalysis. New York 1993, S. 7.

Anhänger reduziert. Es fällt also auf, dass die Reduktion auf einzelne körperliche Merkmale sowohl bei Frauen als auch bei Männern vorgenommen wird. Auch ihre Ambitionen sind nicht so unterschiedlich, wie es häufig vermittelt wird. Der Großteil weiblicher Schurken verfolgt ebenso wie männliche Schurken ehrgeizige Ziele wie z. B. politische Macht.[9] Als alleinige Heldinnen hingegen sind Frauen selten. Üblicherweise fungieren sie als weibliches Quoten-Mitglied im Team des Helden, es sei denn, sie befinden sich in Action-Filmen wie in Quentin Tarantinos Kill Bill Vol. 1 und 2 (2003 und 2004) selbst auf einem Rachefeldzug. Im märchen-ähnlichen Disneyfilm dienen weibliche Figuren wie Megara aus Hercules (Ron Clements/John Musker, 1997) meist als zu rettendes Opfer und Anreiz für den Helden.[10] Eigenständige Träger der Handlung sind sie nur selten. Dieses Phänomen bedarf jedoch einer weitaus detaillierten Analyse, die nicht an dieser Stelle erfolgen soll.

Erwähnenswert, aber ebenfalls nicht im Fokus ist der Einfluss des filmtechnischen Fortschritts. Gewiss hat die Entwicklung von Techniken wie Motion Capture und 3D-Animationen die Filmwelt und Produktionsmöglichkeiten massiv beeinflusst, dies soll jedoch nicht Teil der vorliegenden Analyse sein. Darüber hinaus wird nicht davon ausgegangen, dass der durch den Regisseur intendierte Ansatz ein anderer ist als der, den der Zuschauer rezipiert. Die multidimensionalen Rezeptionsmöglichkeiten, die in der Individualität jedes einzelnen Menschen begründet sind, ließen eine umfassende Analyse unmöglich werden.

Mein Fokus liegt vielmehr auf der inhaltlichen Gegenüberstellung diverser Darstellungsformen von männlichen Schurken in exemplarisch gewählten, einzelnen Filmen verschiedener Genres, und natürlich auch

9 Z. B. Ursula in Arielle die Meerjungfrau (The Little Mermaid, Ron Clements/ John Musker, 1989) oder Izma in Ein Königreich für ein Lama (The Emperor's New Groove, Mark Dinal, 2000).

10 Vgl. Carol J. Clover: Men, Women, and Chainsaws. Gender in the Modern Horror Film. New Jersey 1992, S. 4.

auf dem Vergleich mit den ihnen gegenübergestellten Helden. Insbesondere die Punkte Gewalttätigkeit, Moral, das Verhältnis zu anderen Figuren und der Exzess als Maßstab werden dabei als Anhaltspunkte dienen.

Dies geschieht intendiert losgelöst vom historischen Kontext, nach dem Filme als gesellschaftliche Verarbeitung von Ereignissen zu sehen sind. Ein ausschließlicher Fokus auf den Einfluss gewisser Ereignisse und die jeweiligen Auswirkungen auf das soziale Umfeld wird der Komplexität des Mediums Film nicht gerecht. Gewiss stellen die in Filmen auftauchenden Figuren und Themen die in ihrer Zeit relevanten Themen dar oder spiegeln besonders einschneidende Ereignisse wider.[11] Rick Worland nennt als Beispiel den Vietnamkrieg als geistigen Vater des Body-Count-Genres. Demnach werden in Filmen insbesondere vorherrschende Ängste artikuliert. Unter anderem erreichten die Spionage-Filme einen ersten Höhepunkt im Nachgang zur Offenlegung der Watergate-Affäre 1972. Ereignisse wie der 2. Weltkrieg und technische Meilensteine wie z. B. die Mondlandung 1969 wurden in Filmen mit Nationalsozialismus-Thematik oder Katastrophenfilmen verarbeitet. Die apokalyptischen Katastrophenfilme der 90er Jahre sind auch auf die unmittelbar bevorstehenden Jahrtausendwende und die daraus resultierenden Zukunftsängste beziehbar. Im neuen Jahrtausend sind Terrorismus und Krieg ein bevorzugtes Thema, insbesondere seit den Anschlägen auf das World Trade Center im Jahr 2001. Jedoch ist die rein historische Betrachtung eines Films ebenso wenig umfassend wie ein rein technischer oder genderzentrierter Ansatz.

Interessant ist, dass sich die Arten der Schurken und Helden bei allen historischen Einflüssen nicht chronologisch von gut zu böse oder umgekehrt entwickelt haben. Jede Art von Schurke hat es in jeder Zeit gegeben, insofern ist auch die von mir genutzte Unterteilung nicht als chronologisch zu betrachten. Die Veränderungen in Qualität und Quan-

11 Vgl. Rick Worland: The Horror Film. An Introduction. Malden/USA: 2007, S. 231.

tität des Schurkentums richten sich vielmehr nach den einzelnen Genres. Da diese jedoch nicht allumfassend dargestellt werden können, werden nur auszugsweise Filme aus den Genres Animationsfilm (mit besonderem Fokus auf abendfüllende Disneyfilme), Superheldenfilm (anhand verschiedener Batmanverfilmungen) und dem Horrorfilm (anhand dem Thriller und Slasher) verglichen. Es wird sich zeigen, dass das Böse in Filmen aller Genres gegenwärtig ist, jedoch in verschiedenen Ausprägungen und mit verschiedenen Intentionen. Die Entscheidung für den Vergleich derartig populärkultureller Genres fiel durch eben diese Eigenart, dass sie, wie Neil Bather formuliert, von der Masse des Volkes konsumiert werden. Ihr Einfluss auf die Gesellschaft lässt sich dadurch mindestens als ebenso signifikant bezeichnen wie der Einfluss der sogenannten Hochkultur.[12] Da Filme gleichzeitig Produkte und Teile der Kulturgesellschaft sind, besteht eine wechselseitige Beziehung. Die sich gegenseitig antreibenden Motoren Film und Kultur sorgen für eine stetige Entwicklung des Filmschurken-Diskurses. Gerade die aufgrund begrenzter zeitlicher und finanzieller Mittel bewusst stereotype Darstellung einzelner Handlungsträger, wie z. B. Helden, Opfer, Täter und Nebenfiguren, steht laut Neil Bather immer wieder in der Kritik[13], wird von Filmschaffenden jedoch nur allzu selten aufgebrochen. Die Definition von Gut und Böse changiert nicht nur zwischen Film und Realität, sondern auch zwischen und innerhalb der einzelnen Genres: »What is evil in one film may not be evil in another.«[14]

Dennoch haben die Schurken genreübergreifend viel gemeinsam. Dies liegt unter anderem im kulturellen Austausch begründet, da sich das cineastische Böse stets bereits bekannter Annahmen über das Böse bedienen kann. »Evil can be a symptom of the psychological darkness of the individual soul, or it may be the nature of the world.«[15] Wie das

12 Vgl. Bather: Construction of Evil, S. 70.
13 Vgl. ebd., S. 27.
14 Ebd., S. 5.
15 Ebd., S. 168.

Böse auf die Handlung einwirken darf, ist also vom Gesamtkonzept des Filmes abhängig. Mutmaßlich allgemeingültige Faktoren, wie beispielsweise der Einsatz von Gewalt, werden Schurkenfiguren blind zugeschrieben, um sie ohne die Entwicklung einer detaillierten Persönlichkeit zu charakterisieren. Aber betrachtet man den Einsatz von Gewalt im Film einmal genauer, so wird rasch klar: Anhand des Gewalteinsatzes lässt sich keine Einordnung in die Kategorien Gut oder Böse vornehmen. Gewalt ist kein reines Mittel des Schurken, der Held bedient sich ihrer ebenfalls.[16] Die moralische Unterscheidung des Gewalteinsatzes erfolgt vielmehr durch die vom Ausübenden verfolgte Intention und den Intensitätsgrad. Die Interpretation, welche Gewalt nun gut und welche böse ist, erfolgt sowohl auf der Leinwand als auch individuell in jedem Zuschauer.[17] Das Publikum ist angehalten, den Blick auf die verwerflichen Taten des Antagonisten zu fixieren und ignoriert dabei des Öfteren die Gewalttaten des Protagonisten. Dabei ist es das gewaltige Spektakel des Schurken, das den Zuschauer ins Kino lockt[18].

Trotz zahlreicher Filmanalysen und Forschungen im Bereich der Rezeption und Wirkungsweise ist die Erforschung des Bösen und des Schurken weiterhin erschreckend rückschrittig. Zwar existieren einzelne Analysen von Film-Ikonen wie Freddy Krueger aus der NIGHTMARE ON ELM STREET-Reihe (1984 – 2003) oder Scar aus DER KÖNIG DER LÖWEN (THE LION KING, Roger Allers/Rob Minkoff, 1994), eine vergleichende Analyse wurde bisher jedoch nicht unternommen. In entsprechend geringem Maße sind Quellen und mögliche Sekundärliteratur anwendbar, was eine Eigenanalyse insbesondere beim Disneyfilm unvermeidbar macht. Spätestens, wenn der Zuschauer sich fragen muss, wer denn in einem

16 Vgl. Martin Gerstenbräun: Sie haben schon genug? Aber wir sind doch noch unter Spielfilmlänge! Die Gewaltästhetik des Mainstreamfilms und Möglichkeiten des Widerstands. In: Gerhard Scholz, Veronika Schuchter (Hrsg.): Ultima Ratio? – Räume und Zeiten der Gewalt. Würzburg 2013, S 91-100, hier: S. 92.

17 Vgl. Bather: Construction of Evil, S. 222.

18 Vgl. ebd., S. 13f.

Film eigentlich im Recht ist, wird die Bedeutung der Kategorisierung deutlich. Daher soll die vorliegende vergleichende Analyse einen interdisziplinären Beitrag zur Verortung der Darstellung des Bösen im Film liefern. Dies geschieht bewusst über den Vergleich dreier völlig unterschiedlicher Genres, um eventuelle universelle und individuelle Wirkungsweisen und Faktoren des Bösen aufzeigen und gegenüberstellen zu können.

2. Die Dependenz der Darstellung

»Aber wann ist ein Held ein wahrer Held?«[19]

Jedes Genre hat typische Handlungsverläufe und Figuren, die der Hauptfigur begegnen und für sie bestimmte Funktionen erfüllen. Im Heldenepos beispielsweise tauchen Einheimische, weise Zauberer oder Mutterfiguren auf, die den Helden in seiner Aufgabe unterstützen und anleiten können.[20] Nur durch sie kann er sein Potential entfalten und zu einem wahren Helden und universalen Menschen werden.[21] Mit jedem Helden ist immer auch ein Antagonist, ein Widersacher und Verführer verbunden. Dabei muss es sich nicht unbedingt um eine personifizierte Gestalt handeln, auch Phänomene wie z. B. Naturkatastrophen, ein feindlich gesinntes Umfeld oder Schicksalsschläge können als Antagonisten fungieren. Die Essenz ist: Sobald etwas nicht »gut« ist, muss es »böse« sein.[22]

Es stellt sich jedoch die Frage, warum der Held nicht aus sich selbst heraus zum Helden werden kann. Warum sind Schurken und Widersacher notwendig, um die Entwicklung des Helden zu katalysieren? Ist der Held nur ein Opfer seiner Umstände? Insbesondere im Superheldenfilm entstehen Superhelden und Superschurken immer wieder in gegenseitigem Einfluss: Wie beispielsweise in Tim Burtons BATMAN (1989), in dem Bruce Wayne (Michael Keaton) ohne die Ermordung seiner Eltern durch den Joker (Jack Nicholson) nie zu Batman geworden wäre, und in dem der Joker seine größten Schurkentaten niemals ohne die Herausforderung Batmans begehen würde. Ein typisches Motiv für Super-

19 Erzähler in HERCULES; 00:00:31 – 00:00:33.
20 Vgl. Campbell: Heros, S. 70f.
21 Vgl. ebd., S. 25.
22 Vgl. David W. Westfall: Why Nemo Matters – Altruism in American Animation. 2009 unter: http://krex.k-state.edu/dspace/bitstream/handle/2097/1414/DavidWestfall2009.pdf?sequence=1&isAllowed=y, (Stand: 30.04.2014), S. 37.

schurken (die im Gegensatz zu »normalen« Schurken meist über übermenschliche Fähigkeiten verfügen[23]) ist die persönliche Rache, der der Held sich entziehen muss. Die »Helden« im Horrorfilm haben meist eine weniger persönliche Beziehung zu ihrem Schurken. Der Horrorfilm-Schurke fordert zumindest anfangs nicht speziell den Tod des Protagonisten, sondern tötet alles, was ihm im Weg steht. Helden werden erst die, die das Zusammentreffen mit ihm überleben und ihren Überlebensdrang über ihre Furcht und ihre Vorbehalte stellen. Ohne die Bedrohung durch den sie jagenden Widersacher würden die Protagonisten im Horrorfilm nicht zu gewalttätigen, aber in Notwehr vollzogenen Handlungen fähig sein. Typisch hierfür ist das »Final Girl« als intelligente und üblicherweise sexuell nicht aktive Frau, die schon vor Beginn der Ereignisse etwas abseits der Gruppe steht.[24] Eine der ersten Figuren dieses Typs ist Laurie Strode (Jamie Lee Curtis) aus John Carpenters HALLOWEEN – DIE NACHT DES GRAUENS (HALLOWEEN, 1978), eine Babysitterin, die den Mörder Michael Myers (Tony Moran) ausschalten muss, um selbst zu überleben (hierzu mehr in Kapitel 5 »Das Böse im Horrorfilm«).

Im Disneyfilm wiederum stehen sich der Held und der Schurke zu Beginn meist nahe. Es ist der böse Plan des Schurken, der das Leben des Helden aus dem Gleichgewicht bringt und einen Ausgleich fordert. Scar in Disneys DER KÖNIG DER LÖWEN beispielsweise will selbst König werden, tötet darum den amtierenden König Mufasa und will es ebenso mit seinem Neffen Simba tun, der jedoch fliehen kann. Ohne die Tyrannenherrschaft Scars müsste Simba sich ihm nicht zum Kampf stellen, um das Königreich zurückzuerobern. Seinen »Platz im ewigen Kreis des Le-

23 Vgl. Jeff Rovin: The Encyclopedia of Supervillains. New York/Oxford 1987, S. viii.

24 Vgl. Creed: The Monstrous-Feminine, S. 124.

bens« muss man ihm erst streitig machen, damit er sich besinnen und sein wahres Potential als rechtmäßiger König erkennen kann (siehe hierzu Kapitel 3.3 »Der Schurke als Nemesis«).

Die dramaturgische Aufgabe des Schurken ist es also, den Helden möglichst spektakulär mit einer Ausnahmesituation zu konfrontieren. Allein durch die Anwesenheit einer Person, die zum Stereotyp »Schurke« gezählt wird, wird die Geschichte vorangetrieben. Weitere Erklärungen, die nur den Lauf der Geschichte verlangsamen würden, sind nicht notwendig.[25] Dabei wirkt der Schurke entweder, indem er den Helden in eine ihm unbekannte und daher bedrohliche Situation bringt, oder aber indem er eine nicht mehr verantwortbare Bedrohung für das Allgemeinwohl darstellt. Insbesondere die Bedrohung der gesamten Menschheit, die dann stellvertretend durch einige wenige Individuen gerettet werden muss, ist ein klassischer Handlungsverlauf diverser Filme. Häufig ist der Schurke hierbei selbst eine Personifikation des Hindernisses, das überwunden werden muss. Im Science-Fiction-Film beispielsweise sind die Außerirdischen zugleich die aktiven Gegenspieler und die ungewisse Bedrohung an sich. Ihre Körpergröße, ihre Fähigkeiten, die Stärke ihrer Kampfflotte und ihre Waffen sind überwältigend und übermenschlich. Sie sind das Fremde des Makrokosmos[26], des unbekannten da draußen, das Rätsel aufgibt und scheinbar nur positiv wirkt, wenn es vernichtet wird. Im Horrorfilm hingegen wird die Lebenswelt des Protagonisten laut Ursula Vossen auf einen winzigen Mikrokosmos zurückgedrängt, innerhalb dessen Gut und Böse ohne Gesetze neu verhandelt werden.[27] In diesem Mikrokosmos wird alles auf das instinktive Überleben beschränkt, jeder andere Aspekt des alltäglichen Lebens ist bedeutungslos. Dadurch gewinnen selbst die kleinsten Ereignisse, wie z. B. das Knacken eines Astes im Wald, immens an Bedeutung.

25 Vgl. Bather: Construction of Evil, S. 133.

26 Vgl. Ursula Vossen: Einleitung. In: Dies. (Hrsg.): Filmgenres. Horrorfilm. Stuttgart 2004, S. 13f.

27 Vgl. ebd., S. 13f.

Die Größe und Heldenhaftigkeit des Helden hängt zwar entscheidend von den Taten ab, ist jedoch, wie oben genannt, auch von seiner Position als Protagonist der Geschichte abhängig. Für das alltägliche, normale Überwinden eigener Zweifel oder das bloße Weiterleben nach einem Schicksalsschlag wird niemand zum Helden erklärt. Wenn jedoch das Böse droht, die Menschheit zu vernichten, so scheint dies (im Film) ein ausreichender Grund zu sein, über das alltägliche Verhalten hinauszuwachsen und stellvertretend für das Prinzip des Guten gegen Andere zu kämpfen. Der Held bezwingt eine gefährliche äußere Bedrohung, indem er den Kampf in seinem Inneren gewinnt[28], und umgekehrt. Jedoch wäre der cineastische Kampf gegen das Böse im Inneren und Äußeren nicht so anziehend, wenn das Böse nicht auch irgendwie faszinierend, irgendwie gut wäre (»Gut« jedoch nicht im Sinne des Guten, sondern vielmehr synonym für »etwas«, das der Mensch braucht).

Das Böse der eigenen Persönlichkeit auszuleben, oder auch nur damit in aktivem Kontakt zu stehen, ist in einer moralisch geprägten Gesellschaft sanktioniert. Filme bieten die Möglichkeit der Katharsis[29], d. h. der Reinigung von diesen »bösen« Einflüssen durch eine winzig kleine Teilhabe daran. Es ist die Faszination, sich mit dem Bösen auseinander zu setzen und daran zu partizipieren, ohne gesellschaftliche Sanktionen befürchten zu müssen, die das cineastische Böse anziehend erscheinen lassen kann. Das gilt jedoch nur bis zum Ende des Kampfes, an dem das Böse zwangsläufig verliert. Aber bis es soweit ist, kann es ein Spektakel seiner moralisch frei erscheinenden Weltsicht entfalten.[30]

> (...) [A]t first sight, evil seems to threaten the symbolic order (before it is eventually hunted down and overcome), but due to its ›pre-censored‹ nature it never stands a chance. The clash with

28 Vgl. Campbell: Heros, S. 34.
29 Vgl. Manfred Fuhrmann (Übers./Hrsg.): Aristoteles. Poetik. Stuttgart 1982, S. 109 (3) und 161f.
30 Vgl. Bather: Construction of Evil, S. 13.

> ›pre-censored‹ evil allows for the desired, but at the same time dreaded, encounter with the Other.[31]

Gewiss ist die Darstellung des Bösen nicht nur vom Genre, sondern auch von der Altersfreigabe abhängig. In Deutschland wird insbesondere durch die FSK (Freiwillige Selbstkontrolle) versucht zu regulieren, wer mit welcher Art von Film und somit auch welcher Art von Gewalt, Sexualität und Bosheit in Kontakt kommt. Kindern und Jugendlichen scheint der Kontakt mit dem Bösen weniger zuzutrauen zu sein als den »erfahrenen« Erwachsenen, die den Balanceakt zwischen moralisch richtigem Urteil und fiktivem Ausleben der eigenen Untiefen bewältigen können. Der Umgang mit einer allzu reizvollen Darstellung des bösen Aktes ist aber immer eine Gratwanderung.

> [Es geht] weniger um die Aspekte des Entsetzlichen und Abstoßenden, als vielmehr um die Momente der Attraktion und Faszination. Gemeint ist also jener merkwürdige Umstand, daß das Böse, obwohl offiziell verpönt und insgeheim von niemandem im Ernst für sich selbst als persönliche Erfahrung gewünscht, dennoch in der Lage ist, in unseren Augen eine Anziehungskraft und düstere Schönheit zu entwickeln, die man nicht ohne weiteres vermuten durfte.[32]

Die Art und Weise, wie dieses Böse bzw. der Schurke im Film inszeniert werden, ob also Potential zur Identifikation gegeben ist oder nicht, macht nicht nur den Reiz des Filmes sondern auch seine moralische Wirkung aus. Nicht alles Böse wird im Film verurteilt, es gibt sogar gerechtfertigte, scheinbar »böse« Handlungen, die nie als solche wahr-

---

31 Kai Hebel, Christiane Mathes: The Subversion of Evil in the Films of David Lynch. In: Jochen Achilles, Ina Bergmann (Hrsg.): Representations of Evil in Fiction and Film. Trier 2009, S. 245-260, hier: S. 248.

32 Doron Kiesel, Martin Rabius: Die Ästhetik des Bösen im Film. In: Rudolf Joos (Hrsg.): Die Ästhetik des Bösen im Film. Arnoldshainer Filmgespräche Bd. 4. Frankfurt am Main 1987, S. 1-3, hier: S. 1.

genommen werden. Wenn der Held und der Schurke die gleiche, meist gewalttätige Handlung vollziehen, so wird sie sehr unterschiedlich bewertet (siehe hierzu auch Kapitel 3.3 »Der Schurke als Nemesis«).

Der Zuschauer soll sich mit dem Helden identifizieren, jedoch kann er sich der Faszination des Schurken nicht völlig erwehren. Außerdem hat der Zuschauer »oft aufgrund seiner übergeordneten Perspektive und seines anderen Wissens vollkommen andere Gefühle«[33] als die Hauptfigur. Inwieweit diese Teilhabe bzw. geteilte Faszination für das Böse eindeutige Auswirkungen auf die moralische Weltsicht des Zuschauers hat, ist Gerhard Hroß zufolge nicht belegbar. Im medialen Kontext werden Musik, Videospiele und insbesondere Horrorfilme trotzdem gerne als Sündenbock für negative reale Ereignisse herangezogen. Amokläufe, wie z. B. an einer High-School in Columbine (USA) im Jahr 1999, werden im Medienjournalismus regelmäßig für ihre angeblich offensichtlichen negative Auswirkungen auf Jugendliche als Ursache angeführt. Jedoch sollte erwähnt sein, dass derartige Taten nicht aufgrund von Motivation oder Frustration durch einen bestimmten Medienkonsum ausgelöst werden, sondern weil schwerwiegende psychische und/oder soziale Probleme zugrunde liegen. Der Konsum gewalttätiger oder gewaltverherrlichender Medien stellt häufig ein Symptom und keine Ursache dar. Das cineastische Böse ist zudem nicht gleichzusetzen mit in der realen Welt als böse wahrgenommenen Ereignissen.

Bruce David Forbes zufolge gibt es drei Grundparadigmen über das Böse im Film: Erstens, das Böse kommt von außen und bedroht eine unschuldige Gemeinschaft[34]. Die Auseinandersetzung mit diesem ist immer ein Risiko für das eigene Wertesystem und wird daher so lange wie

33 Gerhard Hroß: Escape to Fear. Der Horror des John Carpenter. München 2000, S. 188.

34 Vgl. Bruce David Forbes: Battling the Dark Side: Star Wars and Popular Understandings of Evil. In: Word & World, Vol. 19, No.4, 1999 unter: https://wordandworld.luthersem.edu/content/pdfs/19-4_God_and_Evil/19-4_Forbes.pdf, (Stand: 20.05.2014), S. 356.

möglich vermieden. Zweitens, Gut und Böse sind dualistisch, ein Mensch ist entweder gut oder böse.[35] Dieses Paradigma unterscheidet sich von dem des reellen Bösen. In der Philosophie beispielsweise ist der Mensch weder, wie Jean-Jacques Rousseau sagt, von Natur aus gut, noch, wie Immanuel Kant sagt, durch seine Labilität böse. Im Film kann eine böse Tat allein dadurch gerechtfertigt werden, dass sie von einem Helden begangen wird. So erscheint es positiv, wenn der Held am Ende eines Films den Schurken tötet. Das kleinere Übel, nämlich der Tod des einzelnen Schurken, soll das Leben seiner potentiellen zukünftigen Opfer retten. So wird das Böse durch eine angebliche Notwendigkeit gerechtfertigt. Auch wenn der Held böse Taten begehen muss und so seine Unschuld verliert[36], wird er doch gefeiert. Der Held ist das Gute, die Struktur, während der Schurke das Böse, das Chaos ist.[37] »The dualistic concept of good and evil is a human invention. In nature there is no good or evil, the notion results from cultural, moral and social attributions.«[38]

Der Film ist nur einer der Schauplätze für die Inszenierung von Bedeutungskonzepten. Laut Forbes gibt es in der dualistischen Darstellungsweise des Films keine »Grauzonen« oder gar Entwicklungen von bösen Figuren innerhalb eines Films. Im zeitgenössischen Kinofilm aber gibt es auch postmoderne Helden, Schurken und Anti-Helden mit einer Tendenz zum ambivalenten Bösen. Ein Beispiel für den gefallenen Helden ist Harvey Dent alias Two-Face in Christopher Nolans THE DARK KNIGHT (2008, siehe hierzu Kapitel 4.1.4. »Harvey Dent und Two-Face«). Im Kinder- und Jugendgenre werden mit Filmen wie RALPH REICHTS (WRECK-IT RALPH, Rich Moore, 2012) und MEGAMIND (Tom McGrath, 2010) ebenfalls neue Wege eingeschlagen (siehe hierzu Kapitel 3.4. »Die Geburt der heldenhaften Schurken und schurkenhaften Helden«).

35 Vgl. ebd.
36 Vgl. Bather: Construction of Evil, S. 230.
37 Vgl. ebd. S. 139.
38 Hebel, Mathes: Subversion of Evil, S. 246.

Gleiches gilt für Horrorfilme wie THE CABIN IN THE WOODS (Drew Goddard, 2012), in dem die obligatorische Entscheidung, sich für die Menschheit zu opfern, alles andere als heldenhaft beantwortet wird. Die Welt wird vernichtet, weil sich niemand für sie opfern will. Die »Guten«, die den Horrorfilm überlebt haben, sind gleichzeitig die »Bösen«, die die Vernichtung der Welt forcieren (siehe hierzu Kapitel 5.3. »Der Held und das Opfer«). Derartige Filme sind jedoch alles andere als genretypisch.

Das dritte Paradigma ist laut Forbes die Annahme, dass erlösende Gewalt tatsächlich eine Lösung darstellt.[39] Das heißt, der Held muss durch den Einsatz von Gewalt gegenüber dem Schurken das Gute wiederherstellen und die Welt in reinigender Weise von der Existenz des Schurken befreien. Die frühen Helden hatten gegenüber den frühen Bösen einen entscheidenden Nachteil: Sie mussten sich an Moral und die Gesetze halten, während der Schurke befreit von jeglicher Beeinflussung seine Ziele verfolgen konnte. Die einzige Situation, in der der Held über die freie Wahl der Mittel verfügt, ist der finale Kampf, als Ausnahmesituation und Klimax des Films. In diesem Kampf verfügt der moralische Held über dieselbe Handlungsfreiheit wie der unmoralische Schurke. Und obwohl beide gewalttätig handeln, gibt es einen wesentlichen Unterschied: Die Handlungen des Schurken werden sanktioniert (siehe hierzu auch Kapitel 5.4. »Die Inszenierung und das Ende der Monster«), der Held wird gelobt, egal was er tun muss. Die Zerstörung des Bösen gilt als einzige Möglichkeit, Böses zu verhindern, auch wenn dabei etwas Böses getan werden muss. Dieser Widerspruch kann eben nur durch jene idealisierende Verklärung eines Heldenmythos kompensiert werden. Der Held wird ebenso symbolisch, stereotyp und unrealistisch verklärt wie der Schurke.

39 Vgl. Forbes: Battling the Dark Side, S. 357.

Die postmodernen Figuren hingegen haben diese künstliche Symbolhaftigkeit und die damit einhergehende Unantastbarkeit eingebüßt: Schurken werden zu Helden, Helden zu Schurken, scheinbar hat jede Figur plötzlich die Möglichkeit, aus ihrer »Bestimmung« und ihren Stereotypen auszubrechen. Gleichzeitig findet eine Angleichung der sich anfänglich entgegengesetzten Kontrahenten statt. Beispielsweise ist der Einsatz von Gewalt in THE DARK KNIGHT weder für den Joker (Heath Ledger) noch für Batman (Christian Bale) problematisch. Die Öffnung der Stereotype sorgt einerseits dafür, dass Schurken gut werden können, andererseits können nun aber auch die Helden böse werden. Dem Zuschauer stellt sich die bange Frage: Was geschieht, wenn beide Figuren böse werden? Was, wenn sich all diese unberechenbaren Faktoren mit übernatürlichen Kräften gegen meine Weltanschauung wenden? (Der Held müsste hier noch bedrohlicher wirken als der Schurke, da er ja der Stärkere von beiden ist.) Der Zuschauer des postmodernen Kinos kann sich nicht mehr darauf verlassen, dass am Ende alles gut wird. Die Geschichten finden neue Enden. Inwieweit die Filme dabei eine Entwicklung in der Realität widerspiegeln, oder gar, wie Bather mutmaßt, eine eigene soziale Realität erschaffen[40], ist eine genauere Analyse wert. Die Beweggründe derartiger Entwicklungen werden jedoch häufig zugunsten eindeutig gesetzter Bilder und Archetypen hintangestellt.

> Evil is not so much constructed by ideological references as by the destruction (or potential destruction) wrought upon the world by evil, reflected by the explosions, the car chases, the inter- and intra-body conflicts, prosthetic make-up effects, and the merest glancing of the eye of the villain.[41]

40 Vgl. Bather: Construction of Evil, S. 70.
41 Ebd., S. 312.

Anstatt einer komplexen Handlung, die ausführlich Motive, Personenkonstellationen und soziale Zusammenhänge erläutert, wird ein Spektakel veranstaltet. Autos und Krankenhäuser werden gesprengt, Menschen als Geiseln genommen, gefoltert und auf vielfältige Weise getötet. Die Handlung tritt zunehmend hinter das Spektakel zurück, indem die visuelle Ästhetik bedeutender wird als die Narration.[42] Die von den einzelnen Figuren vertretenen Ideologien und deren Bedeutungen für den Diskurs sind dabei nur **ein** Teil der Narration. Umso wichtiger ist es, einen genaueren Blick auf die in diesem Diskurs handelnden Figuren zu werfen.

42 Vgl. ebd., S. 219.

2.1 Die Dichotomie von Gut und Böse als Möglichkeit, die Welt zu sehen

»Du hast keine Ahnung, was für das Böse gut ist!«[43]

Tony Dimnik und Sandra Felton definieren den Helden potentiell als Jedermann: »The Heroic accountant is Everyman: normal people who rise to a challenge or an opportunity to become heroes. These characters are sensitive, caring, sincere, honest, generous, funny and physically attractive.«[44] Das Gute gilt als der gewünschte Standard, der Held ist die Verkörperung all dessen, was erstrebenswert und sozial angesehen ist. Der Schurke hingegen ist die Antithese zum Helden, er ist das genaue Gegenteil. »Super villains have their roots in the dawn of civilization, when they were created to make ethical statements or simply to create conflict and drama.«[45] Schurken vollbringen moralisch falsche Handlungen, die von der Gesellschaft durch Strafe und Missachtung geahndet werden. Schon hier zeigt sich die stetig gegebene Situationsbezogenheit der Definitionen von Gut und Böse. Moral, Ethik und soziale Standards werden gerne als allgemein verständlich oder a priori im Menschen vorhanden vorausgesetzt. Sie sind jedoch keineswegs universell verständlich, es handelt sich vielmehr um kulturell vereinbarte Paradigmen. Sie sollen möglichst allgemeingültig sein und dem in den jeweiligen Bedeutungskontext eingebundenen Individuum so als »natürlich gegeben« erscheinen. Eine Herausforderung dieser Standards

43 Megamind in MEGAMIND; TC: 00:31:47 – 00:31:50.

44 Tony Dimnik, Sandra Felton: Accountant Stereotypes in Movies Distributed in North America in the Twentieth Century. In: Accounting, Organizations and Society Volume 31, No.2, 2006 unter: http://ac.els-cdn.com/S0361368204000819/1-s2.0-S0361368204000819-main.pdf?_tid=6af2b596-febd-11e3-bdb9-00000aab0f01&acdnat=1403957704_96dc5ae6933bdc15e0fe04794213e49e (Stand: 30.04.2014), S. 147.

45 Rovin: Encyclopedia of Supervillains, S. vii.

stellt dann immer eine Bedrohung für die Weltordnung und Existenz dar. Im Film werden Schurken Dimnik und Felton zufolge auch in ihren Eigenschaften konträr zum Helden definiert:

> The Villain scores highest on the Confidence factor and lowest on the Warmth factor. Villains are powerful, hardnosed, assertive individuals, who are insensitive towards others. In contrast to the Hero, this stereotype is characterized as cold, insincere, devious, greedy, uncharitable and impatient.[46]

Alle negativen Eigenschaften konzentrieren sich in einer Person. »Villainy is, in essence, behavior inspired by values which are inscrutable, aversive or repugnant to us in our more civilized moments of reflection.«[47] Insbesondere berechnendes Verhalten, das eine emotionslose Außenwirkung erzeugt, wird als Gegensatz zum mitfühlenden, gutmenschlichen Helden gezeigt. Dieser Stereotyp ist für den Zuschauer nicht nur gut nachvollziehbar, sondern auch (wenn auch mit gewissen Grenzen) auf andere Filme übertragbar. Das vereinfachte Konzept des kalten, bösartigen Schurken ist, sobald es vom Zuschauer einmal erlernt wurde, sofort anwendbar.[48] Diese Reduktion auf bestimmte Aspekte lässt sich z. B. auch an einzelnen Schauspielern wie Vincent Price, Christopher Walken, Anthony Hopkins oder William Dafoe festmachen. Außerdem sind Farben, Symbole, bestimmte Kameraeinstellungen und Blicke geeignet, um den Eindruck des Bösen entstehen zu lassen, ohne den Bedarf einer narrativen Erklärung.[49] Beispielsweise sind Nietenkleidung oder – laut Bather – die Farben Schwarz und Grün typische Anzeichen für einen Schurken oder im Allgemeinen das Böse.[50]

46 Dimnik, Felton: Acountant Stereotypes, S. 148.
47 Stuart Fischoff : Villains in Film: Anemic Renderings. In: Popular Culture Review. Vol. 6, No.1, 2005 unter: http://web.calstatela.edu/faculty/sfischo/media4.html, (Stand: 14.05.2014), S. 3.
48 Vgl. Bather: Construction of Evil, S. 67.
49 Vgl. ebd., S. 19ff.
50 Vgl. ebd., S. 214.

Auch die Farben Orange, Rot und Gelb, die mit dem Höllenfeuer assoziiert werden, spielen eine wichtige Rolle (siehe hierzu Kapitel 3.1 »Das Ereignis als Heldenkatalysator und die Gesellschaft als Schurke«). Durch eine einfache Symbolik kann das Böse »auf einen Blick« erkannt werden. Dadurch unterscheidet sich der Film von der Realität, in der eine Gut-Böse-Dichotomie mit eindeutigen Schurken nie hundertprozentig zutreffend ist.

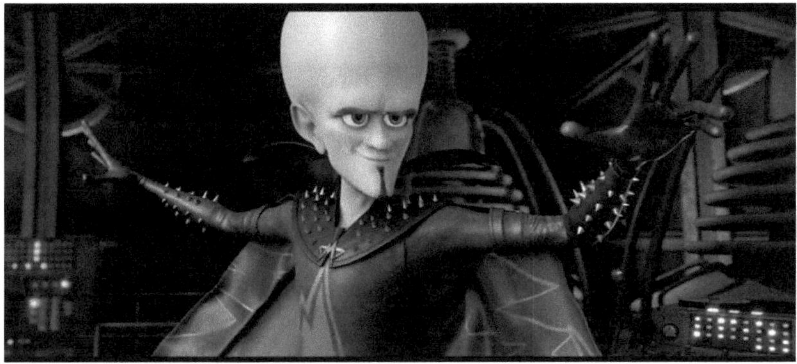

Abb. 1: Megaminds erster Auftritt in eigener »Schurken«-Kleidung in MEGAMIND.

Das Böse ist, zusätzlich zu seinem äußeren Erscheinungsbild, auch anhand seiner Position im System definierbar: Manfred Josuttis definiert das Böse als das, was dem herrschenden System widerspricht: »Verallgemeinert kann man sagen: Böse ist das, was da ist, was aber kein Recht hat, da zu sein. Es muß vernichtet, abgeschoben, verdrängt werden.«[51] Diese Definition erweist sich als systemkonstruierend und blendet gleichzeitig moralische Grauzonen aus. Sie setzt voraus, dass »das System«, bzw. die Welt in ihrem jetzigen Zustand, gut ist und der Schurke sie mit seinen Taten sabotiert. »Wie ein Sandkorn im komplizierten Räderwerk einer Maschine bringt diese Handlungsweise eine

51 Manfred Josuttis: Die Unerkennbarkeit des Bösen. In: Rudolf Joos (Hrsg.): Die Ästhetik des Bösen im Film. Arnoldshainer Filmgespräche Bd. 4. Frankfurt am Main 1987, S. 10-17, hier: S. 14.

Unordnung in den Kosmos, die unberechenbare Folgen hat.«[52] Je nach dem, ob das System als gut oder böse angesehen wird, ändert sich die Aufgabe des Helden. Wenn das System auf den Zuschauer böse wirkt, so werden plötzlich alle Gegner des Systems zu Helden. Insbesondere Science-Fiction-Filme wie MATRIX (Lilly & Lana Wachowsky 1999) oder Andrew Niccols GATTACA (1997) spielen mit der Rolle des Systems. Die systematische Ordnung ist in beiden Filmen alles andere als gut, da sie einzelne Individuen bzw. die Menschheit im Allgemeinen benachteiligt. Durch Übernahme der Perspektive dieser einzelnen, betroffenen Individuen werden die negativen Auswirkungen illustriert, die der Allgemeinheit sonst nicht bekannt wären.

In GATTACA beispielsweise liegen die Sympathien des Zuschauers bei dem Protagonisten Vincent Freeman (Ethan Hawke), der sich gegen das ihn durch Eugenik benachteiligende System stellt. Die vorherrschende Gesellschaftsordnung auf Basis eugenischer Kinder scheint zu funktionieren, das Überleben und der Komfort der Bürger sind sicher. Dennoch steht das Publikum auf der Seite von Freeman, der das System unterwandert und zu seinem eigenen Vorteil manipuliert. Gleiches gilt für den Auserwählten Neo (Keanu Reeves), der in der MATRIX-Trilogie die herrschenden Maschinen ausschaltet, um den Geist und Körper der unwissend versklavten Menschheit zu befreien.[53] Dass die Menschheit beim Erwachen kein Paradies, sondern eine wahre Hölle vorfinden würde, ist für ihn kein Grund, sie in ihrem trügerischen Glück zu belassen. Das Gegenteil des guten Herrschaftssystems ist also das verschwörerische System[54], das das für den Menschen Böse bereits internalisiert hat, dadurch nicht mehr nachvollziehbar erscheint und deswegen vom Hel-

52 Francois Petit O.P., Diether Wendland: Das Böse, das Übel und die Sünde. Aschaffenburg 1959, S. 109.
53 Vgl. Bather: Construction of Evil, S. 49.
54 Vgl. ebd., S. 103.

den archetypisch geschlagen werden muss. Doch obwohl das Böse, wie Neil Bather Kant auslegt, stets selbst-liebend und damit unsozial handelt[55], wirkt es positiv bestätigend auf den Diskurs ein.

Wenn also sowohl Held als auch Schurke konstruktiv wirken, warum werden ihre gleichen Taten dann so unterschiedlich gewertet? Liegt dies nur in der zugeschriebenen Intentionalität des Ausführenden begründet? Das sogenannte cineastische Böse stützt sich immer auf bereits vorhandene Konzepte und Mythen der Menschheitsgeschichte[56] und wird entweder als individuelle Mischung oder möglichst eindeutig und allgemeinverständlich dargestellt.[57] »Cinematic evil is a creation of production process and textual meaning, interacting to offer an audience a version of evil that is clearly delimited but still ambiguous.«[58] Für seine Konstruktion werden einzelne Attribute, Eigenschaften oder Figuren wie Teufel, Geister, Sagengestalten und Monster verwendet. Sie sind ebenso Teil des cineastischen Schurken-Universums wie die böse Stiefmutter der Märchenwelt, der Superschurke des Comics oder Archetypen bekannter theologischer und philosophischer Konzepte.[59] Doch trotz Verwendung all dieser simplizistischen Stereotypen wirkt das cineastische Böse meist nicht eindeutig kategorisier- oder dekonstruierbar. Wem einmal die Schurkenrolle zugeteilt wurde, dessen Motive werden selten erneut auf Ehrbarkeit oder Heldentum hinterfragt. Neil Bather merkt hierzu an, dass es die Kombination von Einflüssen ist, die dem Bösen seine Wirkung verleiht: »The spectacle of evil is a mosaic made up from irreconcilable fragments of all previous ways of thinking about evil. This is why it cannot be defined, and why at the same time it is instantly recognisable as absolute.«[60] Daraus ab-

55 Vgl. ebd., S. 93f.
56 Vgl.ebd., S. 87.
57 Vgl. ebd., S. 110.
58 Ebd., S. 82.
59 Vgl. ebd., S. 86f.
60 Ebd., S. 87.

geleitet ist jedes Konzept ein Mosaik aus einzelnen Fragmenten. D. h. selbst bei einer Neuordnung entstehen niemals völlig neue Konzepte, vielmehr bestehen Neuerungen jedweder Art in der alternativen Zusammensetzung von Fragmenten. Je stärker einzelne Fragmente hervorstechen, desto eher können sie vom Zuschauer aus anderen, ihm bereits bekannten Mosaiken erkannt werden und so den Eindruck eines »absoluten«, grundlegenden Bestandteils erwecken. Die Konzept-Mosaike können nach ihren hervorstechenden Fragmenten sortiert werden und so der Kategorisierung der Welt dienen. Jemand, der lügt und wahllos tötet, muss wohl böse sein.

Es gibt aber auch die Einteilung nach Weltanschauungen. Neil Bather beispielsweise teilt das im Film dominierende Böse nach den philosophischen Konzepten unterschiedlicher Epochen ein. Im augustinischen Sinne: »Evil is the absence of a perfection which ought to be present but is not.«[61] Der Mensch gilt hier als mit freiem Willen begabtes Wesen, das zwischen dem guten Gott und dem bösen Teufel hin- und hergerissen ist. Im durch die Gnosis beeinflussten Manichäismus herrscht eine Dichotomie zwischen Licht und Dunkelheit, Gut und Böse. Eingeordnet in dieses Bedeutungskonzept ist der Mensch anfangs nicht in der Lage, sich zu ändern oder gut zu werden. Später wurde dies, laut Bather, jedoch durch die Kirche angepasst in eine Glaubensform, in der der Kampf zwischen Gut und Böse in jedem Menschen[62] stets aufs Neue ausgefochten werden kann und folglich muss. Diese Denkweise zieht den Menschen erstmals für seine eigenen Taten zur Verantwortung und etabliert ihn als selbstständig entscheidendes Wesen. Dass der Held, ebenso wie Gott, als Verkörperung und Projektionsfläche alles Guten gilt, ist sicherlich kein Zufall. In Bezug auf Kant sieht Bather die Selbstliebe als Wurzel des Übels, indem er in eine Form des

61 Ebd., S. 90.
62 Vgl. ebd., S. 90f.

natürlichen Bösen und des menschlichen Bösen unterscheidet.[63] D. h., das von Natur aus vorhandene Böse wäre demnach, unabhängig von seiner kulturellen Prägung und Wirkweise, nicht mit dem durch den Menschen ausgelebten Bösen gleichzusetzen. Auch der von Bather als hierarchiebetont beschriebene Ansatz von Nietzsche erbringt keine eindeutige Definition des Bösen: Böse ist das, was die herrschende Gesellschaft dafür hält.[64] In anderen Worten: Der Sieger eines jeden Kampfes bestimmt, was gut und was böse ist. Einzelpersonen, die entgegen dem sich als gut darstellenden System handeln, sind in diesem Kontext grundsätzlich böse. Nur durch spätere historische Umdeutung des Gut-Böse-Konstrukts können sie rehabilitiert bzw. in Anwendung des selbst gewählten Guten umgedeutet werden. Durch das Beharren auf der Ausschließlichkeit eines jeden Ansatzes kann weder ein philosophisches noch ein theologisches Konzept die Frage nach dem Bösen hinreichend beantworten.

Als ein typisch böses Attribut gilt beispielsweise der Egoismus. Zwar streben Held und Schurke gleichermaßen nach der Erfüllung ihres Glückes – ihrer Eudaimonie –, aber der Schurke erkennt dabei die vom System vorgegebenen Regeln nicht an. Er vollführt seine Handlungen in Eigenjustiz, er handelt nach seinem eigenen Kodex, den er entweder erlernt hat oder durch einschlägige Erfahrungen als moralisch und ethisch legal anerkennt.[65] Es ist somit das Infrage-Stellen des gemeinschaftlichen, teilweise gesetzlich geregelten und teilweise stillschweigend vereinbarten Kodex, der für Bather eine Figur wie Dr. Hannibal Lecter zu einem Schurken macht. Die Anwendung von Gewalt ist dabei kein Faktor: Genauer betrachtet, bestehen hier große Unterschiede zwischen den »Schurken«. Beispielsweise sind die »wenigen« Bluttaten eines Kannibalen wie Dr. Hannibal Lecter nicht mit den zahlreichen Toten wäh-

63 Vgl. ebd., S. 93f.
64 Vgl. ebd., S. 95.
65 Vgl. ebd., S. 96.

rend einer Zombieapokalypse und schon gar nicht mit den abertausenden Opfern einer feindlichen Armee im Krieg vergleichbar. Aber dennoch gelten nur zwei davon als »böse«.

> It is important to note that commercial cinema does not distinguish between the differing paradigms of evil but nonetheless uses them systematically, mixing and matching them as each film sees fit, as codes: thus, evil is always recognisable, even if each film constructs evil in incomparable ways.[66]

Jedes Mosaik des Bösen verweist durch die es zusammensetzenden Fragmente potentiell auf ein gemeinsames Original, welches jedoch unbekannt bleibt. Dem Zuschauer zeigt sich lediglich die visuelle, fragmentarische Repräsentation auf der Leinwand, häufig in Form eines Spektakels mit Tod und Zerstörung.[67] Je ausgeprägter diese Darstellung ist, je weiter der Exzess getrieben wird und je überzeugender argumentiert wird, desto außergewöhnlicher erscheinen der Film und das Böse zu sein. Doch wie viel Exzess kann man dem Helden und dem Schurken zugestehen, ohne die Kategorie zu wechseln? Und inwieweit bestehen der Held und der Schurke aus identischen Fragmenten?

66 Ebd., S. 86.
67 Vgl. ebd., S. 7ff.

2.2 Die Inszenierung des Bösen im Film und die Katharsis

Es geht nicht um eine Differenzierung, wonach der Gute – Hand aufs Herz – immer auch ein bißchen böse, aber der Böse immer auch ein bißchen gut ist. Das narrative Medienprogramm funktioniert so, daß immer auch das Potential gegeben ist, daß das Böse oder das Gute jeweils in ihr Gegenteil umschlagen.[68]

Die klassische Inszenierung des Bösen im Film sieht vor, dass der Held für das gute Prinzip steht und der Schurke dessen Antithese bildet. Da das gute Prinzip siegt, muss der Schurke zwangsläufig scheitern. Ein vorherrschendes Merkmal des Schurken ist dabei der Exzess in jeder Form. Die emotionale oder rationale Grenzüberschreitung ohne Rückhalt grenzt ihn von »normalen« Individuen ab. »So, while we may be unable to define specifically what evil is, we are still able to recognise it when we see it.«[69] Doch was tun mit dem Bösen, wenn es erkannt ist? Ein Film inszeniert fiktive Konzepte und Gedankenspiele, durch die spekulative Erfahrungen mit dem Bösen möglich werden, ohne reale Folgen befürchten zu müssen. Die Fiktivität des Films ist dem Zuschauer bewusst, dennoch nutzt er sein normales, auch auf die Realität angewendetes Urteilsvermögen, um die Geschehnisse zu analysieren.[70] Dadurch ergeben sich reale Auswirkungen (wie z. B. affektive Reaktionen) und Handlungen (wie das Verändern einer zuvor vorhandenen Meinung) aufgrund des im Film Kommunizierten.[71] Dabei werden

68 Oliver Jahraus: Harry Potter, Frodo Baggings und der Kampf »gut gegen böse«, 2009 unter: http://publikationen.ub.uni-frankfurt.de/volltexte/2009/114079/ (Stand: 23.04.2014), S. 4.

69 Bather: Construction of Evil, S. 100.

70 Vgl. Rüdiger Heinze: Charm and Persuasion of Evil Characters. In: Jochen Achilles, Ina Bergmann (Hrsg.): Representations of Evil in Fiction and Film. Trier 2009, S.213-224, hier: S. 214.

71 Vgl. Kendall L. Walton: Furcht vor Fiktionen. In: Maria E. Reicher (Hrsg.): Fiktion, Wahrheit, Wirklichkeit. Philosophische Grundlagen der Literaturtheorie. Paderborn 2007, S. 94-119, hier: S. 94f.

zahlreiche Konzepte hinterfragt, teilweise bis über die Grenze des moralischen Handelns[72] hinaus.

Häufig wird im Zusammenhang mit der Hinterfragung und der darauf folgenden Neuverortung auf den kathartischen Effekt hingewiesen. Im Ursprung stammt die Katharsis-Theorie von Aristoteles und verspricht eine Reinigung von schlechten Zuständen durch Jammer und Schaudern[73]. Gregory Desilet definiert den kathartischen Effekt für den Film wie folgt:

> The cathartic effects of melodrama for members of a viewing audience are then twofold: both personal (emotional) and relational (civic). By way of identification with the hero, the elimination of the villain produces emotional catharsis – as anxieties and anger relating to the portrayed conflict are purged – and also a corresponding relational or civic catharsis, as a perceived menace and evil (which may be a projection of the double or shadow self) is dispatched from the community.[74]

Interessant ist, dass Desilet voraussetzt, dass sich der Zuschauer immer mit dem Helden identifiziert und nicht mit dem Schurken, der am Ende sein Urteil zu erwarten hat. Demnach bestünde die wirkliche Welt nur aus Helden. Insbesondere bei der Darstellung von Antihelden oder Schurken mit verständlichen Motiven aber kann es zu ausgeprägten Identifikationsmomenten mit dem Schurken kommen. Wenn der Zuschauer die Wahl hat, sich auf der Leinwand mit dem gequälten Opfer oder mit einer starken, aktiven Person zu identifizieren, würde er dann freiwillig das Opferdasein wählen? Häufig wird in Bezug auf die Identifikation mit dem Schurken auf Filme verwiesen, in denen der Zuschauer durch bestimmte Kameraperspektiven gezwungen ist, dessen

72 Vgl. Heinze: Evil Charakters, S. 214f.

73 Vgl. Aristoteles. Poetik. Hrsg. u. übers. v. Martin Fuhrmann. Stuttgart 1982, S. 109 (3) und 161f.

74 Gregory E. Desilet: Our Faith in Evil. Melodrama and the Effects of Entertainment Violence. North Carolina 2006, S. 111.

Sicht einzunehmen. Beispielsweise die vielzitierte Szene, in der Michael Myers in HALLOWEEN – DIE NACHT DES GRAUENS seine Schwester mit einem Messer tötet und der Zuschauer die Szene aus der Perspektive des Mörders beobachtet:

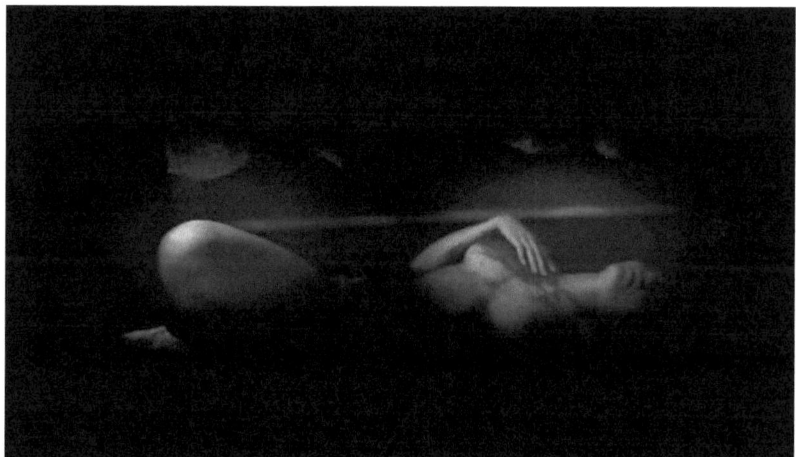

Abb. 2: Der Zuschauer verfolgt in HALLOWEEN den Mord aus der Perspektive des Killers Michael Myers

Obwohl dieser Szene ein »zwingender« Moment nachgesagt wird, ist die emotionale Identifikation mit dem Mörder fragwürdig. Der Zuschauer ist nicht gezwungen, gut zu finden, was er sieht, oder überhaupt hinzusehen. Wenn die Perspektive des Films im Allgemeinen immer die des Helden ist, warum sollen sich die Zuschauer dann mit dem Schurken identifizieren, nur weil eine einzelne Kameraeinstellung seiner Perspektive entspricht? Warum sollte es im Umkehrschluss zwingend sein, in der Kamera-Perspektive des Schurken zu verharren und nicht mental in die Helden- oder Opferfigur zu wechseln? Der Zuschauer kann sich über die gesamte Dauer des Films mit dem Schurken oder Helden identifizieren, unabhängig von der vom Film vorgeschlagenen Perspektive. Denn solange der Held noch nicht genug gelitten hat, verfügt der Schurke allein über eine verführerische »Freiheit«. Für den kathartischen Effekt eines Films ist es letztlich unerheblich, ob sich der

Zuschauer mit dem Schurken oder dem Helden, dem Opfer oder dem Monster identifiziert.[75] Wenn er sich mit dem Monster identifiziert, wird bei dessen Vernichtung gewissermaßen auch der Teil des Zuschauers vernichtet, der sich mit ihm identifiziert hat. Wenn der Zuschauer sich mit dem Opfer bzw. dem Helden identifiziert, so hat er die Gewissheit, dass das Monster am Ende bestraft wird (davon abgesehen, dass die Rache das Unrecht nicht ungeschehen machen kann).

Die Katharsis ist allerdings eine nicht immer anwendbare Theorie. Um eine übermäßige Identifikation mit dem Schurken zu vermeiden, gibt es zwei gängige Darstellungsformen des Bösen im Horrorfilm: Entweder wird ein Schurke als innerlich unmenschlich charakterisiert[76] oder in seiner äußerlichen Erscheinung so unästhetisch gehalten, dass sich der Zuschauer nur zu gerne von ihm abgrenzen will.[77] Vor diesem Hintergrund stellt sich eher die Frage, was den Menschen dazu veranlasst, sich Filme anzusehen, die für ihn abstoßende Dinge in seinen Kopf und dadurch auch in seine Lebensrealität lassen. Für seine Selbstdefinition wären sicherlich weitaus geringere Herausforderungen zuträglicher. Eben weil der Schurke als innerlich und/oder äußerlich abstoßende Gestalt inszeniert ist, stellt die Identifikation mit dem Helden den Normalfall dar. Desilet zufolge ist es die unterschiedliche Darstellung von Held und Schurke, die die emotionale Bindung zwischen Zuschauer und Held verstärkt. Doch trotz aller Ambivalenz der Darstellung von Gut und Böse funktionieren die meisten Filme, insbesondere jene mit populärkultureller Prägung, nach dem folgenden Prinzip:

> Es gibt eindeutig positive und eindeutig negative Helden, und der Rezipient kann sich mit den positiven oder negativen Rollen identifizieren. (...) Die Story läuft ab als eine eindeutige Kampfge-

---

75 Ebd., S. 114.
76 Z. B. Dr. Hannibal Lecter in Das Schweigen der Lämmer (The Silence of the Lambs, Jonathan Demme, 1991).
77 Z. B. Seth Brundle in Die Fliege (The Fly, David Cronenberg, 1986).

> schichte, in der die Aufdeckung des Bösen und die Bestrafung des Bösen auf jeden Fall das glückliche Ende bilden. (...) In den Schlußsequenzen jeder Erbauungsschrift und jedes trivialen Films gibt es eine Hoffnungsbotschaft: Der Mörder wird gefaßt, das Böse wird bestraft, es gibt eine Erlösung.[78]

Im Sinne der vom Zuschauer zumeist gewünschten Bestätigung des eigenen Ichs kann er seine Perspektive während des Films beliebig ändern. Er kann der Geschichte auch als unbeteiligter Dritter folgen, auch wenn er sich am Ende mit großer Wahrscheinlichkeit für die Sympathie mit dem guten Helden entscheidet. Die am Ende erfolgte »Erlösung von dem Bösen« entlässt ihn mit einem positiven Gefühl: er steht auf der richtigen Seite (der Seite der Sieger), die gute Ordnung ist wiederhergestellt. Diese positive Bestätigung der herrschenden moralischen Standards ist insbesondere im Kinder- und Jugendfilm äußerst wichtig. So handlungskonstitutiv und in seiner eigenen Weltordnung sinnvoll der Schurke auch handelt, das Ende des Films bedeutet auch sein Scheitern. Je weiter der Schurke den Helden durch seine bösen Taten treibt, desto gerechtfertigter erscheint dem Zuschauer das schon zuvor feststehende Ende.

78 Josuttis: Die Unerkennbarkeit des Bösen, S. 12.

3. Das Böse im animierten Kinder- und Jugendfilm

»Children's movies are filled with two key ingredients: heroes and villains.«[79]

Bevor Kinder direkt mit der komplizierten Dialektik von Gut und Böse konfrontiert werden, lernen sie erst einzelne Vertreter in Form von irgendwie guten Helden und irgendwie bösen Schurken kennen. So lernen sie anhand stark idealisierter und vereinfachter Figuren einzelne Fragmente der jeweiligen Diskurse kennen. Dabei ist der Held die positive Identifikationsfigur des Kindes, durch die es gesellschaftlich anerkannte Moralvorstellungen und Handlungsweisen erlernt. Durch das Scheitern des Schurken lernt es, welche Handlungen Sanktionen erwarten lassen und wie man mit jenen umgeht, die sich nicht nach der vermittelten Moral richten. Diese starke Vereinfachung ergibt sich aber nicht nur aus dem begrenzten kindlichen Erfassungsvermögen, sondern auch aus der Beschaffenheit des Films als in sich abgeschlossene Handlung in einem bestimmten, zeitlich und räumlich begrenzten Kontext. Gewiss ist das »Heile-Welt-Schema« der kindlichen Welt auch Störungen durch äußere Einflüsse unterworfen, dennoch ist besonders der Disneyfilm für seine zwar verniedlichende, aber »saubere« Familienunterhaltung bekannt.[80] Wenn Chaos droht und das Böse zu mächtig wird, erscheint ein strahlender Held, der die alte, gute Ordnung wiederherstellt. »[...] [Der Held] und die Welt, in der er sich findet, oder nur diese Welt, kranken an einem symbolischen Defekt.«[81] Es ist seine Aufgabe,

79 Bridget Orgain: Villains – (Re)presentations of the Bad Guy. 2013 unter http://www.frankwbaker.com/Villains.pdf, (Stand: 23.04.2014), S. 1.

80 Vgl. Jens Balzer: Die goldenen Jahre der Superhelden sind vorbei. In: The European. Das Debatten-Magazin. 2009 unter: http://www.theeuropean.de/jens-balzer/839-die-goldenen-jahre-der-superhelden-sind-vorbei (Stand: 31.07.2014), Abs. 1.

81 Campbell: Heros, S. 41.

diese verkommene Welt wieder zu ordnen. Dabei ist der Held nicht als solcher geboren, sondern er muss erst dazu werden. Er interagiert mit den Bewohnern seiner Umwelt und verschafft sich im Kampf Zugang zu einer neuen, heldenhaften Stärke, die ihm beim Erreichen seines Ziels hilfreich sein kann. Das heißt, potentiell kann jeder ein Held werden.[82] Der Held ist die Verkörperung des absolut Guten, des Mutes und der Kreativität; eben jener Eigenschaften, die Kindern als moralisch gut vermittelt werden sollen, damit sie im Alltag nachgeahmt werden. Da Gut und Böse kulturelle Konzepte darstellen und nicht a priori im Menschen vorhanden sind, verfügen Kinder vor ihrer Prägung auf diesen Diskurs über alle Handlungsoptionen. Dass eine Option »gut« und die andere »böse« ist, müssen sie entweder praktisch im Alltag oder durch Darstellung in fiktiven Werken erlernen.

Häufig ergibt sich so die Klassifizierung von Filmen nach dem Alter des Kindes und der gewünschten moralischen Erfahrung. Für die kleinsten Kinder gibt es noch wenige Filme. Aufgrund ihrer kurzen Aufmerksamkeitsspanne werden für diese Zielgruppe eher Serien wie beispielsweise Die Sesamstrasse produziert. In Kinder- und Kleinkinderserien ist nicht mit dem Auftauchen eines ernsthaften Schurken zu rechnen. Zwar können Figuren wie der Vampir Graf Zahl reale Furcht bei kleinen Kindern auslösen, jedoch sind sie nicht als Agenten des Chaos zu verstehen, wie es beispielsweise beim Joker in den Batman-Verfilmungen der Fall ist. Erst ab einem gewissen Alter können die Kinder die erlernten Diskurse »gut« und »böse« anwenden und damit Anderen schadende Figuren im Film als böse identifizieren. Die Konfrontationen starten meist mit kleineren Meinungsverschiedenheiten wie über ein Spielzeug, das zwei Parteien haben wollen, die nun zu einer beide zufriedenstellenden Lösung finden müssen. Nach dem Absolvieren der frühsten Kindheit, in

82 Vgl. Oswald Wiener: der geist der superhelden. In: Zimmermann, Hans Dieter (Red.): Vom Geist der Superhelden – Comic Strips – Colloquium zur Theorie der Bildergeschichte in der Akademie der Künste Berlin. Berlin 1970, S. 93-100, hier: S. 94.

dem das Böse nicht Teil der Lebensrealität ist, tritt ein höchst artenreiches Repertoire an Film-Schurken auf. Plötzlich gibt es nicht nur gesichtslose Ereignisse, die die kindliche Welt negativ zu beeinflussen scheinen, sondern auch persönliche Erzfeinde und gesellschaftliche Zwänge. Die filmische Darstellung der Schurken und Helden ist zwar dichotom, aber in ihren Details überaus facettenreich. Um das grundlegende Verhältnis von Held und Schurke zu wiederholen: »In the simplest form, the villain is the bad guy – the antithesis to the hero.«[83] Schurkentum beruht auf dem Widerspruch gegen das als gut angesehene System.

3.1 Das Ereignis als Heldenkatalysator und die Gesellschaft als Schurke

»Solange es das Böse gibt, wird sich das Gute dagegen auflehnen.«[84]

Durch sein Auftauchen stellt der Schurke die bekannte Welt aktiv in Frage und macht dadurch eine einzelne Person oder eine Gruppe zu ihm gefährlich werdenden Helden – z. B. finden sich die Avengers in MARVEL'S THE AVENGERS (Joss Whedon, 2012) erst durch die Bedrohung durch Loki zusammen. Der Schurke muss jedoch keine konkrete Person sein, sondern kann auch ein Ereignis oder ein bestehender Konflikt zweier Parteien sein. Zu Filmbeginn stehen häufig die Fehler oder Fehlbarkeit der später zum Helden (oder Antihelden) avancierenden Figur im Vordergrund.

In HERCULES beispielsweise wächst der spätere, legendäre Held und Halbgott Hercules unter den Menschen auf. Er weiß nicht, dass er a priori nicht wie die anderen ist. Die ihm von der Entführung aus dem

83 Orgain: Villains, S. 1.
84 Roxanne Ritchi in MEGAMIND, TC: 00:29:39 – 00:29:41.

Olymp noch verbliebene göttliche Körperkraft weiß er nicht zu kontrollieren und stellt dadurch eine Gefahr für die Menschen dar. Seine sozialen Kontakte sind ebenso unzureichend wie seine Körperkontrolle. Das Mosaik »Hercules« ist nicht von negativ intendierten Fragmenten bestimmt, seine Mitmenschen sehen aber trotzdem nur die von ihm durch Ungeschick angerichtete Zerstörung. Es bedarf des Trainings, zahlreicher Heldentaten und des finalen Kampfes gegen Hades, um ihn in ihren Augen in einen wahren Helden zu verwandeln. Seine Schwächen sind jedoch nicht nur durch ihre handlungslenkende Wirkung entscheidend, sondern sie sind ein wichtiges Kriterium des noch entstehenden Helden: Auch der Held ist fehlbar.[85]

Dies unterscheidet ihn z. B. vom klassischen Superhelden nach Roz Kaveney: »A superhero is a man or woman with powers that are either massive extensions of human strengths and capabilities, or fundamentally different in kind, which she or he uses to fight for truth, justice, and the protection of the innocent.«[86] Der Held macht erst Fehler, die negative Auswirkungen auf ihn und seine Umwelt haben, dann erfolgt durch eine Katastrophe der Rückwurf auf sein Selbst. Diese Katastrophe (persönlicher oder gesamtmenschlicher Natur) katalysiert seinen Erwachensmoment, infolge dessen er seine Pflicht bzw. den Wert, für den es zu kämpfen gilt, erkennt und diesen dann verfolgt. Genau diese anfängliche Fehlbarkeit macht den Helden zur Sympathiefigur für den ebenfalls fehlbaren Zuschauer.[87] Dem Schurken hingegen, der seine Fehlbarkeit nicht einsieht, ist das Scheitern seiner Pläne, stets aufgrund des Exzesses und der eigenen Hybris, vorherbestimmt. Diese Hybris ist anfangs zwar anziehend für den Zuschauer, aber wie Jeff Rovin betont,

85 Vgl. Simon Ofenloch: Antihelden und Superhelden, Superhelden als Antihelden. Die Pseudo-Comicfilme der Darkman-Reihe und Hancock. In: Barbara Kainz (Hrsg.): Comic. Film. Helden. Heldenkonzepte und medienwissenschaftliche Analyse. Wien 2009, S. 17-34, hier: S. 21.

86 Roz Kaveney: Superheroes! Capes and Crusaders in Comics and Film. London/New York 2008, S. 4.

87 Vgl. Ofenloch: Antihelden und Superhelden, S. 21.

nie von Erfolg gekrönt: »[...] in life, as in art, herodom is a chronicle of successes while villaindom is a catalogue of failures.«[88] Dementsprechend überwiegen bei der Darstellung von Schurken die negativen Eigenschaften, allen voran das ewige Verlieren. Daraus folgt, dass Figuren nicht aufgrund ihrer scheinbaren Unfehlbarkeit als anleitende Helden fungieren, sondern nur, wenn sie über eine moralische, d. h. systemerhaltende Einstellung verfügen.[89] Sie schützen und bewahren, anstatt zu zerstören und z. B. Gewalt um ihrer selbst Willen auszuleben. Dennoch sind Schurken im Film nicht synonym mit dem Antagonisten zu setzen. Um ein »wahrer Schurke« zu sein, müssen etliche Taten entgegen der Philosophie des Helden und des Systems erfolgen.

In Bärenbrüder (Brother Bear, Aaron Blaise/Robert Walker, 2003) ist der offensichtliche Konflikt zwischen Mensch und Tier (d. h. in diesem Falle zwischen den Eingeborenen und den wilden Bären) nur zweitrangig. Der Hauptkonflikt wird im Inneren des Protagonisten Kenai ausgetragen. Kenai ist ein Indianer, der sich seines Bären-Totems (das für die Familie steht) schämt und deswegen seine Männlichkeit und seinen Wert in Frage gestellt sieht. Während des Handlungsverlaufs lernt er die Wichtigkeit der Familie kennen, indem er in einen Bären verwandelt wird und sich dann um ein verwaistes Bärenjunges kümmern muss. Zwar kämpft der Bär Kenai am Ende des Films gegen den Menschen Denahi, doch keine der beiden Parteien wird als böse charakterisiert. Vielmehr wird der Konflikt zwischen Mensch und Tier personalisiert, weil es sich bei Denahi und Kenai um Brüder handelt und Denahi seinen Bruder in der Bärengestalt nicht erkennt. Die Rechtfertigung ihrer jeweiligen Handlungen (Denahi will den vermeintlich gefährlichen Bären töten, um seinen Stamm zu beschützen, Kenai will seinen »Bärenbruder« Koda beschützen) liegt in der detaillierten und emotionalisierenden Darstellung ihrer verschiedenen Perspektiven begrün-

88 Vgl. Rovin: Encyclopedia of Supervillains, S. ix.
89 Vgl. Ofenloch: Antihelden und Superhelden, S. 20.

det. Weil beide Sichtweisen gezeigt werden, findet keine Polarisierung oder einseitige emotionale Bindung statt. Klimax des Films ist nicht der finale Kampf zweier verfeindeter Individuen, sondern Kenais Gewissensentscheidung. Er kann wählen, ob er ein Bär bleiben oder wieder ein Mensch werden will. Um Koda weiter beschützen zu können, bleibt er ein Bär und opfert seine menschliche Seite dem höheren Ziel. Die selbstlose Heldentat besteht hier darin, sich auf die Nächstenliebe zu besinnen, anstatt das eigene Wohl zu wählen. Kenai gibt nicht einmal seine Familie für die neue Gestalt auf. Der Kontakt zur Familie besteht weiterhin, obwohl er ein Bär ist.

Helden werden in derartigen Filmen nicht nur mit personifizierten Schurken, sondern mit Naturkatastrophen oder anderen unpersönlichen, ihre Welt erschütternden Ereignissen konfrontiert. Nach Bather ist genau dies der Unterschied zwischen »human evil« und »natural evil« bei Kant:

> There is a deliberate dislocation in Kant between what could be called human evil and natural evil, where the former arose from the acts of humankind and the latter from storms, pestilence, earthquakes, and other natural disasters completely out of the control of the human individual or society.[90]

Auf die Götter und die Natur kann vom Menschen kein Einfluss genommen werden, sodass ihnen auch die Intentionalität abgesprochen wird. Ein nicht zur Kultur gehörendes Phänomen kann nicht mit der kulturellen Kategorie »böse« belegt werden. Im Falle von BÄRENBRÜDER sind es die mysteriösen Kräfte, die Kenai anfangs in den Bären verwandeln, die ein nicht beeinflussbares Natur-/Götterereignis darstellen. Das »natürliche« Bösen ist jedoch nicht auf den Disneyfilm beschränkt, sondern hat sich in einem eigenen Genre, dem apokalyptischen Katastrophenfilm manifestiert. Höhepunkte dieses Genres lassen sich insbeson-

90 Bather: Construction of Evil, S. 94.

dere in den 1970er und wieder kurz vor dem Millennium in den 1990ern feststellen. In den 1970er Jahren waren insbesondere das Fliegen mit Flugzeugen und der Kontakt mit außerirdischen Bedrohungen zentrale Bestandteile der Katastrophenfilme, sicherlich nicht zuletzt durch die erste bemannte Mondlandung im Jahr 1969 begründet. Beispiele sind ANDROMEDA – TÖDLICHER STAUB AUS DEM ALL (THE ANDROMEDA STRAIN, Robert Wise, 1971) oder die AIRPORT-Reihe (George Seaton 1970, Jack Smight 1974, Jerry Jameson 1977, David Richmond-Peck 1979). In den 1990er Jahren wurde mit Filmen wie TWISTER (Jan de Bont, 1996) und VOLCANO – HEISSER ALS DIE HÖLLE (VOLCANO, Mick Jackson, 1997) die unberechenbare Natur als Gegenspieler des Menschen wiederentdeckt.

Interessanterweise werden die Naturkatastrophen teilweise personifiziert und als intendiert handelnd dargestellt, andererseits aber auch als unberechenbar und nicht (be)greifbar.[91] ANDROMEDA – TÖDLICHER STAUB AUS DEM ALL zeigt in Folge der Bedrohung durch eine außerirdische Substanz eine extreme Bereitschaft der Menschen, ihre persönliche Freiheit für die biologische Sicherheit der Spezies aufzugeben. Sie unterziehen sich stundenlangen hygienischen Prozeduren. Sie hoffen, den unsichtbaren Stoff, der durch die Luft übertragen wird und Mensch und Tier binnen Sekunden tötet, durch Analyse verstehen und aufhalten zu können. In Katastrophenfilmen tauchen jedoch keine Märchenhelden auf, die alles wieder machen, wie es einmal war. Sie verfügen durch den Kampf gegen die Naturgewalt nicht über übermenschliche Kräfte. Vielmehr können sie sich selbst retten und so das Überleben der Menschheit garantieren. Die Angst vor Verseuchung wird in ANDROMEDA mit vielfältigen technischen und wissenschaftlichen Mitteln bekämpft, der Schlusssatz lautet jedoch »Was können wir tun?« und zeigt die Unsicherheit angesichts der ungewissen Zukunft. Auch Filme wie der kurz

91 Vgl. ebd., S. 135.

vor dem Millennium produzierte Katastrophenfilm INDEPENDENCE DAY (Roland Emmerich, 1996) und der nach dem Millennium produzierte, postapokalyptische THE DAY AFTER TOMORROW (Roland Emmerich, 2004) spielen mit der Angst der Menschheit um ihre Existenz. Auch hier geht die Bedrohung von Aliens oder Naturgewalten aus. Die größte Heldentat scheint es in diesen Filmen zu sein, die Auslöschung der Menschheit zu verhindern. Helden sind hier nicht nur jene, die sich für andere opfern[92], sondern auch einfach die Opfer, die überleben[93].

Das Prinzip des Durchsetzens gegen widrige Umstände wiederum ist in diversen Kinder- und Jugendfilmen zu finden. Beispielsweise beginnt FINDET NEMO (FINDING NEMO, Andrew Stanton/Lee Unkrich, 2003) mit dem Ereignis, dass eine Clownfischfamilie von einem Barrakuda angegriffen wird, wobei die Mutter und fast alle ungeborenen Kinder gefressen werden. Lediglich ein leicht beschädigtes Ei (später Nemo) und der Vater, Marlin, überleben den Angriff. Der die Helden negativ beeinflussende Barrakuda taucht nur in diesem Zusammenhang zu Beginn des Films auf. Im Gegensatz zu den anderen Tieren fehlt dem Barrakuda die Fähigkeit zu sprechen, sodass keine Anthropomorphisierung stattfindet. Der Angriff des Barrakudas erscheint zwar schlimm, jedoch ist er keine anhaltende persönliche Bedrohung des Helden. Eine mögliche Racheaktion steht somit außer Frage. Der Clownfisch Marlin zieht nicht aus, um sich an dem natürlichen Fressfeind, dem Barrakuda, zu rächen. Erst, als ein »Fremdkörper«, nämlich der menschliche Taucher Dr. Philip Sherman in Marlins Welt eindringt und seinen nun einzigen Sohn für sein Aquarium »entführt«, wehrt er sich. Das Naturgesetz behält seine Gültigkeit, die Natur ist zwar »grausam«, jedoch nicht auf eine intendiert böse Art und Weise.[94] Die Natur stellt trotz des Todes von den Protagonisten nahe stehenden Figuren das gute System dar. Erst das Einmi-

92 Z. B. Randy Quaid als Russell Casse in INDEPENDENCE DAY.
93 Z. B. Sarah Connor in TERMINATOR (THE TERMINATOR, James Cameron, 1984).
94 Vgl. Westfall: Why Nemo Matters, S. 31.

schen eines Menschen in den allein von Meereslebewesen geprägten Kontext löst die handlungstragenden Aktionen und Interaktionen aus. Obwohl die Menschen (dargestellt durch den Taucher P. Sherman und zwei Fischer mit Schleppnetzen) ebenfalls Fressfeinde der Meereslebewesen und Teil ihres Ökosystems sind, werden nur sie als systemstörend angesehen. Der Held-Schurken-Dialektik folgend werden Chaosfaktoren durch die gemeinsamen Anstrengungen der Meereslebewesen besiegt: P. Shermans »Gefangene« aus dem Aquarium entkommen dank eines geglückten Fluchtplans, und der Lastkran der Fischer zerbricht unter den koordinierten Schwimmbewegungen der im Netz gefangenen Fische. Die Fischer und P. Sherman sind verwundert, erleiden jedoch keinen körperlichen Schaden. Es handelt sich um vergleichbar milde Strafen für milde dargestellte Schurken. Anstatt jedoch die menschliche Rasse als alleinigen Schurken zu inszenieren, spielt FINDET NEMO mit den Erwartungen der Zuschauer und den ihnen bereits bekannten Gut-Böse-Stereotypen. Die ersten scheinbaren Schurken, denen Clownfisch Marlin und dem ihn inzwischen begleitenden Paletten-Doktorfisch Dorie auf ihrer Rettungsmission begegnen, sind drei Haie. Die Haie wirken zunächst furchteinflößend, doch trotz ihrer enormen Körpergröße und den bedrohlichen Gebärden erweisen sie sich als harmlos. Sie sind Mitglieder einer Selbsthilfegruppe für Fleischfresser.

Ihr Club-Eid »Ich bin ein lieber Hai und keine hirnlose Fressmaschine. Wenn ich etwas an meinem schlechten Image ändern will, muss ich mich zuerst selber ändern. Fische sind Freunde, kein Futter!«[95] konterkariert das bestehende Nahrungskettenverhältnis zwischen Raubfisch und Beute. Trotz einzelner, als böse konnotierter Fragmente wie Bedrohlichkeit, Körpergröße und sogar dem Fressen eines Fisches (der Hai Hart gibt auf Nachfrage an, seinen Freund »vercheckt« zu haben und rülpst dabei dessen Gerippe aus) sind die Haie keine Schurken. Inter-

95 Club-Eid in FINDET NEMO; TC: 00:19:28 – 00:19:40.

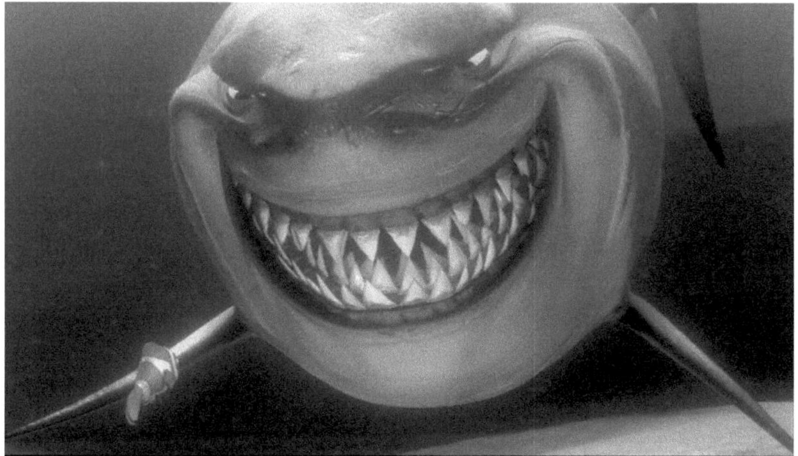

Abb. 3: Der erste Auftritt des Hais Bruce in FINDET NEMO.

essant ist in diesem Zusammenhang auch, dass die Haie im Gegensatz zu dem Barrakuda zu Beginn des Films über Sprache verfügen und eine, wenn auch minimale, Hintergrundgeschichte aufweisen. Das heißt, die wirkliche Bedrohung geht in FINDET NEMO von der allgemein für kleine Fische gefährlichen Umwelt aus, nicht von einem einzelnen, boshaften Individuum. Die bedrohliche Umwelt wird durch das Auftauchen von weiteren für die Fische potentiell gefährlichen Figuren wie Feuerquallen, Walen und Anglerfischen inszeniert. Anstatt einzelne, handlungstragende Schurken einzuführen, werden vermeintlich böse Fragmente auf einzelne Charaktere verteilt, sodass die Bedrohlichkeit auf das Gesamtbild übertragen wird. Solange die Fragmente nicht in einer einzelnen Person gebündelt sind, bleibt der Exzess, dem ein intendiert egoistisch handelnder Erzschurke folgen würde, aus. Doch nicht nur in nach dem Jahr 2000 produzierten Filmen wie FINDET NEMO ist die allgemein bedrohliche Welt zu finden. Insbesondere der Disneyfilm aus der ersten Hälfte des 20. Jahrhunderts weist zahlreiche »gesichtslose« Gegner im Sinne einer allgemein feindlich gesinnten Gesellschaft auf.

In Susi und Strolch (Lady and the Tramp, Clyde Geronomi/Wilfried Jackson, 1955) müssen die gleichnamigen Helden um ihrer Liebe willen nicht nur den Hundefänger, sondern auch gesellschaftliche Standesunterschiede überwinden. Susi wächst in einem behüteten Zuhause auf, als sie jedoch in die Welt des Streuners Strolchs »hinabsteigt«, wendet sich die anfangs schützende Gesellschaft u. a. in Gestalt des Hundefängers (der die Gesellschaftsordnung vor Streunern, d. h. Chaos schützt) gegen sie. Anfangs hat auch Susi Vorurteile gegenüber Strolch. Erst, als dieser ihr in der Not zu Hilfe kommt, fasst sie Vertrauen zu ihm. Den gesellschaftlichen Konventionen nach darf Susi als feine Hundedame aus gutem Hause aber nicht mit einem herrenlosen Hund wie Strolch zusammen sein. In Prägung der zeitgenössischen moralischen Werte bieten ihr die beiden deutlich älteren Freunde Jock und Pluto sogar an, sie zu heiraten, um sie vor der gesellschaftlichen Schande zu bewahren. Die Janusköpfigkeit des anfänglich als gut wahrgenommenen Systems erkennen Susi und der Zuschauer erst durch den engen Kontakt mit dem Chaos, personifiziert in Strolch. Als Susi gemeinsam mit Strolch in einem Hühnerstall randaliert, wird sie vom Hundefänger gefangen und ins Tierheim gebracht.

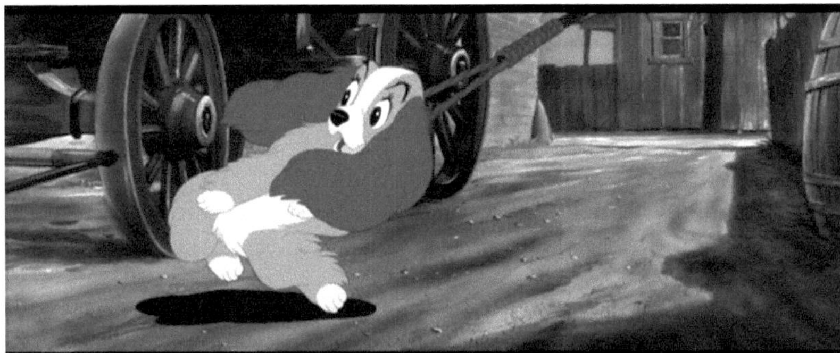

Abb. 4: Susi in Susi und Strolch wird vom Hundefänger gefangen, während Strolch entkommt.

Ohne ihre sie schützende Hundemarke als Zeichen der Zugehörigkeit zum System würde Susi dort die Einschläferung drohen. Nur durch die Marke kann sie, im Gegensatz zu den anderen Hunden, in die Obhut ihrer Besitzer entkommen. Aus der Sicht der Protagonisten und des Zuschauers erscheint die Welt plötzlich als feindlich, mit nur wenigen, gutherzigen Ausnahmen wie zum Beispiel dem italienischen Koch, der den Hunden in einem Hinterhof Spaghetti serviert. Aus der Sicht des Systems sind Susi und Strolch Störfaktoren, das »Sandkorn im komplizierten Räderwerk einer Maschine.«[96] Aus dieser Perspektive ist es nachvollziehbar, dass die beiden von der Gesellschaft gejagt und ausgeschlossen werden. Doch obwohl sie die Antithese zum System bilden, erscheinen ihre Handlungen dem Zuschauer als »richtig«. Ihre Form der Störung des Systems scheint nicht verdammenswert zu sein, da sie keine destruktive Intention hat, sondern vielmehr ein minimales Ausleben des faszinierenden Verbotenen und ein Stück weit auch ein Sich-auflehnen gegen veraltete Werte und Tradition bedeutet. »Evil is immoral and anti-social, but cinema also constructs evil as attractive and pleasurable.«[97] Im Gegensatz zum Schurken, der laut Forbes nicht gewandelt werden kann, gelingt Susi und Strolch am Ende die Rück- bzw. Einkehr in die »heile Welt« der Gesellschaft. Indem Strolch mit Susi zusammenzieht, eine Hundemarke trägt und Nachwuchs mit ihr zeugt, gliedern sich die beiden in die bestehende Ordnung ein. Die altbekannte Familienordnung wird dabei als Garant für Glück dargestellt: »The American film industry does not interrogate social constructions of childhood or family, but merely uses them as visual signifiers of the good.«[98] Ebenso hätten die beiden fliehen können, um als Streuner ihr gemeinsames Leben zu verbringen, doch Susis Sehnsucht nach der bekannten Welt und die Liebe zu ihren Besitzern treiben

96 Petit, Wendland: Das Böse, S. 109.
97 Bather: Construction of Evil, S. 169.
98 Ebd., S. 223.

sie zurück. Daraufhin haben am Ende des Filmes beide Protagonisten die moralischen Fragen überwunden und fügen sich in das bekannte (Disney-)Familien-System ein.[99] Da sie keine Störfaktoren mehr sind, werden sie nicht länger verfolgt. Ihr Happy End wird durch Liebe und Hochzeit begründet.[100]

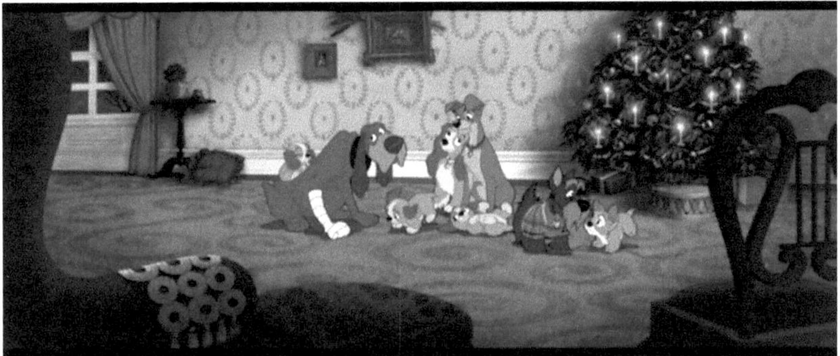

Abb. 5: Das Happy End der Protagonisten in Susi und Strolch.

Doch obwohl die Protagonisten auf dem Weg zum Happy End mit gewaltigen Hindernissen konfrontiert werden, tritt kein Schurke im Sinne einer einzelnen Person oder Organisation auf. Die siamesischen Katzen Si und Am werden zwar als hinterhältig und boshaft dargestellt, sind jedoch nicht die Hauptantagonisten. Sie werden dem Baby von Susis Besitzern gefährlich, charakterisieren dadurch jedoch nur die sie aufhaltende Susi als Heldin. Auch der auftretende Hundefänger stellt zwar eine ernste Gefahr für die Hunde dar, ist aber nur zeitweise treibende Kraft der Handlung. Des Weiteren erscheinen die Susi bedrohenden Straßenhunde zwar fremdartig und wild (im Gegensatz zu den anderen Hunden werden sie nicht durch Sprache anthropomorphisiert), jedoch sind sie keine Schurken.

99 Vgl. Lisa Renée Tanner, Shelley A. Haddock, Toni Schindler Zimmerman, Lori K. Lund: Images of Couples and Families in Disney Feature-Length Animated Films. In: The American Journal of Family Therapy, Vol.31, No.5, 2003, http://dx.doi.org/10.1080/01926180390223987, (Stand: 06.06.2014), S. 359.

100 Vgl. Tanner, Haddock, Zimmermann, Lund: Images of Couples, S. 368.

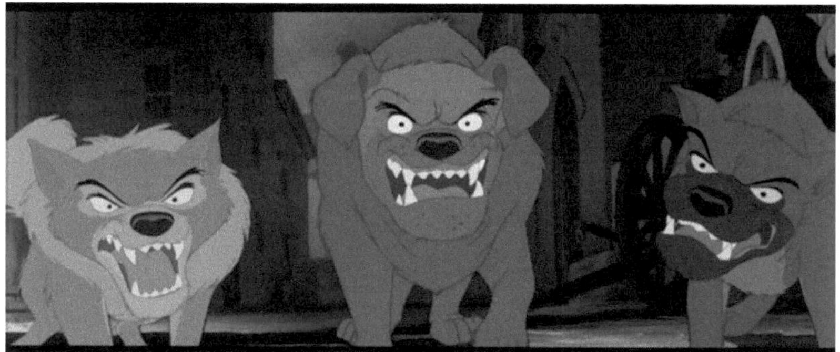

Abb. 6: Die Streuner haben Susi nach einer Hetzjagd gestellt.

Durch das Zusammenspiel der siamesischen Katzen, des Hundefängers, einer das Baby von Susis Besitzern bedrohenden Ratte, der fremden Hunde und äußerlichen Einflüssen wie Unwetter und den gefährlichen Straßenverkehr entsteht der Gesamteindruck einer feindlich gesinnten Umwelt. Dabei ist die dargestellte Gesellschaft dennoch ambivalent. Durch ihre Regeln schützt sie und schränkt gleichzeitig ein. Nur wer dazu gehört, ist sicher. Die Aufgabe von Held und Zuschauer ist anscheinend nicht, wie Joseph Campbell für den Helden formuliert, die Rettung der Welt[101], sondern die Anpassung der Weltanschauung des Helden an das System. Das heißt: Das Ziel ist das egozentrische Durchsetzen eines Höchstmaßes an rein persönlichem Glück innerhalb der Regeln der Gesellschaft. In diesem Aspekt ähnelt SUSI UND STROLCH mit seiner Liebesthematik über die Standesgrenzen hinweg Liebesfilmen für Erwachsene. Auch hier müssen Paare häufig erst zusammenfinden, um sich dann gegen gesellschaftliche oder familiäre Einwände zu behaupten. Prominentestes Beispiel ist Garry Marshalls PRETTY WOMAN (1990), in dem eine Prostituierte sich durch Zufall und »harte Arbeit« den weiblichen »amerikanischen Traum« der damaligen Zeit erfüllt und

101 Vgl. Campbell: Heros, S. 41.

einen Milliardär heiratet. Das Böse tritt auch hier nicht personifiziert auf, vielmehr wirken etliche Nebenfiguren durch kleine Handlungen auch ohne bösartige Intention antithetisch.

Doch einige wenige, fragmentarische böse Handlung rechtfertigen keine Vernichtung oder Bestrafung einer Figur. Als Grundregel gilt: Je mehr böse Handlungen eine Figur vollzieht, desto gerechtfertigter erscheint ihre gewaltsame Vernichtung.[102] Nebenfiguren, die blind dem gesellschaftlichen Konsens gehorchen, werden entweder neutral oder positiv bewertet. Sie erfahren maximal eine kleine Zurechtweisung. Forbes verweist für wahre Schurken auf die Unwandelbarkeit des Feindes, der kein Mosaik, sondern scheinbar ein in sich geschlossenes, reines Böses darstellt:

> In westerns, in Disney animated movies, in spy thrillers, in horror movies, in action-adventures of all kinds, how many times is the enemy, the source of threat or danger, transformed into a contributing member of the community? In how many cases is the person eliminated? In most cases it is the latter, deriving from the assumption that the enemy, unmixed evil, is not redeemable.[103]

Dem Helden ist die Rückkehr bzw. die Eingliederung in das gute System vergönnt, ein Schurke aber kann nie in die Gesellschaft eingegliedert werden. Die Metaphorik des Sandkorns im Getriebe in Form eines Streuners, der eine feine Dame trifft, am Ende mit ihr zusammenzieht und eine Familie gründet, ist ebenfalls Grundlage des Films ARISTOCATS (THE ARISTOCATS, Wolfgang Reitherman, 1970). Die Hauptdarsteller sind hier jedoch Katzen anstatt Hunde, und es taucht eine eindeutigere Schurkenfigur mit Intentionen auf, nämlich der Butler Edgar Balthazar. Bei Edgar ist ein Exzess zu finden, nämlich Gier. Wenn die Katzen seiner Dienstherrin beseitigt sind, erbt er nach ihrem Ableben

102 Vgl. Desilet: Our Faith in Evil, S. 113.
103 Forbes: Battling the Dark Side, S. 357.

das Vermögen. Um sein Erbe rasch antreten zu können, betäubt er die Katzendame Duchesse und ihre Kinder Berlioz, Marie und Toulouse, um sie anschließend verschwinden zu lassen. Durch einen Unfall mit ein paar Straßenhunden landen die Katzen jedoch »nur« weit weg von zuhause. Auf ihrem Heimweg treffen sie auf verschiedene ihnen helfende Figuren, unter anderem den streunenden Kater Abraham de Lacey Giuseppe Casey Thomas O'Malley. Nachdem Duchesse und ihre drei Kinder es nach einer ereignisreichen Reise nachhause geschafft haben, will Butler Edgar sie in eine Truhe sperren und nach Timbuktu verschicken. Durch die Zusammenarbeit aller umstehenden Tiere aber kann der gierige Edgar schließlich besiegt und selbst in die Truhe gesperrt und verschickt werden. Das Happy End besteht darin, dass die Hausherrin ihr Haus in einen Ort für alle streunenden Katzen verwandelt.

Es zeigt sich nicht nur das Motiv des gierigen, exzessiven Schurken mit einem Plan, sondern auch das des nötigen Gruppenzusammenhaltes, um einen gemeinsamen Feind auszuschalten.[104] Helden können kurzzeitig Phasen durchleben, in denen sie nicht Teil des Systems sind. Jedoch begehen sie dabei keine unumkehrbaren oder intendierten bösen Taten und können dadurch wieder Teil des Systems werden. Der Held ist nicht nur derjenige, der sich altruistisch und sein Leben riskierend[105] gegen das böse System stellt, oder der, der die Feinde des guten Systems besiegt: Der vigilante Held wird oftmals synonym mit dem Protagonisten betrachtet, dessen Perspektive das Publikum teilt, scheinbar auch, wenn er nur nach der Prämisse seiner persönlichen Eudaimonie handelt. (Die Unterscheidung in Held und Protagonist wird nur allzu oft vernachlässigt.)

Die Auseinandersetzung mit widrigen Umständen, die sich zwangsläufig in der menschlichen Entwicklung ergeben, ist eine Fähigkeit, die erlernt werden muss, ebenso wie die Verhältnismäßigkeit der Mittel.

104 Vgl. Hroß: Escape to Fear, S. 32.
105 Vgl. Westfall: Why Nemo Matters, S. 37.

Die in Susi und Strolch und Aristocats der Gesellschaft entgegengesetzten »bösen« Taten der Helden werden nicht als böse inszeniert, da sie nur Teil des Rückwurfs für ihre nötige Entwicklung sind und keiner gesellschaftsdestruktiven Intention folgen. Doch können die bösen Taten des Helden allein durch ihre Notwendigkeit für die Selbstfindungsphase begründet werden? Bei einigen Figuren ist das Böse auch nach dem Erwachen – dem Moment des Zum-Helden-Werdens – fester Bestandteil des Persönlichkeit, jedoch wird es dann anders interpretiert, z. B. in Robin Hood (Wolfgang Reitherman, 1973). Im Rückgriff auf die klassische Volkslegende ergeben sich in der Disneyverfilmung ambivalente Darstellungen des Helden und der Schurken. Der Held des Films, Robin Hood, raubt das Geld des reichen Prinzen John, der den Thron seines Bruders durch einen Trick (Hypnose durch seinen Bediensteten Sir Hiss) übernommen hat. Da der Prinz seine Macht in den Augen des Volkes missbraucht, um übermäßig viele Steuern einzutreiben, raubt Robin Hood das Geld und gibt es an die Dorfbewohner zurück. Für Robin Hood selbst ergibt sich die Rechtfertigung seiner Taten aus seiner guten Intention heraus. Gegenüber seinem Freund Little John, der ihn nach einer Verfolgungsjagd fragt, ob sie nun »gute Leute oder böse Leute« seien, definiert er: »›Rauben‹, tz tz tz, so ein böses Wort. Sind wir Räuber? Oh nein. Wir borgen nur von denen, die zu viel besitzen.«[106] Little John lacht und merkt an, dass sie dann ja sehr viele Schulden hätten. Prinz John als Regierender soll das Gesetz vertreten, es ist seine Aufgabe, die Steuern der Bevölkerung einzunehmen. Erst als er alles Geld der Stadt eintreibt, die meisten Dorfbewohner in Haft nimmt und den Priester Bruder Tuck hängen lassen will, überschreitet er die Grenze zum Exzess. Dieser Exzess der Geldgier macht Prinz Johns Handlungen böse.

106 Robin Hood in Robin Hood (1973) TC: 00:05:11-00:05:19.

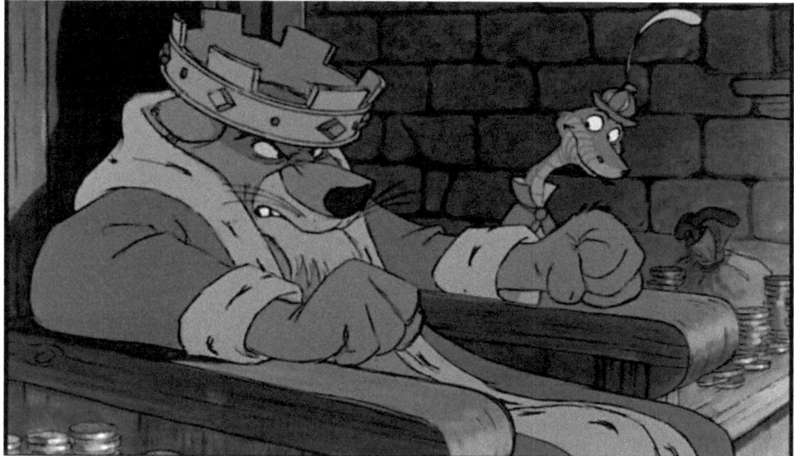

Abb. 7: Prinz John sinniert in Robin Hood *wütend über den Einfluss des Räubers Robin Hood auf seine Steuereinnahmen.*

Der Schurke Prinz John wird aber nicht nur schurkentypisch als hinterlistig, rachsüchtig und tobsüchtig dargestellt, sondern konterkarierend auch als hilfloser, am Daumen nuckelnder jüngerer Bruder mit Komplexen. Robin Hood wird wegen seiner Überfälle zwar steckbrieflich von Prinz John gesucht, jedoch für seine altruistischen Diebeszüge von den Dorfbewohnern gepriesen. Interessanterweise wird auch Robin Hood der Exzess der Gier am Ende des Films beinahe zum Verhängnis. In einem großen Diebeszug will er alles Gold des Prinzen aus dessen Schlafzimmer stehlen. Es gelingt ihm, nahezu das gesamte Zimmer unbemerkt zu räumen und das Gold aus dem Fenster zu befördern, als er jedoch den letzten Sack Gold aus den Armen des schlafenden Prinzen entwenden will, erwachen Sir Hiss und Prinz John. Prinz John ruft seine Leibwache, wodurch auch die zuvor von Little John aus dem Gefängnis befreiten Dorfbewohner entdeckt werden und nur mit Mühe einer erneuten Gefangennahme entgehen können. Der Kampf zwischen Robin Hood und Prinz Johns Männern gipfelt auf den brennenden Zinnen des Schlosses, von denen sich Robin nur durch einen waghalsigen Sprung in den nahe gelegenen Fluss retten kann. Hätte er den letzten Sack Gold

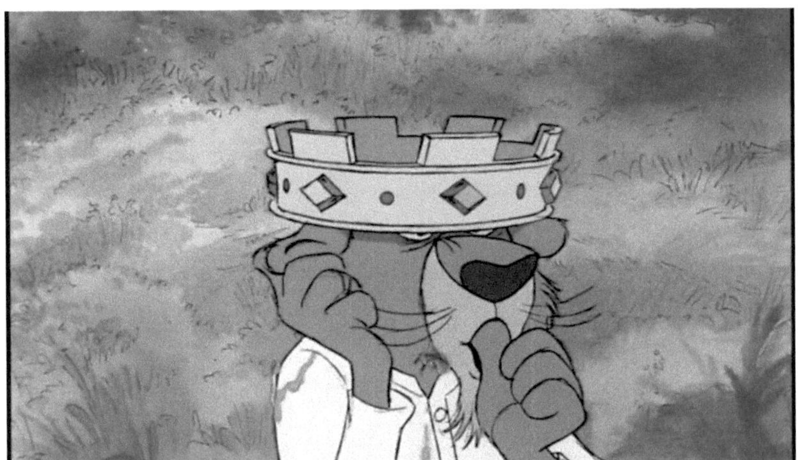

Abb. 8: Prinz John in Robin Hood lutscht in Folge seines Mutterkomplexes am Daumen.

beim Prinzen gelassen, hätte die Flucht ohne Gefahr und Aufsehen durchgeführt werden können. Die Gier war stärker. Doch da Robin Hood ein Held ist, kann er sich vor den Flammen retten.

Von Bather wurde angemerkt, dass das Feuer, in das Claude Frollo in Der Glöckner von Notre Dame (The Hunchback of Notre Dame, Gary Trousdale/ Kirk Wise, 1996) stürzt, auch als Fegefeuer interpretiert werden könne.[107] Das Flammenmeer ist Teil der Verteidigungsmaßnahmen, die der Glöckner Quasimodo ausführt, um Notre Dame vor Eindringlingen zu beschützen. Der Richter Claude Frollo hat sein Leben der Kirche gewidmet, er wiederholt sein Credo, als er zum finalen Schlag gegen Quasimodo und die Zigeunerin Esmeralda ausholt: »Und er befahl alle Sünder auszumerzen und sie in den feurigen Abgrund zu versenken.«[108] Er gerät jedoch ins Straucheln und kann sich gerade noch an einem Wasserspeier festhalten. Der Wasserspeier bröckelt, erwacht zum Leben und faucht ihn mit orange glühenden Augen an, während sie gemeinsam in die »Hölle« hinabstürzen. Der Wasserspeier hat Notre Dame seiner Aufgabe entsprechend vor der Bedrohung beschützt. Offenbar

107 Vgl. Bather: Construction of Evil, S. 214.
108 Der Glöckner von Notre Dame; TC: 01:18:00 – 01:18:06.

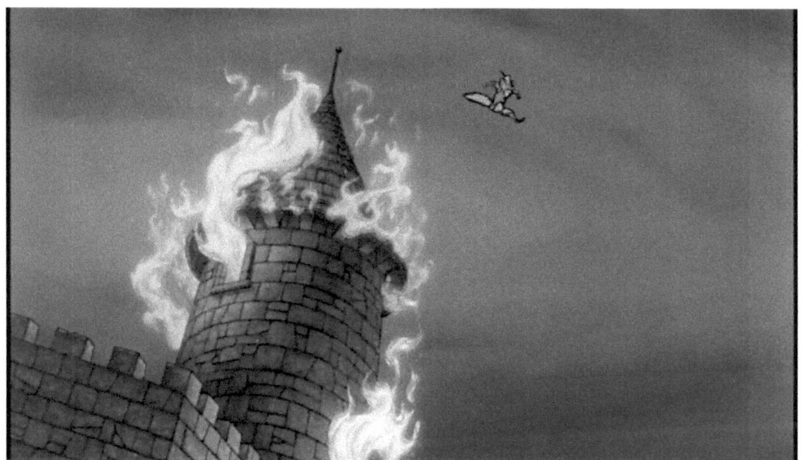

Abb. 9: Robin Hood im gleichnamigen Film entkommt dem Feuertod mit einem verzweifelten Sprung.

herrschten verschiedene Ansichten darüber, wer ein Sünder, Schurke oder Held ist. Durch den Exzess hat sich Frollo selbst gerichtet, ohne dass die Helden ihn selbst töten mussten.

Ein Held wie Robin Hood kann an dem »Fegefeuer« vorbeispringen und so einer Bestrafung seiner bösen Taten entgehen, ein Schurke wie Claude Frollo kann das nicht. Die Taten des Helden und des Schurken werden offenbar mit zweierlei Maß gemessen. Denn obwohl der Held Robin Hood und der Schurke Prinz John dem gleichen Exzess der Gier erliegen, wird der Held am Ende des Films mit seiner wahren Liebe verheiratet und geadelt, während der Schurke und seine Anhänger zur Zwangsarbeit in einem Steinbruch verurteilt werden. Der Held in Robin Hood ist keine rein gute Gestalt, sondern ambivalent und sehr wohl zu Handlungen fähig, die anderen Charakteren schaden. Doch entgegen Bathers Einwand schützt Robin Hood noch immer die Unschuldigen. So bleibt er, obwohl Fragmente seines Handelns negativ konnotiert sind, in der Gesamtansicht dem Heldenbild treu. Offenbar kann sich der Held mit dem Bösen auseinandersetzen, es sogar als Teil seiner Persönlichkeit halten, ohne ihm völlig zu erliegen. Trotz seiner Verfehlungen lei-

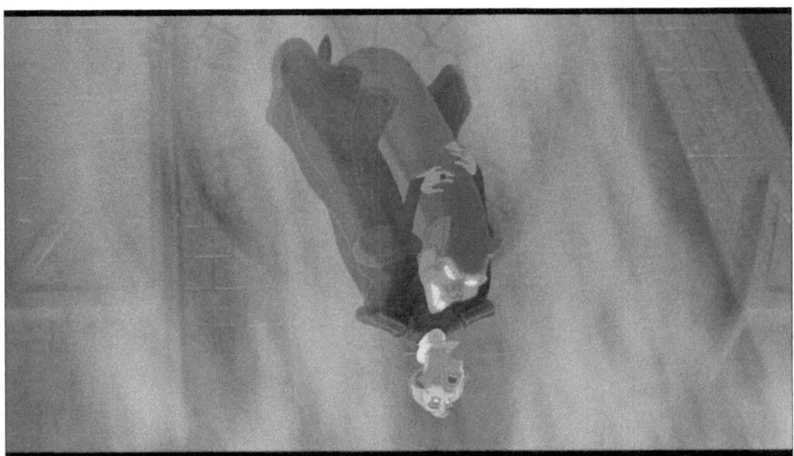

Abb. 10: Claude Frollo stürzt in DER GLÖCKNER VON NOTRE DAME *in ein Flammenmeer.*

tet er das »Happy Ever After« ein, indem er den Schurken besiegt, ein neues System etabliert und alles zum Guten wendet. Auch hier steht das persönliche, geradezu egoistische Glück des Protagonisten im Vordergrund, ohne jegliche negative Wertung. Dies zeigt, dass vereinzelte böse Fragmente im Mosaik einer Person noch keinen Schurken ausmachen. Auch mit einer gewissen Zahl »böser« Eigenschaften kann man ein Held sein.

3.2. Die Versuchung des Bösen

»Ich bin böse und das ist gut.«[109]

Das durch den Helden eingeleitete Wiederherstellen der Gerechtigkeit ist zwar ein Klassiker, jedoch kein zwingender Bestandteil eines Disneyfilms. Nicht nur die bösen Handlungen des Helden, auch viele von anderen Figuren oder Einflüssen ausgehende böse Handlungen bleiben ohne strafende Folgen. Als Beispiel ist hier Disneys PINOCCHIO (Hamilton Ruske/Ben Sharpsteen, 1940) zu nennen. Der Puppenbauer Geppetto erschafft eine Holzmarionette, die aufgrund seines nächtlichen Wunsches von einer guten Fee lebendig gemacht wird. Um zu einem »richtigen Jungen« zu werden, muss sich die Marionette namens Pinocchio als tapfer, ehrlich und selbstlos erweisen. Die Fee ernennt eine landstreichende Grille namens Jiminy Cricket zu Pinocchios persönlichem Gewissen, damit er lernt, was richtig und falsch bzw. gut und böse ist. Durch seine kindliche Unwissenheit ist Pinocchio kein Held, der sich eine Verantwortung für die Welt aufbürdet. Doch ohne einen Helden, der über eine eigene Weltansicht mit Gut und Böse darin verfügt, bleibt das, was dem Zuschauer als böse erscheint, offensichtlich ungesühnt. Die die Handlung am meisten beeinflussenden Figuren sind ein Fuchs, der sich selbst »Ehrenwerter John« nennt, und sein namenloser Gehilfe, ein Kater. Der Ehrenwerte John hält Pinocchio immer wieder davon ab, in die Schule zu gehen, wie es brave Jungs tun würden. Zuerst redet er ihm ein, er könne Schauspieler werden und bräuchte dafür keine Schule. Pinocchios folgende Auftritte in der Marionetten-Vorstellung des Puppenspielers Stromboli sind zwar erfolgreich, aber Stromboli nimmt Pinocchio gefangen, als dieser wieder nach Hause

109 Teil der Schurkenaffirmation in RALPH REICHTS; TC: 00:06:37 – 00:06:43.

will. Nach geglückter Flucht mithilfe der guten Fee ist Pinocchio fest entschlossen, zur Schule zu gehen, aber der Ehrenwerte John hält ihn erneut auf.

Mit einer angeblichen ärztlichen Untersuchung überzeugt er Pinocchio davon, dass er eine Kur benötigen würde. Die »Kur« allerdings führt ihn und viele andere Kinder auf eine Vergnügungsinsel, auf der es Karussells, ein Gebäude zum Zerstören, eine Zigarrenbar, Bierschenken und die Möglichkeit, sich mit anderen zu prügeln, gibt. Diese Vergnügungen zahlen die unwissenden Kinder damit, dass sie sich nach und nach in Esel verwandeln. Pinocchio und sein vor Ort neu gewonnener Freund Lampwick vergnügen sich anfangs ebenso ahnungslos wie die anderen Kinder mit Alkoholtrinken, Zigarren rauchen und Billard spielen. (Im Horrorfilm würde eine Figur allein für diese Handlungen getötet werden, da Alkohol- und Drogenkonsum durch Minderjährige

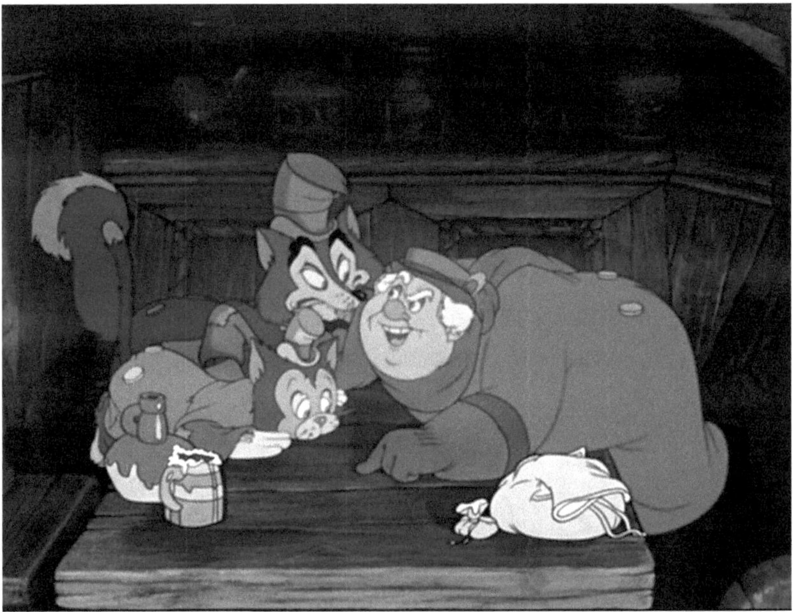

Abb. 11: Der böse Kutscher weiht den Ehrenwerten John und seinen Gehilfen in den Plan zur Kindesentführung ein.

zwar stets gezeigt, aber sofort bestraft werden.[110]) Der Besitzer der Vergnügungsinsel ist ein geheimnisvoller Kutscher, der Fuchs und Kater zuvor angeheuert hat, damit sie die Kinder auf seine Insel locken. Plangemäß verwandeln sich die Kinder in Esel, nachdem sie die »bösen« Dinge ausführlich genossen haben. Pinocchio entgeht diesem Schicksal nicht, weil er es für moralisch falsch halten würde, zu rauchen und zu trinken, sondern weil ihm von seiner Zigarre schlecht wird und er sie deshalb nicht zu Ende raucht. Im Gegensatz zu seinen Freunden (und aufgrund seines Protagonisten-Status) hat er nur Eselsschwanz und -ohren. Alle Kinder, die sich komplett in Esel verwandelt haben und dadurch auch die Fähigkeit zum Sprechen verlieren, werden ihrer Kleider beraubt und von schattenhaften Gestalten zum Verkauf auf ein Schiff verladen.

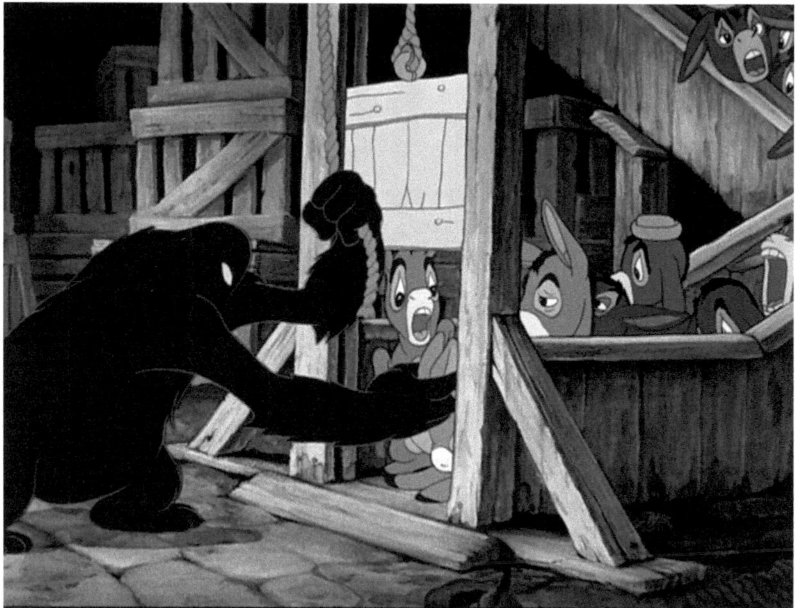

Abb. 12: Die gesichtslosen, schattenhaften Helfer des Aufsehers aus PINOCCHIO.

110 Vgl. John Kenneth Muir: Horror Films of the 1980s, Vol.1 1980 -1984. North Carolina 2007, S. 30.

Auch Pinocchios Freund Lampwick verwandelt sich vor Pinocchios Augen in einen Esel und fleht ihn mit seinen letzten menschlichen Worten um Hilfe an. Wenig später kann Pinocchio mit der Hilfe des sich sorgenden Jiminiys fliehen, Lampwick und die anderen Kinder aber werden ins Ungewisse verschleppt.

Laut Bather gibt es für Helden und Schurken verschiedene Arten, mit Unschuldigen umzugehen: Der Schurke attackiert Unschuldige, während der Held sie beschützt.[111] In Pinocchio geschieht den Kindern böses durch einen Schurken, es erscheint aber kein Held, der sie rettet. Sicherlich kann auch den Guten Leid geschehen,[112] aber es ließe sich vermuten, dass die entführten Kinder durch ihr Rauchen und Trinken nicht mehr als unschuldig gelten. Die Moral: Niemand hilft denen, die Böses oder Verbotenes tun. In anderen Analysen findet sich dieser Punkt nicht, mutmaßlich deshalb, weil derartig »erzieherische« Aspekte eine Ausnahme darstellen und deshalb der Entstehungszeit von Pinocchio zuzurechnen sind. Festzuhalten ist, dass Pinocchio keine Nemesis hat, die es zu bekämpfen gilt, und selbst kein Held ist, der für das Gute kämpft. Pinocchios Ziel ist es aber auch nicht, ein Held zu werden, sondern ein »guter Junge«. Durch eine von der guten Fee gesandte Taube erfährt Pinocchio nach seiner Flucht, dass Geppetto im Bauch des finsteren Wals Monstro festsitzt. Pinocchio bricht augenblicklich zu seiner Rettung auf. Mit der Naivität eines Kindes bindet er einen Stein an seinen Eselsschwanz und springt von einer Klippe ins Meer, um den Meeresboden nach Monstro abzusuchen. Tatsächlich findet er Monstro und auch Geppetto in dessen Inneren. Geppettos Freude, seinen »Sohn« wiederzuhaben, lässt sich auch nicht durch die Eselsohren und den Schwanz trüben. Auf Pinocchios Idee hin entkommen er und sein Vater aus Monstros Maul, indem sie ihn zum Niesen bringen. Als er sie erneut zu verschlingen droht, ruft Geppetto Pinocchio zu, dass er sich selber

111 Vgl. Bather: Construction of Evil, S. 228.
112 Vgl. Petit, Wendland: Das Böse, S. 79.

retten solle, doch Pinocchio schafft es, Geppetto unter Aufwendung seiner letzten Kräfte (und mit Glück) an Land zu schleppen. Nachdem Pinocchio regungslos am Strand liegt, und er von Geppetto nach Hause auf ein Totenbett gebracht wird, verkündet ein Voice-Over, dass die Aufgaben der guten Fee erfüllt seien. Pinocchio verwandelt sich in einen richtigen Jungen und erwacht wieder zum Leben. Dadurch, dass er seinen Vater selbstlos aus dem Bauch des Wals gerettet hat, ehrlich war, als die Fee ihn der Lüge überführte, und tapfer, als er entführt wurde, hat er sich als würdig erwiesen. Geppetto erhält endlich den lebendigen Sohn, den er sich gewünscht hat, Pinocchio kann mit seinem glücklichen Vater feiern und Jiminy Cricket erhält das goldene Abzeichen, das er anfangs von der guten Fee für seine Dienste gefordert hat. Ein Happy End für die Familie.

Von den entführten Kindern, Monstro, Fuchs und Kater oder dem Kutscher hingegen hört man nicht mehr. Das Schicksal der Kinder scheint unabänderlich festzustehen und das Böse wird nicht bestraft. Rechtfertigend für eine derartig egozentrische Weltansicht ist nur die Tatsache, dass Pinocchio noch ein unbedarftes Kind ist. Obwohl er gemeinsam mit den anderen Kindern die »bösen« Dinge wie Alkohol und Tabak probiert, scheint er sich des Bösen nie wirklich bewusst zu werden. Er merkt nur, dass ihm die Dinge nicht bekommen und lässt daraufhin von ihnen ab. Es findet keine rationale oder emotionale Grundsatz-Entscheidung statt. Trotz seines direkten Kontaktes mit dem Bösen hat Pinocchio noch immer keine Vorstellung von den Konzepten Gut und Böse. Nur einen kleinen Teil von »richtig« und »falsch« hat er begriffen. Demnach befindet er sich nach wie vor nicht in der heldentypischen Position, das Gute durchzusetzen oder das Böse zur Rechenschaft zu ziehen. Vielmehr ist die Entwicklung von Pinocchio nur auf ihn selbst bezogen und der für Heldengeschichten typische Moment des Erwachens nach der »Periode der Finsternis«[113] wird »nur« für die Mensch-Werdung genutzt. PINOCCHIO spiegelt die Entwicklung eines Kindes und seinen ersten Kontakt mit der ambivalenten Welt wider. Durch die Einwirkung böser Umstände muss demnach nicht zwangsläufig ein Held entstehen. Bather stellt fest: »Any individual, in the right (or wrong) circumstances, may act evilly without necessarily being evil.«[114] Das Gleiche gilt im Umkehrschluss auch für den Helden: Jeder *kann* unter den richtigen (oder falschen) Umständen ein Held werden, aber nicht jeder, der sich richtig verhält, ist zwangsläufig ein Held.

3.3. Der Schurke als Nemesis

»Es ist schön, böse zu sein. Böse zu sein macht mich glücklich.«[115]

Die Schurken, die eine persönliche Nemesis des Helden darstellen, sind meist diejenigen, die über ihren Film hinaus Bekanntheit erlangen. In ihren Filmen findet sich die dichotome und aus Märchen bekannte Erzählstruktur, dass ein vom Schicksal auserkorener Held einen »persönlichen« Schurken hat, den er bekämpfen muss und den nur er besiegen kann. Held und Schurke bilden ein sich gegenseitig bedingendes Paar. Meist steht der Held dem Schurken zuerst unwissentlich, dann aber bewusst beim Erreichen seiner oft sehr konkreten Ziele im Weg. In den Disneyfilmen zwischen 1937 und 2008 beispielsweise wird zwölf Mal Macht angestrebt, zumeist in Verbindung mit Herrschaft.[116] Weitere Motive sind Jagderfolg,[117] Gier[118] und Habsucht.[119] Jedes dieser Ziele

113 Vgl. Campbell: Heros, S. 299.
114 Bather: Construction of Evil, S. 96.
115 Eddie Brock/Venom in SPIDER-MAN 3; TC: 01:57:52 – 01:57:55.
116 Z. B. Dschafar in ALADDIN.
117 Z. B. Gaston in DIE SCHÖNE UND DAS BIEST oder Clayton in TARZAN.
118 Z. B. Der Ehrenwerte John in PINOCCHIO.
119 Z. B. Prinz John in ROBIN HOOD.

stellt an sich keine Bedrohung für die Allgemeinheit dar, da beispielsweise das Streben nach Herrschaft auch als positiven Ehrgeiz ausgelegt werden kann. Erst der Exzess und die daraus resultierende Unverhältnismäßigkeit der Mittel ist schädlich bzw. böse. Insgesamt zehn der im oben genannten Zeitraum auftauchenden Erzschurken sterben am Ende des Films: Zweien wird der Brustkorb durchbohrt, drei werden in Abgründe gestürzt, vier von Krokodilen oder Hyänen attackiert (nicht immer mit Todesfolge), jeweils einer wird von einem Zug überrollt bzw. mittels Feuerwerkskörper gesprengt und einer erhängt sich versehentlich selbst. Der Held gewinnt den Kampf immer. Das Böse wird, wenn es nicht vernichtet wird, inhaftiert oder verbannt. Diese Schicksale sind moralisch erst zu rechtfertigen, wenn der Schurke nicht wieder gut zu machende böse Taten vollbringt und als nicht zu läutern dargestellt wird.[120]

So muss Scar in Der König der Löwen persönlich den amtierenden König Mufasa töten, ein Attentat auf seinen Neffen Simba verüben, das Königreich zugrunde richten, gleich zwei Rassen versklaven, die Königin-Mutter schlagen und erneut Simba attackieren, um die gegen ihn gewirkte Gewalt zu rechtfertigen. Schurkentypisch fällt Scar am Ende seiner eigenen Hybris zum Opfer. Simba hängt durch Scars Argumentation bereits entmutigt und hilflos über dem Abgrund, sodass Scar den Kampf leicht beenden könnte. Doch anstatt Simba in den Tod zu stürzen, »beichtet« er ihm den Mord an König Mufasa, was Simba einen Motivations- und Kraftschub verleiht und die beiden in den finalen Kampf führt. Am Ende des Films wird Scar schließlich von Simba von einer Klippe gestoßen. Gemäß der filmischen Redundanz ist dies das Schicksal, das er zuvor seinem Bruder Mufasa bereitet und auch für Simba vorgesehen hatte. Scar stürzt jedoch nicht einfach von der Klippe, sondern landet inmitten eines Feuers (das wie bereits erwähnt auch

120 Z. B. Gaston in Die Schöne und das Biest.

als Fegefeuer interpretiert werden kann). Während Mufasa nach dem Sturz von einer Herde Gnus totgetrampelt wurde, wird Scar im Abgrund von seinen ehemaligen Verbündeten, den Hyänen, angefallen und, den Schatten an der Wand und den Geräuschen nach zu urteilen, getötet und aufgefressen.

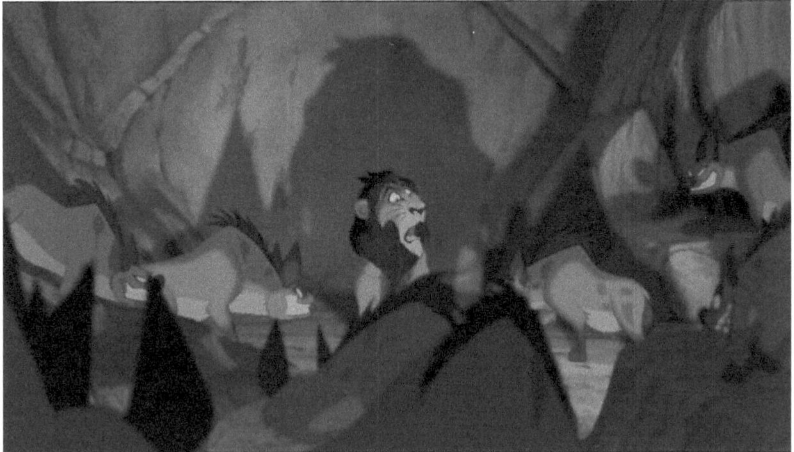

Abb. 13: Scar wurde von Simba in Der König der Löwen *vom Königsfelsen gestoßen und wird nun, umringt von Flammen, von den Hyänen angefallen.*

Die Löwen Simba und Scar sind eindeutig als Held und Schurke zu klassifizieren, dennoch teilen ihre Mosaike etliche Fragmente: Beide haben ein Verlangen nach dem Thron, was in jeweils einem Lied (»Ich will jetzt gleich König sein« von Simba und »Seid bereit« von Scar) zum Ausdruck kommt. Beide sind Mitglieder der königlichen Familie, sodass beide in der Erbfolge zu berücksichtigen sind. Simbas Geburt ist für Scar erst der Grund, »böse« zu werden, da er nun nicht mehr der direkte Anwärter auf den Thron ist.[121] Außerdem zeigt sich keiner von beiden den Pflichten des Herrscherdaseins gewachsen. Scar lässt, als er an der Herrschaft ist, die Hyänen nach Belieben jagen, sodass das Land verkommt und keine Nahrung mehr übrig bleibt. Simba hingegen entsagt der lästigen Königspflicht und lebt mit seinen Freunden Timon und

121 Vgl. Westfall: Why Nemo Matters, S. 30.

Pumbaa nach dem Motto »Hakuna Matada« (afrik. »keine Sorgen«) glücklich im selbst gewählten Exil. Erst das Auftauchen seiner Kindheitsfreundin Nala und der folgende erste Motivationsschub durch eine Vision seines verstorbenen Vaters bringen ihn dazu, sich an seinen Platz im »ewigen Kreis des Lebens« zu erinnern und das Wohl des Landes über sein eigenes sorgloses Leben zu stellen. Sowohl Scar als auch Simba vollziehen antithetische Handlungen und stürzen jeweils ein Familienmitglied von einer Felsklippe.[122] »Allowing one's brother to fall to his death is not normative.«[123] Wenn Scar Mufasa stürzen lässt, obwohl dieser ihn um Hilfe bittet, ist es eine böse Handlung, wenn Simba allerdings Scar von der Klippe stürzt, eine gute. »The same action, with the same narrative, is viewed entirely different, based solely upon the context of the situation.«[124] Die böse Tat mag dem Helden schwer fallen und er mag sie bereuen, doch für die Welt ist er ein Held. Simba ist am Ende des Films rechtmäßiger König, das Land erblüht und er hat bereits Nachwuchs, wohingegen Scar augenscheinlich von Hyänen gefressen wurde.

Dass die Untergebenen der Schurken meist mit verantwortlich für ihr Scheitern sind, stellt einen weiteren, entscheidenden Nachteil des Schurken dar. Ihre Helfer, wie z. B. Pech und Schwefel in HERCULES oder die Hyänen Shenzi, Banzai und Ed in DER KÖNIG DER LÖWEN, sind meist inkompetent und nicht vertrauenswürdig. Weder Pech und Schwefel noch die Hyänen haben ihren Herrn darüber informiert, dass sie ihren essentiell wichtigen Auftrag nicht erfüllt haben und der Held noch lebt. Sie hoffen vielmehr darauf, dass Hades und Scar niemals herausfinden, dass die ihnen aufgetragenen Morde nicht ausgeführt wurden. Der Schurke muss mit dem arbeiten, was er hat. Der Held hingegen kann sich auf die Hilfe seiner Freunde, wie z. B. Pegasus und Philoctetes in

122 Vgl. ebd., S. 31.
123 Ebd.
124 Ebd.

Hercules oder Timon und Pumbaa in Der König der Löwen, fest verlassen. Sie stehen in der Nahrungskette unter ihm, sind aber dennoch kompetent. Auch die den Helden bestimmten Partnerinnen Megara bzw. Nala sind Hercules und Simba eine große Hilfe, während Hades und Scar allein bleiben. Der Schurke hat in seinem Gefolge meist jene, die in die Welt des Helden nicht passen würden. Sie können ihre Zugehörigkeit nicht im System finden und brauchen so eine Alternative. Durch ihre Inkompetenz kann der Schurke nicht auf vertrauensvolles Teamwork bauen, sondern muss auf despotische Herrschaft setzen. So sind den Helden Hercules und Simba jeweils ein Happy End mit ihren Liebsten vergönnt, während Hades und Scar alles verlieren. Interessant ist hier zu bemerken, dass nur die Heldentaten des Protagonisten wirklich als Heldentaten gewertet werden, während die Helfer, egal bei welchem Einsatz, nur Nebenfiguren bleiben. Dies gilt sowohl für die Freunde der Helden als auch für die Helfer der Schurken. Beispielsweise wird Hercules dafür, dass er seine Seele für Megara an Hades verkauft und in den Fluss der Toten springt, als wahrer Held anerkannt und in den Olymp berufen. Dass Megara sich, ohne jede göttliche Superkraft, für Hercules vor eine auf ihn stürzende Säule wirft und dabei selber stirbt, wird mit nichts dergleichen honoriert. Auch in Dornröschen (Sleeping Beauty, Clyde Geronimi, 1959) wird Malefiz schlussendlich nicht vom Prinzen getötet, sondern von den guten Feen. Sie sagen zwar, dass der Prinz den Kampf alleine führen müsse, doch als er angesichts von Malefiz' Macht zu scheitern droht, erfüllen die Feen schnell seine Aufgabe: Sie lenken sein Schwert durch Magie in das Herz des Drachen, der Prinz muss nur noch ausweichen, als Malefiz in den feurigen Abgrund fällt.

Das Ende der Schurken hingegen ist alles andere als glücklich. Für die Erzschurken, die als wirkliche Nemesis des Helden zu verstehen sind, gilt folgende Grundregel: Sie sterben durch die Todesarten, die sie für den Helden vorgesehen haben[125], scheitern durch ihre eigene Schuld[126], im Exzess irrationaler Handlungen[127] oder durch einen Winkelzug des Helden. Meist findet man den Schurken am Ende seiner Taten an einem sprichwörtlichen Abgrund:

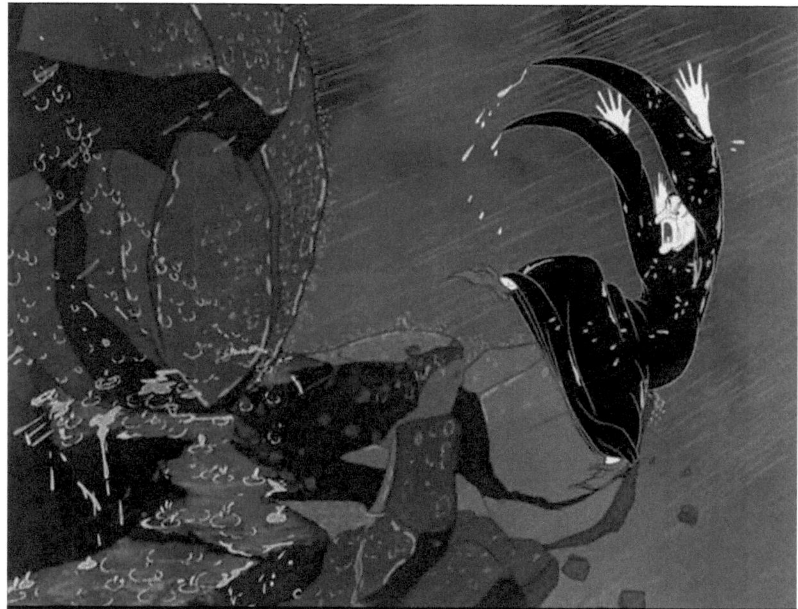

Abb. 14: Die böse Königin in Schneewittchen und die sieben Zwerge *fällt nach einem Blitzeinschlag von der Klippe und wird von dem Felsen, den sie auf die Zwerge stürzen wollte, begraben.*

125 Z. B. wird Percival C. McLeach in Bernard und Bianca im Känguruland (The Rescuers Down Under, Hendel Butoy, Mike Gabriel, 1990) von den Krokodilen gefressen, denen er den Jungen Kodi vorwerfen wollte.

126 Z.B. erhängt sich der Jäger Clayton in Tarzan versehentlich selbst in den Lianen der Bäume.

127 Z. B. verfolgt Sykes in Oliver & Co. die Protagonisten (eine Gruppe Hunde und einen Obdachlosen) mit seinem Wagen über eine Bahnhochbrücke und wird dann vom Zug erfasst.

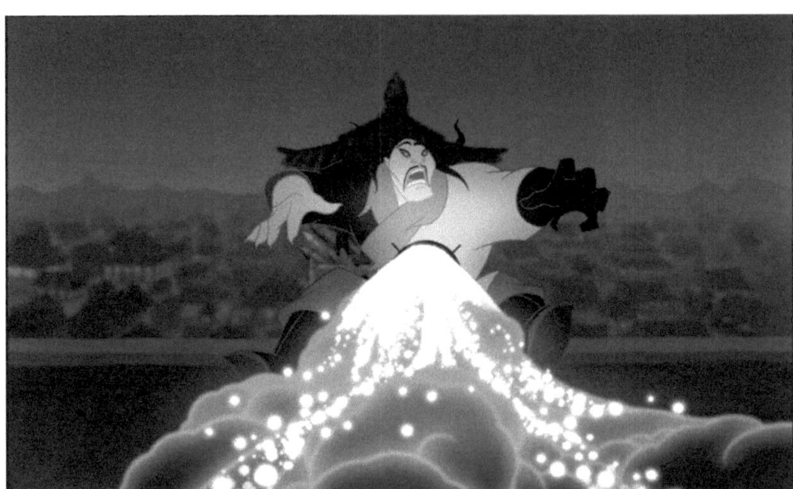

Abb. 15: Shan Yu wird in Mulan *mit einer Feuerwerksrakete in einen Turm voller Feuerwerkskörper geschossen und verschwindet in der Explosion.*

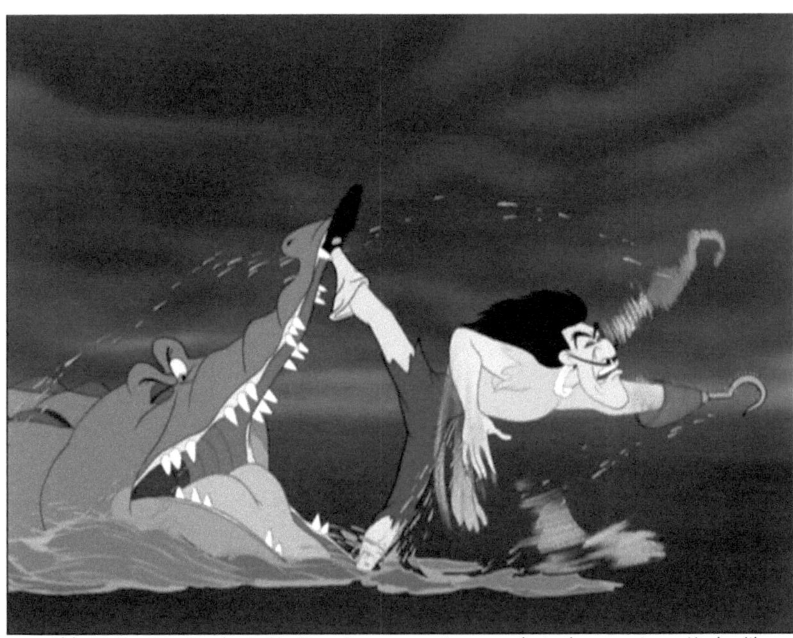

Abb. 16: Kapitän Hook wird in Peter Pans heitere Abenteuer *beinahe von einem Krokodil gefressen.*

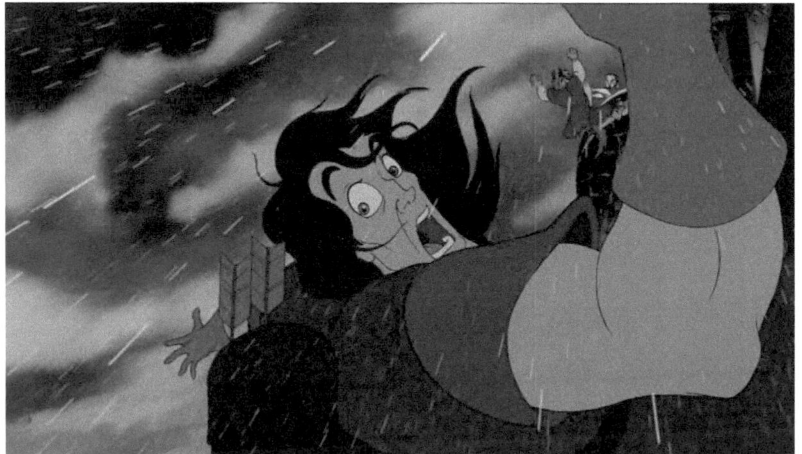

Abb. 17: Gaston in Die Schöne und das Biest *fällt nach einer Attacke auf das Biest vom Schlossturm in den darunterliegenden Abgrund.*

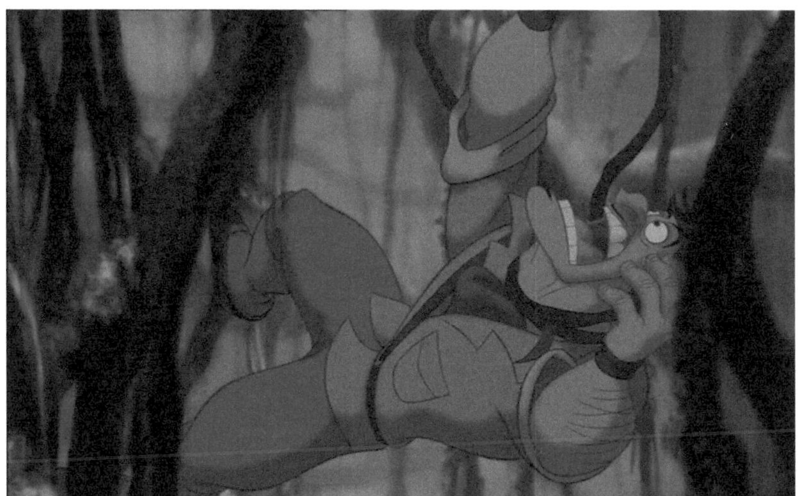

Abb. 18: Clayton erhängt sich während des Endkampfes in Tarzan *versehentlich selbst mit den Lianen. Wenige Sekunden später ist im Licht eines Blitzes der Schatten seiner baumelnden Leiche zu sehen.*

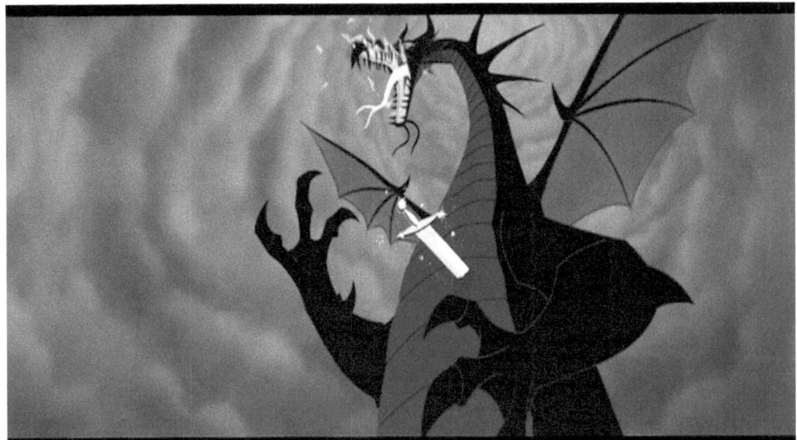

Abb. 19: In Dornröschen *durchbohrt ein magisches Schwert das Herz von Malefiz in ihrer Drachenform; danach fällt sie in einen feurigen Abgrund.*

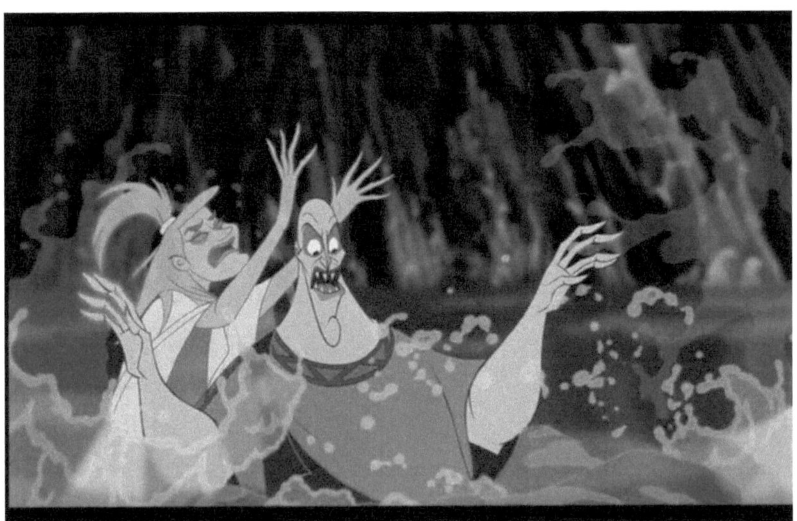

Abb. 20: Hades in Hercules *wird von toten Seelen umringt und in den Strudel der Toten gezogen.*

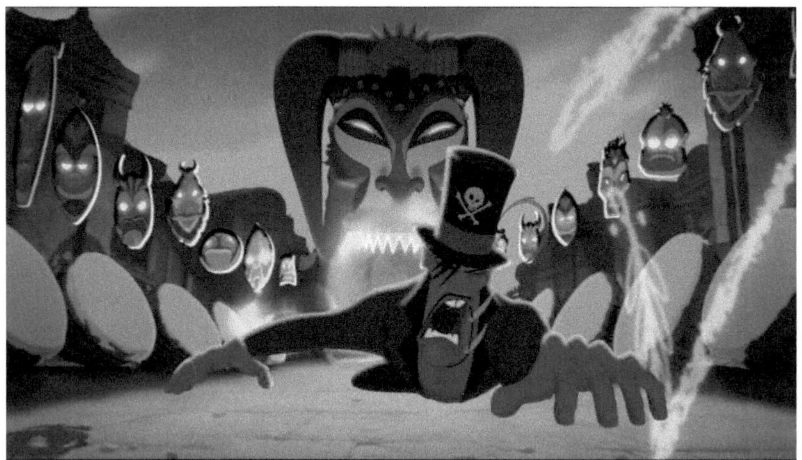

Abb. 21: Doktor Facilier wird in Küss den Frosch von seinen »Freunden« ins Schattenreich gezogen.

Wenn der Schurke nicht stirbt, erleidet er das dem Helden zugedachte Schicksal, oder zumindest ein ähnlich endgültiges. In sechs Fällen werden die Schurken zumindest zeitweise durch Unfälle ausgeschaltet, oder aber, in drei Fällen, für eine ungewisse Zeit verbannt oder inhaftiert.[128] Der Butler Edgar in Aristocats beispielsweise wird selbst nach Timbuktu verschickt, nachdem er dies mit den Katzen vorhatte.

Wenn der Tod des feindlichen Gegenübers keine Option darstellt, so müssen andere Wege gefunden werden, um seinen Einfluss unter Kontrolle zu bringen.

> Storytelling in the melodramatic style aimed at younger audiences can easily and more beneficially display varieties of overcoming villains short of killing them. Even here, however, judgment is necessary. Stories that edge too far toward extreme polarization of character invite the extreme resolution of death as the fitting means of disposal.[129]

128 Z. B. Governor John Ratcliffe in Pocahontas (Mike Gabriel / Eric Goldberg, 1995).

129 Desilet: Our Faith in Evil, S. 271f.

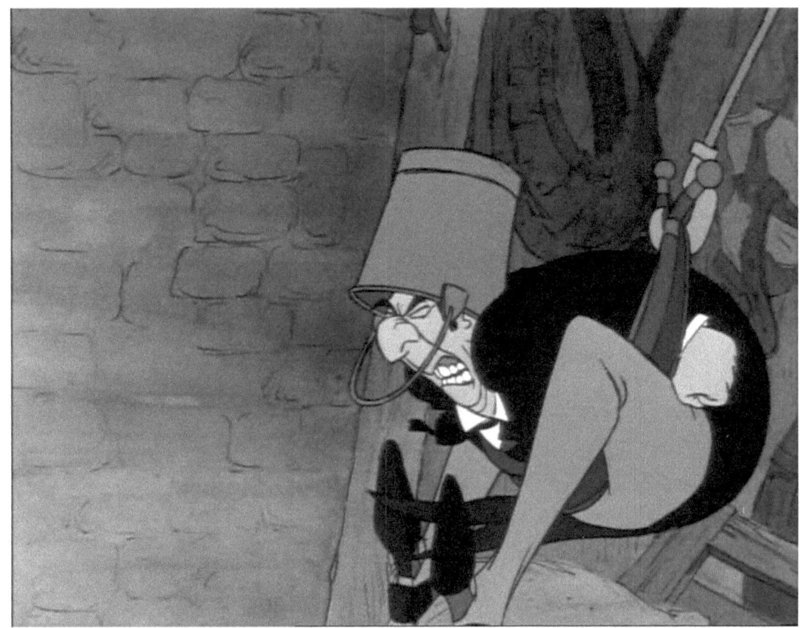

Abb. 22: Edgar Balthazar wird von den Tieren ausgeschaltet.

Dschafar beispielsweise wird am Ende des ersten Teils von ALADDIN (John Musker/Ron Clements, 1992) in eine Lampe eingesperrt und laut Aussage des Dschinis für ein- bis zweitausend Jahre in die Wunderhöhle verbannt. Für die Fortsetzung DSCHAFARS RÜCKKEHR (THE RETURN OF JAFAR, Toby Shelton / Tad Stones / Alan Zaslove, 1994) wird die Wunderlampe nach nur kurzer Zeit wieder ausgegraben, sodass der Schurke mit der Motivation der persönlichen Rache und noch größerer Macht erneut gegen den Helden antreten kann.[130] Gleiches gilt für Kapitän Hook in PETER PANS HEITERE ABENTEUER (PETER PAN, Clyde Geronimi, Wilfred Jackso u. a., 1953), der nach dem Endkampf von einem Krokodil über das Wasser außer Sicht gejagt wird. Zu bemerken ist, dass das Ausschalten des Schurken am Ende des Disneyfilms auch ohne Todesfolge stets eine seinen Einfluss umkehrende Wirkung hat. Sobald der Schurke ausge-

130 Vgl. Hroß: Escape to Fear, S. 158.

schaltet ist, kehrt das System zu seiner vorherigen, guten Stärke zurück. Nach dem Sieg Simbas in DER KÖNIG DER LÖWEN beginnt es zu regnen, sodass das Geweihte Land im Zeitraffer durch das Feuer gereinigt, neu begrünt und mit Tieren bevölkert wird.

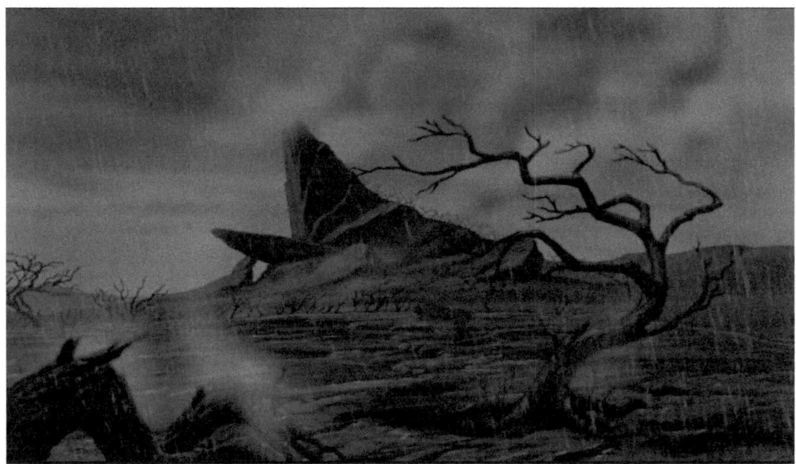

Abb. 23: Das verdorrte Geweihte Land kurz nach dem finalen Kampf in DER KÖNIG DER LÖWEN.

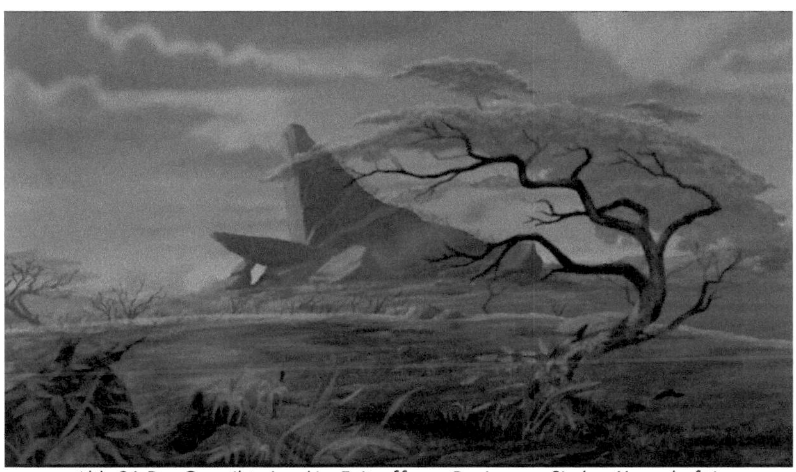

Abb. 24: Das Geweihte Land im Zeitraffer zu Beginn von Simbas Herrschaft in DER KÖNIG DER LÖWEN.

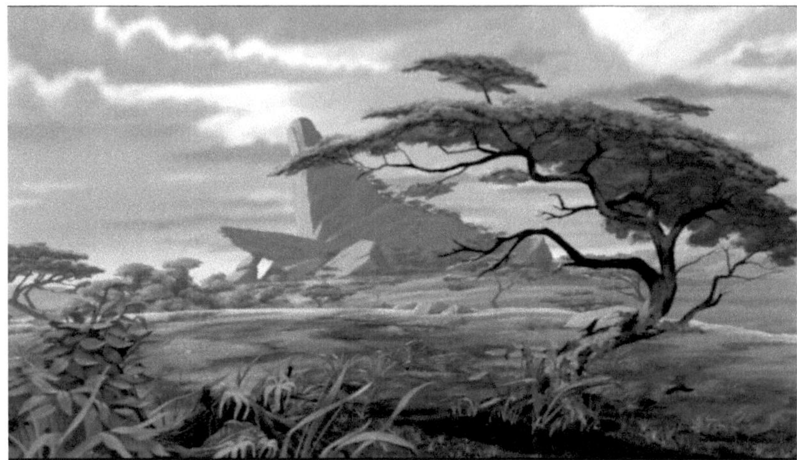

Abb. 25: Das wieder erblühte Geweihte Land nach der Geburt von Simbas Tochter in DER KÖNIG DER LÖWEN.

In ALADDIN werden alle vom Schurken verzauberten Figuren wieder in ihren ursprünglichen Zustand zurückversetzt, in PETER PANS HEITERE ABENTEUER werden alle unschuldig Gefangenen befreit. Die Untergebenen des Schurken fliehen meist oder treten nach dem verlorenen Kampf schlicht nicht mehr auf. Pech und Schwefel in HERCULES beispielsweise bleiben am Rande des Seelenstrudels stehen, ohne Hades zu helfen. Sie spekulieren darauf, dass er nicht mehr zurückkehren wird, um sie zur Rechenschaft zu ziehen. Die Hyänen in DER KÖNIG DER LÖWEN fressen Scar verschwinden danach aus dem Geweihten Land. Bis auf wenige Ausnahmen, wie Dschafars Papagei Jago, der mit in die Wunderhöhle verbannt wird, entgehen die Helfer dem endgültigen Schicksal des Schurken. Dass der gesamte Einfluss des Schurken rückwirkend aufgehoben wird, ist Voraussetzung für das »Happy Ever After« des Helden. Mit seiner Vernichtung wird die Ansicht des Helden als gut etabliert. Hier zeigt sich der Unterschied zwischen Märchen und Realität: Im Alltag des Zuschauers gibt es keinen Feind, der durch Besiegen in einem finalen Kampf vollständig aus der eigenen Welt verschwinden würde. In der realen Welt muss mit störenden Einflüssen, seien es Gegebenheiten oder Menschen, tolerant umgegangen werden, und einmal geschehenes Übel kann nicht rückgängig gemacht werden. Es ist daher der fiktionalen Moral des Märchens zuzuschreiben, dass Heldentaten belohnt werden. Der Wunschtraum, dass eine ideale Welt entstehen kann, wenn die in eigenen Augen störenden Teile entfernt werden, findet nur im Märchen seine Erfüllung (siehe hierzu auch Kapitel 4.2. »Die Schurken, die Helden und das Ende«).

Schurken und ihre Schicksale in ausgewählten Disney-Filmen 1937 bis 2005

Film	Der Schurke
Schneewittchen und die sieben Zwerge (1937)	Königin
Pinocchio (1940)	Monstro, Ehrenwerter John, Kutscher
Cinderella (1950)	Stiefmutter
Peter Pans heitere Abenteuer (1953)	Kapitän Hook
Susi und Strolch (1955)	Hundefänger, Si und Am, Straßenhunde
Dornröschen (1959)	Malefiz
101 Dalmatiner (1961)	Cruella De Vil
Das Dschungelbuch (1967)	Shir Khan
Aristocats (1970)	Edgar Balthazar
Robin Hood (1973)	Prinz John
Bernhard und Bianca - die Mäusepolizei (1977)	Madame Medusa
Cap und Capper (1981)	Amos Slade
Oliver & Co. (1988)	Sykes
Arielle die Meerjungfrau (1989)	Ursula
Bernhard und Bianca im Känguruland (1990)	Percival C. McLeach
Die Schöne und das Biest (1991)	Gaston
Aladdin (1992)	Dschafar
Der König der Löwen (1994)	Scar
Pocahontas (1995)	Governor Radcliffe
Der Glöckner von Notre Dame (1996)	Claude Frollo
Herkules (1997)	Hades
Mulan (1998)	Shan Yu
Tarzan (1999)	Clayton
Ein Königreich für ein Lama (2000)	Izma
Atlantis - das Geheimnis der verlorenen Stadt (2001)	Commander Lyle Tiberius Rourke
Lilo & Stitch (2002)	Kapitän Gantu
Bärenbrüder (2003)	Denahi
Die Kühe sind los (2004)	Alameda Slim
Himmel und Huhn (2005)	Aliens

ie Motivation	Das Ende
acht/Schönheit	stürzt in Abgrund
ut, Gier, Gier	unbekannt
acht	unbekannt (in Teil 2 verarmt)
ache	von Krokodil davongejagt (vorerst besiegt)
flicht, Essen/Spaß, Revierverteidigung	unbekannt
acht/Rache	von Schwert durchbohrt
chönheit/Mode	Autounfall (vorerst besiegt)
acht/Beute	angezündet und davongejagt (vorerst besiegt)
ield	nach Timbuktu verschickt (vorerst besiegt)
ield/Rache	Zwangsarbeit im Steinbruch (Inhaftierung)
ield/Reichtum	von eigenen Krokodilen angegriffen (vorerst besiegt)
agderfolg	wird von Witwe Tweed gepflegt
ieldgier	von Schnellzug erfasst
acht/Herrschaft	von Schiffsbug durchbohrt
ieldgier/Jagderfolg	von Krokodilen gefressen
ache/Jagderfolg	stürzt in Abgrund
acht/Herrschaft	in Lampe eingesperrt
acht/Herrschaft	von Hyänen gefressen
old	Verhaftung (Inhaftierung)
acht/Lust	stürzt in feurigen Abgrund
acht	stürzt in Fluss Styx (vorerst besiegt)
acht/Herrschaft	in Feuerwerk explodiert
ache/Jagderfolg	in Lianenwerk erhängt
acht/Herrschaft	wird in eine Katze verwandelt
acht/Gier	von Propeller geschreddert
flichterfüllung	Entlassung
erteidigung des Stammes	keine Strafe
Gier	Verhaftung (Inhaftierung)
Suche nach ihrem Kind	keine Strafe

3.4. Die Geburt der heldenhaften Schurken und schurkenhaften Helden

»Böse sein macht keinen Spaß, wenn kein Guter da ist, der einen aufhalten will.«[131]

Der Held und der Schurke bilden aufgrund ihrer vielen Unterschiede eine dramaturgische Einheit. Einer dieser Unterschiede ist die scheinbar nur dem Helden vorbehaltene Möglichkeit zur Wandlung und Weiterentwicklung. Der Held befindet sich offenbar in einer den Film beherrschenden Selbstfindungsphase. Nur durch sie kann er seine Fehler überwinden, auch wenn er mit dem Bösen konfrontiert wird oder sich damit einlässt. Der Schurke hingegen ist fest im Prinzip des Bösen verankert und hat keine Möglichkeit, jemals besser zu werden. Da er als Medium des absolut Bösen gilt, wird sein Ende als stellvertretend für die Bekämpfung des Bösen im Allgemeinen angesehen: Die Aufgabe des Helden ist erfüllt, wenn das Böse ausgeschaltet worden ist.[132]

Neuere Filme spielen mit der Möglichkeit der Wandlung für Helden und Schurken. In der Postmoderne können Helden böse und Schurken gut werden. Insbesondere Pixar, DreamWorks Animation und die Universal Studios widmen sich seit ca. 2001 der Produktion von Animationsfilmen mit Schurken in der Hauptrolle und tragen so zur Dekonstruktion des Schurken-Stereotyps bei. Erste Ansätze lassen sich in Pixars Die Monster AG (Monsters, Inc., Peter Docter/David Silverman/Lee Unkrich, 2001), DreamWorks' Shrek – Der tollkühne Held (Shrek, Andrew Adamson/Vicky Jenson, 2001) und Pixars Die Unglaublichen (The Incredibles, Brad Bird, 2004) finden. In Die Monster AG sind weder die sprichwörtlichen Monster unter dem Bett noch die angeblich die Protagonisten vernichtenden Menschen böse. Vielmehr lernen die beiden

131 Megamind in Megamind; TC: 00:27:34 – 00:27:37.
132 Vgl. Campbell: Heros, S. 323.

Spezien sich gegenseitig kennen und finden, nachdem die Schurken in den eigenen Reihen entlarvt werden, zueinander. Am Ende holt die den Titel des Films bereitstellende Monster AG die Energie für ihre Stadt nicht mehr aus den Angstschreien von Menschenkindern, sondern aus deren Lachen. Die Monster und Menschen haben zu einer friedlichen Koexistenz gefunden.

Der Schurke ist nicht immer der, der es den Vorurteilen nach ist. Auch in SHREK – DER TOLLKÜHNE HELD sind es nicht der menschenfressende Oger[133] oder der feuerspeiende Drache, die Übles im Sinn haben. Der wahre Schurke ist Lord Faarquard, der Herrscher des Landes, der durch die Heirat einer Prinzessin König werden will und dabei auch vor der Gefangennahme und Verbannung Unschuldiger nicht zurückschreckt. Der angeblich böse Oger Shrek ist am Ende des gleichnamigen Films (trotz seiner unsozial erscheinenden Art) ein Märchenheld: Er verteidigt unschuldige Menschen, rettet eine Prinzessin in Not und findet in ihr seine wahre Liebe. Die SHREK-Reihe spielt bewusst mit den bestehenden Märchenstereotypen. Dies wird bereits im Intro des ersten Teils klargestellt, indem der Oger die Seiten eines Märchenbuchs als Toilettenpapier verwendet. Während der erste Teil hauptsächlich die bestehenden Stereotype des tugendhaften Ritters, des blutrünstigen Drachen und der Jungfrau in Nöten aufbricht, handeln die Teile zwei bis vier von Shreks fortlaufendem Kampf gegen die Welt »wie sie sein sollte«. Nach Lord Faarquard im ersten Teil muss sich Shrek in SHREK 2 – DER TOLLKÜHNE HELD KEHRT ZURÜCK (SHREK 2, Andrew Adamson/Kelly Asbury, 2004), SHREK DER DRITTE (SHREK THE THIRD, Chris Miller/Raman Hui, 2007) und FÜR IMMER SHREK (SHREK FOREVER AFTER, Mike Mitchell, 2010) der Guten Fee, Prinz Charming und Rumpelstilzchen stellen. Seine Weltanschauung als Oger steht dabei immer in Konflikt zu dem, was von ihm als Freund, Held, Ehemann, zukünftigem König oder Familienvater erwar-

133 Vgl. Westfall: Why Nemo Matters, S. 31.

tet wird. Shreks Aufgabe besteht im Kampf gegen Vorurteile und das dem Oger im Märchen vorbestimmte Schicksal. Die Moral der SHREK-Reihe ist, dass ein Held nicht unbedingt genau das ist, was andere von ihm erwarten. Vielmehr wird vermittelt, dass man sein persönliches Happy End finden kann, wenn man einen Mittelweg zwischen den eigenen Wünschen und den Anforderungen der äußeren Welt findet. »Was ich will, ist mein Wille, und nur er zählt. Solange mein Wollen nicht mit dem freien Willen anderer in Konflikt kommt, gibt es keinen Grund, das, was ich will, nicht gut zu nennen (...).«[134]

Die Heldentaten, wie z. B. die Rettung des Königreichs vor Lord Faarquard, der Guten Fee oder Rumpelstilzchen werden in der SHREK-Reihe nicht um den Willen des Guten getan, sondern um Shreks eigene Welt möglichst angenehm zu gestalten. Von Lord Faarquards Vernichtung verspricht sich Shrek die Rückkehr in seine normale Welt, die Vernichtung von Prinz Charming und der Guten Fee bringt ihm die Liebe seiner Frau Fiona zurück, und Rumpelstilzchen wird vernichtet, um Shrek sein am Anfang des Filmes etwas zuwider gewordenes Familienleben zurückzubringen. Das Wiederherstellen der eigenen guten Welt, oder aber die Behebung des subjektiv wahrgenommenen Defektes der Welt[135], sind zwar typische Märchenthemen, jedoch bleibt die Heldenrolle in SHREK auch am Ende verschroben und nicht vollständig dem menschlichen Verhaltenskodex angepasst. Daher findet er sein Happy End auch nicht als König eines Landes, sondern als Oger mit Frau und Kindern im heimischen Sumpf. Dies einzusehen und keinerlei politischen Ehrgeiz zu entwickeln, stellt seinen einfachen und auf das persönliche Glück ausgerichteten Charakter dar. Shreks Heldentaten sind nur utilitaristisch, wenn sie mit seinen eigenen Zielen koexistieren können.

---

134 Ingolf U. Dalferth: Das Böse – Essay über die Denkform des Unbegreiflichen. Tübingen 2006, S. 196.
135 Campbell: Heros, S. 41.

Die anderen Figuren in Shrek sind ebensowenig stereotyp wie der Held. Fiona ist eine kämpfende Halb-Mensch-Halb-Oger-Prinzessin, und der anfangs bedrohliche Drache entpuppt sich als Weibchen, das später mit dem Hauptcharakter Esel eine Familie gründet. Dass ein solch untypischer »Held« untypische Schurken als Nemesis hat, ist einleuchtend, jedoch werden sie alle durch klassische Motive ausgeschaltet: Prinz Charming wird von einem herabstürzenden Turm begraben, die Gute Fee löst sich durch ihren eigenen, gegen den Helden gerichteten Zauberspruch in Seifenblasen auf und Rumpelstilzchen wird nach dem Scheitern seiner Pläne in einen Käfig gesperrt. Dabei werden die bestehenden Schurkenrollen insbesondere in Shrek der Dritte aktiv hinterfragt, als Prinz Charming die Märchenschurken des Landes in einen Kampf gegen Shrek und alle, die ihr Happy Ever After bekommen haben, führt. Die Schurken erweisen sich, parodierend, als feinfühlige Wesen, die lieber häkeln als Böses zu tun. Ihre Seite der Geschichte wurde nie erzählt, und nun wird ihr unwürdiges Dasein nur durch die aus den Märchen bekannten Versionen gerechtfertigt. In Shrek der Dritte werden die Hauptschurken eigener Geschichten zu Untergebenen eines anderen Schurken und sind somit nicht mehr für ihr eigenes Schicksal verantwortlich. Einzig dem Helden Shrek steht die Entscheidung darüber, wie die Welt sein sollte, zu. Das Schicksal seiner Freunde und Feinde richtet sich nach seiner Entscheidung.

In Die Unglaublichen ist der Schurke Syndrome nicht etwa jemand, der aus Überzeugung böse wurde, sondern ein ehemaliger Fan des Helden Mr. Incredible. Als Kind wäre gerne er ein Heldenhelfer geworden, wurde jedoch recht rabiat abgewiesen.[136] Mr. Incredible bereut seine egoistische Antwort gegenüber dem kleinen Jungen im Rückblick, jedoch zu spät. Die anfänglich nur gewünschte Beachtung durch den Helden und die Bevölkerung will sich der inzwischen erwachsene geworde-

136 Vgl. Westfall: Why Nemo Matters, S. 33.

ne Syndrome erzwingen. Er lässt ein Maschinenmonster auf eine Stadt los, um es dann selbst zu zerstören und von den Bürgern als Held anerkannt zu werden. Als dies jedoch misslingt, müssen die wahren Helden, die in der Gesellschaft wegen zu vieler Sachschäden in Ungnade gefallen waren, die Stadt retten.[137] Insofern hat Syndrome Gutes bewirkt, indem er den Menschen die Wichtigkeit von Helden klargemacht hat. Die Existenz eines Schurken rechtfertigt immer auch die Existenz eines Helden. Da Syndromes Mittel aber klassische exzessive Handlungen sind, erwartet ihn ein klassisches Ende (wenn auch in modernerer Form): Er wird in eine Flugzeugturbine gesaugt.

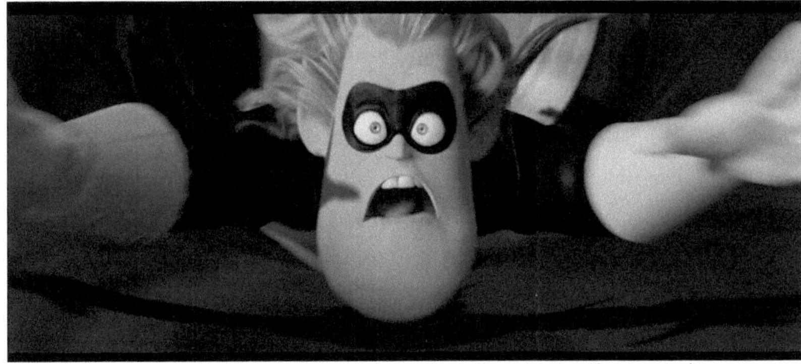

Abb. 26: Syndrome in Die Unglaublichen wird an seinem Cape in eine Flugzeugturbine gesaugt.

Trotz seines unrühmlichen Endes ist Syndrome einer neuen Art von Schurke zugehörig: »Society no longer wishes to have superheroes doing good deeds, and thus define their behavior as negative. Ultimately, the evil villain in the movies evolves from probably the purest good that there is, a child who is admiring his hero.«[138] In Filmen wie Die Unglaublichen findet eine Annäherung zwischen Held und Schurke statt. Sie sind komplementär, denn ohne das Zutun des einen kann sich auch der andere nicht ändern.[139] Wenn der Held nicht bereit

137 Vgl. ebd., S. 34.
138 Ebd., S. 31.
139 Vgl. insbesondere Metroman und Megamind in Megamind.

ist, sein Happy Ever After aufzugeben, hat der Schurke keine Aussicht auf Glück. Die Schurken haben für sich erkannt: »A happy ever after is a dream that won't come true.«[140]

Des Weiteren sind DreamWorks' MEGAMIND, ICH – EINFACH UNVERBESSERLICH (DESPICABLE ME, Pierre Coffin/Chris Renaud, 2010) von den Universalstudios sowie Disneys RALPH REICHTS zu erwähnen. Was all diesen Filmen gemeinsam ist, ist die Dekonstruktion des Schurkenkonzeptes als absolut böse. Indem Schurken wie beispielsweise Syndrome mit einer nachvollziehbaren, zu Beginn sogar heldenhaften Motivation ausgestattet werden[141], werden die postmodernen Schurken als Protagonisten soweit charakterisiert, dass sie am Ende ihrer Filme überwiegend über »gute« Attribute verfügen bzw. von ihrer Umwelt und den Zuschauern als Helden wahrgenommen werden. Rückgreifend gesehen sind sie als Protagonisten ihres Films zwar prädestiniert, Helden zu werden, jedoch ist ihre Erwachensgeschichte sehr vom Spiel mit dem Stereotyp des Bösen geprägt. Beispielsweise ist Megamind im gleichnamigen Film zu Beginn der Superschurke der Stadt Metrocity und Gegenspieler des Superhelden Metroman. Als dieser scheinbar bei einem von Megaminds schurkischen Plänen getötet wird und Megamind im Folgenden ungehindert Amok laufen kann, bemerkt er, dass ihm sein Gegenspieler fehlt. Er will mittels DNA einen neuen Helden erschaffen, diesen trainieren und so endlich wieder einen Feind haben. Der neue Held entpuppt sich leider als moralisch böse, sodass Megamind schließlich selbst zum Helden werden muss, um seine große Liebe Roxanne Ritchi und die Stadt zu retten. Dass Metroman seinen Tod nur vorgetäuscht hat, um nicht mehr den Helden spielen zu müssen, erfahren die beiden erst später. Megaminds schon zelebrierende Haltung gegenüber

140 Vgl. AVbyte 2014: Disney Villains – The Musical feat. Maleficent, 27.05.2014. https://www.youtube.com/watch?v=t6em5XNkilA (Stand: 10.02.2016)

141 Vgl. Westfall: Why Nemo Matters, S. 34.

dem Schurkentum (Er fragt seinen Untergebenen »Wie sehe ich aus, Minion? Sehe ich böse aus?«[142]) versetzt ihn auf eine Metaebene, die ihn schlussendlich in den Kampf Schurke gegen Schurke führt.

> Böse sein ist das einzige, worin ich wirklich gut war. Und da traf es mich wie ein Blitz: Wenn ich schon der böse Junge war, dann wollte ich der Böseste von allen werden. Ich war zum Superbösewicht bestimmt und wir beide zu Rivalen. Die Würfel waren gefallen. Und so begann unsere lebenslange und abenteuerliche Karriere. Es war herrlich![143]

Obwohl Megamind ein erklärter, bewusster Schurke mit egozentrischen Intentionen ist, endet der Film damit, dass er der neue Held der Stadt wird und den Platz des Beschützers einnimmt. Dass die Bürger ihn so einfach als neuen Helden anerkennen, weist einerseits auf eine inkonsequente Moralvorstellung hin, andererseits versteckt sich dahinter ein typisches, auf Helden angewandtes Verhalten. Der Held beschützt die Unschuldigen nicht nur vor dem Bösen, sondern rächt durch seinen Kampf auch die Opfer. Dadurch müssen Unschuldige, an denen der Schurke Verbrechen verübt hat, sich nicht selbst rächen und infolgedessen womöglich selbst böse Dinge tun. Der Held ergreift das Mittel der Gewalt stellvertretend für die Unschuldigen, die dadurch ihre Unschuld behalten können. Das Mindeste, was die Unschuldigen dann tun können, ist, denjenigen wieder in ihre Gesellschaft einzugliedern, der ihre Rettung und Rache übernommen hat, unabhängig davon, welche Verbrechen auf dem Weg dahin nötig wurden. In MEGAMIND kann zwar ein Schurke zum Helden werden, aber gleichzeitig können auch normale Bürger zu Schurken werden. Hal Stuart, dem die Helden-DNA nur versehentlich infundiert wurde, sollte von Megamind eigentlich zum Helden gemacht werden. Als Hal endlich seine Identität als »Titan«, neuer Held von Metrocity, annimmt und Megamind ihn voller Freude heraus-

---

142 Megamind in MEGAMIND; TC 00:11:26 – 00:11:30.
143 Megamind in MEGAMIND; TC: 00:04:58 – 00:05:26.

fordert, erweist dieser sich nicht als Held. Hal nutzt seine Kräfte lieber zu seinem persönlichen Vorteil, stiehlt Luxusgüter und bietet Megamind schließlich eine Allianz an. Megamind ist fassungslos und provoziert Hal (der ebenfalls in Roxanne Ritchi verliebt ist) gegen ihn zu kämpfen. Nur durch Tricks und die Hilfe von Roxanne gewinnt Megamind schließlich gegen den übermächtigen Titan und kann ihm seine Superkräfte wieder nehmen. MEGAMIND ist einer der wenigen Fälle, in denen die Intelligenz des Schurken hilfreich ist, um einen anderen Schurken auszuschalten. Hal wird als wenig intelligent dargestellt, beispielsweise dadurch, dass er mit seinen Laseraugen den neuen Namen für Metrocity in den Boden brennt und »Tightenville« anstatt »Titanville« schreibt.

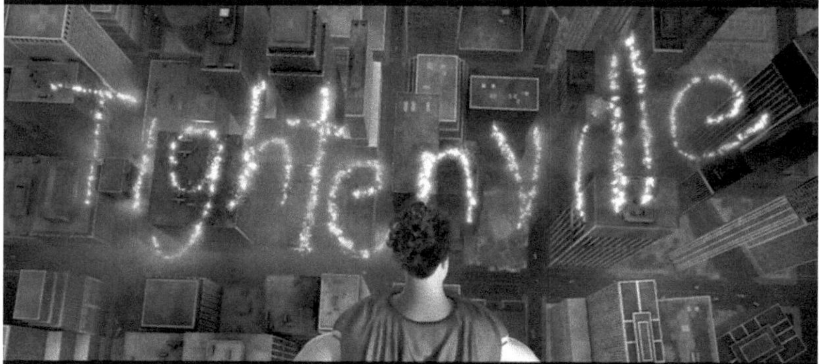

Abb. 27: Titan hat seinen Namen mit Laserblick in den Boden der Stadt gebrannt, nur leider falsch geschrieben.

Megamind hingegen profitiert von seinem Einfallsreichtum, seinem technischen Sachverstand und seinem guten Freund und Helfer Minion. Zu Beginn wird er nur durch seine Intelligenz und sein Aussehen von den anderen Bewohnern der Stadt abgegrenzt (davon abgesehen, dass er durch einen unglücklichen Zufall im Gefängnis aufgewachsen ist). Obwohl sowohl Metroman als auch Megamind Außerirdische sind, weicht nur Megaminds Äußeres von dem der Menschen ab. Er ist blau mit übergroßem Kopf, während Metroman ein idealisiertes Männerbild verkörpert.

> die intelligenz zeigt sich als asozial und undemokratisch, als gegen ein gleichheitsprinzip verstoßend, welches die welt der ordnung so behaglich macht. und wenn einer sich durch die leistung seines kopfes außerhalb der verschwörung der gleichen stellt, so muß sein übles überragen kompensiert werden: durch häßlichkeit, durch schwächlichkeit, und durch die häßliche und schwächliche neurose.[144]

Interessant ist MEGAMIND deshalb, weil das Wechselspiel von Held und Schurke aktiv hinterfragt wird. Zu Beginn des Films wird Metrocity von Metroman beschützt und von Megamind bedroht. Als Megamind die Herrschaft übernimmt, verkommt die Stadt zu seinem gesetzlosen Spielplatz. Durch eine Verkettung von Zufällen trifft Megamind in einer Verkleidung auf die mutige Reporterin Roxannie Ritchi. In seiner Verkleidung als Bibliothekar »Bernhard« erkennt sie Megamind nicht. Roxanne beschließt, dass sie und Bernhard Megamind aufhalten werden. Megamind spielt die Doppelrolle als harmloser Bernhard und gleichzeitig als despotischer Megamind, verliebt sich aber nach und nach in Roxanne. Als »Bernhard« bei einem Rendezvous sieht, dass seine geliebte Roxanne Ritchi über das von Megamind angerichtete Chaos traurig ist, richtet er die Stadt wieder her, sodass sie sogar sauberer und

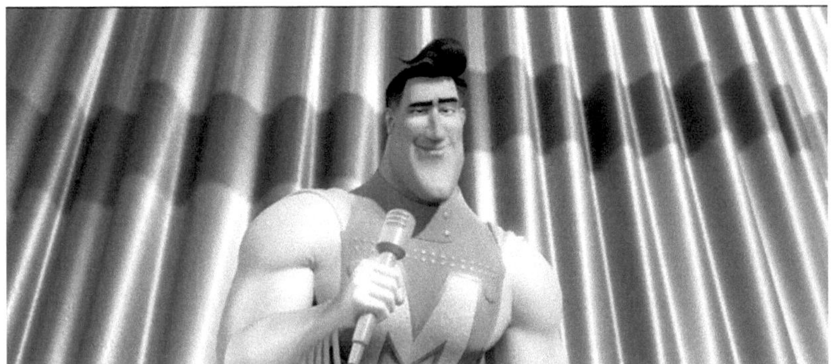

Abb. 28: Metroman, der Held von Metrocity.

144 Wiener: der geist der superhelden, S. 97. [sic!]

sicherer als zu Zeiten Metromans wird. Die Konfrontation mit den Auswirkungen seiner Taten war Megamind unbekannt, da er als Kind im Gefängnis nur gelernt hat, dass das Gute schlecht und das Böse richtig ist. Der Kontakt mit Roxanne als positive Kraft des Guten ermöglicht es Megamind, seine Weltanschauung zu ändern. Erst durch die Bedrohung durch Titan wird der scheinbare »Frieden unter dem Despoten« erneut durchbrochen, bevor sich Megamind als wahrer Held erweisen kann. Am Ende ist Megamind der Held der Stadt, er beherrscht sie nicht, erfährt aber dennoch die Anerkennung und das Vertrauen der Bürger, eine positive Alternative zur Diktatur.[145] Er hat seine Ansichten von Gut und Böse denen der Menschen angepasst und so sowohl Anerkennung als auch eine Partnerin gefunden. Titan hingegen wird durch den Verlust seiner Superkräfte wieder zu Hal Stuart und in die Gefängniszelle gesperrt, in der Megamind zu Beginn des Films gefangen gehalten wurde.

Der Schurke Megamind verdient sich seine Aufnahme in die Gesellschaft dadurch, dass er *die* Tat vollführt, die jeden Helden zum Helden macht: Er beschützt und rettet Unschuldige. Somit ist er, unabhängig von Qualität und Quantität seiner vorherigen bösen Taten und unab-

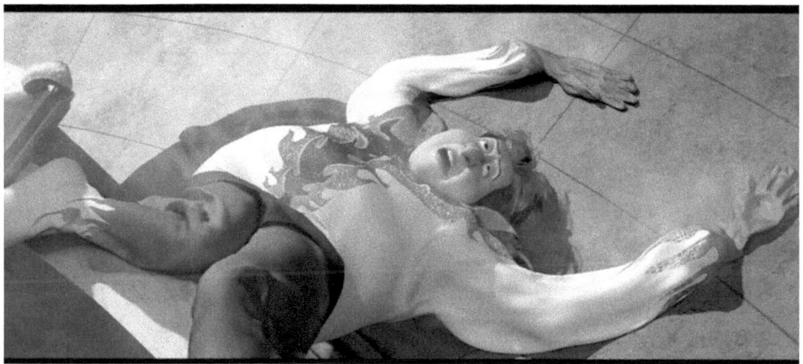

Abb. 29: Titan in Megamind wurden seine Superkräfte genommen, um ihn anschließend einzusperren.

145 Vgl. ebd., S. 98.

hängig von seiner Intention in den Augen der Gesellschaft, ein Held. Dabei verkörperte er anfangs selbst den Defekt im System. Da er jedoch (versehentlich) einen neuen Defekt an seiner Stelle erschaffen hat und diesen dann beseitigt, handelt er systemkonstitutiv. Bei schurkischen Helden wie Megamind handelt es sich daher nicht um eine neue Form des Schurken, sondern vielmehr um eine zeitlich versetzte Erzählung des Weges zum Helden, die mit Stereotypen und Erwartungen spielt. Die von außen zugeschriebene Motivation macht aus, ob jemand zum Helden oder Schurken wird.

Ähnliches gilt für Gru in Ich – einfach unverbesserlich. Der Schurke Gru will, um seinen bösen Ruf zu festigen, den Mond stehlen, muss dafür jedoch auf einigen Umwegen zuerst drei kleine Mädchen adoptieren. Er will sie nur zur Durchführung seines Plans benutzen, entwickelt jedoch mit der Zeit Gefühle für sie, sodass er am Ende die Rolle des Vaters übernimmt und seine bösen Pläne in Einklang mit einem friedvollen Familienleben bringt. Sein Schurkenstatus wird eher durch kleine Gemeinheiten wie beispielsweise das Werfen eines Frisbees in einen Gully inszeniert. Hier stehen der anfangs planvoll agierende, jedoch einsame Gru und der schlussendlich sich um seine Töchter sorgende Gru im Gegensatz zueinander und offenbaren den entscheidenden Faktor, sich zu ändern. »Evil villains do not feel love or kindness towards others, but instead a cold intelligence overpowers and suppresses all other emotions or motivations.«[146] Entgegen Bathers Definition des »evil villain« wirft das Erkennen einer neuen emotionalen Motivation den postmodernen Schurken, ebenso wie sonst den Helden, auf eine individuelle Ebene zurück, auf der er die Möglichkeit hat, sich zu ändern. »The film postulates that intelligence, as symbolised by reason and logic (already determined as important in the construction of cinematic evil), is countered by love.«[147] Obwohl die postmodernen Schurken mit dem

146 Bather: Construction of Evil, S. 133.
147 Ebd., S. 144.

Aufbrechen des Stereotyps spielen, besinnen sie sich auf diese so klassische Disney-Botschaft: Liebe triumphiert.[148] Die Liebe kann sowohl durch einen Partner als auch durch das Knüpfen von Familienbanden oder sogar beides erfahren werden.[149] Wobei anzumerken ist, dass Gru die Horde seiner Helfer, der sogenannten Minions, und sein Mitarbeiter Doktor Nevario zu Beginn von ICH – EINFACH UNVERBESSERLICH als Familie vollkommen genügt haben. Erst der Kontakt mit den drei ihn stetig herausfordernden Mädchen Margo, Edith und Agnes bringt ihn dazu, seine Weltanschauung zu ändern. Postmoderne Schurken erfahren somit nur etwas zu spät von ihrer Fähigkeit zur Liebe, um von Anfang an Helden zu sein. Denn jemand der Liebe erfährt, kann im Filmuniversum offensichtlich nicht hundertprozentig böse sein. Ein Schurke wie Vector, der sich mit Gru einen Bösewichtswettstreit liefert, dient damit, obwohl er Handlungsträger ist, nur noch als Nebenfigur.

Randale Ralph in RALPH REICHTS[150] beschäftigt sich, ebenso wie Megamind, bewusst mit seiner Rolle im Leben. Er hat sein Dasein als Schurke in dem Videospiel »Fix it Felix Jr.« nach 30 Jahren satt und will auch mal der gefeierte Held sein. Um das zu erreichen, will er in dem Ego-Shooter-Videospiel »Hero's Duty« zum Helden werden, landet auf Umwegen aber in der Go-Kart-Rennsimulation »Sugar Rush« und lernt dort das kecke Mädchen Vanellope van Schweetz kennen. Bei seiner Ankunft in »Sugar Rush« hat Ralph allerdings versehentlich einen »Cy-Bug« aus »Hero's Duty« eingeschleust. Cy-Bugs sind käferähnliche, sich rasch vermehrende und im Schwarm auftretende Gegner ohne eigenes Bewusstsein, die sich nur durch ein großes Leuchtfeuer endgültig vernichten lassen. Der eingedrungene Cy-Bug (ein Fremdkörper im System) legt

148 Vgl. DER KÖNIG DER LÖWEN 2 – SIMBAS KÖNIGREICH Lied 6: »Liebe triumphiert«.

149 Z. B. Lucy in ICH – EINFACH UNVERBESSERLICH 2 (DESPICABLE ME 2, Pierre Coffin/Chris Renaud, 2013).

150 Im englischen Original trägt der Film den vollen Namen von Ralph: WRECK-IT RALPH, wodurch er sich in einer ähnlichen Position befindet wie der Oger Shrek.

unbemerkt tausende von Eiern in »Sugar Rushs« Untergrund ab. Als diese gegen Ende des Films schlüpfen und das Spiel zu vernichten drohen, muss Ralph eingreifen.

Da Vanellope und Ralph die Protagonisten sind, folgt der Zuschauer der Geschichte aus ihrer Perspektive, obwohl beide in ihrem jeweiligen Spiel Schurken sind bzw. eine Bedrohung für die Ordnung darstellen. Ralph hat seinen Platz als Schurke in »Fix it Felix Jr.« verlassen, und Vanellope ist scheinbar keine reguläre Figur ihres Spiels, sondern ein Programmierfehler. Durch das Fehlen von Ralph und das Auftauchen von Vanellope gefährden sie beide Spiele, da sie, wenn sie von der bekannten Programmierung abweichen, von den menschlichen Spielern für fehlerhaft gehalten werden könnten. Fehlerhafte Spiele werden ausgeschaltet, sodass das Aufrechterhalten des Spielablaufs für alle Figuren lebenswichtig ist. Ralph und Vanellope müssen somit zwischen ihren persönlichen Wünschen (Ralph will ein Held sein und Vanellope eine Rennfahrerin) und der daraus resultierenden Vernichtung ihrer Welten vermitteln. Dadurch sind, ähnlich wie in Susi und Strolch, die Gesellschaft und Umwelt Feinde der Protagonisten. In Ralph reichts aber gibt es einen personifizierten Schurken. Der Rennfahrer Turbo hat sich selbst als King Candy in das Spiel »Sugar Rush« einprogrammiert, da sein eigenes Spiel durch seine Schuld ausgeschaltet wurde. Der wahre Schurke, der die Ordnung des Spielablaufs in erster Linie gestört hat, ist damit Turbo und nicht Ralph oder Vanellope. Als Turbo in seinem Machthunger und mit dem Ziel, »Sugar Rush« zu vernichten, mit einem Cy-Bug fusioniert, überschreitet er die Grenze zum Exzess. Die Fusion mit dem Cy-Bug gibt ihm zwar Macht, wird ihm aber schurkentypisch zum Verhängnis, denn durch die Fusion hat er auch die Schwäche des Cy-Bugs für Lichtquellen übernommen: Turbo fliegt wie hypnotisiert in die Lava-Fontäne eines Vulkans, gerade rechtzeitig, bevor er den Helden vernichten konnte. Der Tod aller Cy-Bugs und Turbos Ende retten das Spiel.

Durch die Vernichtung des Schurken Turbo kann auch sein gesamter Einfluss auf das System rückgängig gemacht werden. Es stellt sich heraus, dass Turbo Vanellopes Daten aus dem Spiel gelöscht und sie so erst in die Rolle eines Programmierfehlers gedrängt hatte. Vanellope war von Anfang an kein Schurke und bedurfte auch keines Erwachensmomentes, sondern nur der Hilfe eines Freundes, der die Ordnung wiederhergestellt hat. Der Klimax von Ralphs emotionaler Wandlung vom Schurken zum Helden ist seine Bereitschaft, sich für alle zu opfern, indem er einen ihn vermeintlich selbst vernichtenden Angriff gegen die Cy-Bugs ausführt. Während er die Schurkenaffirmation (die er beim Treffen der Anonymen Schurken gelernt hat) »Ich bin böse und das ist gut. Ich werde niemals gut sein. Und das ist gar nicht schlimm. Es gibt keinen, der ich lieber sein möchte als ich«[151] spricht, sieht er die mit »Held« beschriftete Medaille, die Vanellope für ihn gemacht hat, an und stürzt sich aus großer Höhe in den Vulkan von »Sugar Rush«. Vanellope kann Ralph nach seiner Heldentat noch retten. Doch auch wenn

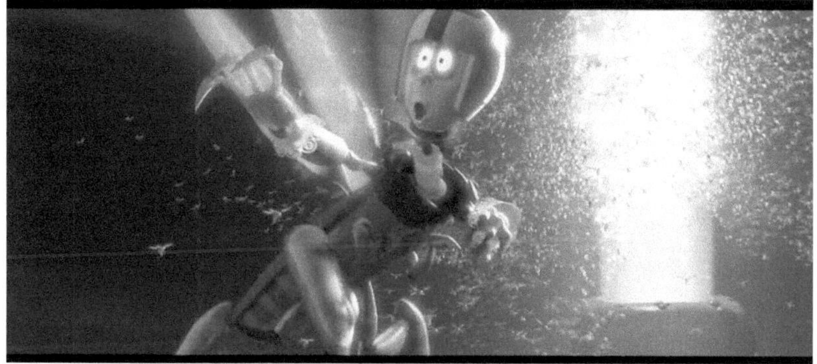

Abb. 30: Turbo in Ralph Reicht's richtet sich in seiner mutierten Form selbst.

151 Randale-Ralph in Ralph reichts; TC:01:21:58 – 01:22:12.

der Schurke Ralph zum Helden wird, so wird der Held Fix it Felix nicht simultan zum Schurken. Zwar ist er Ralph aufgrund des Chaos in seinem Spiel gefolgt und will ihn zur Rechenschaft ziehen, ist aber machtlos. Durch die neuen Erfahrungen außerhalb seines Spiels erkennt er, wie schwer das Leben als Schurke ist. Er bemüht sich im Folgenden, Ralph mit mehr Respekt entgegenzutreten. Felix wird vom Ralph entgegengesetzten Gegner zu einem ihm helfenden Freund. Als die alte Ordnung wiederhergestellt ist, ist Ralph in seinem Spiel offiziell zwar immer noch der Schurke, er leidet aber nicht mehr darunter. Er wird von den anderen Figuren akzeptiert. Ralph und Vanellope folgen ihren egoistischen Zielen und finden ihr persönliches Glück, indem sie ihre Lebensumwelt, ihre Einstellung und die Meinung anderer über sie verändern. Durch diese Bereitschaft, die eigene Weltansicht trotz aller Umstände zu ändern, verfügen sie über eine Wahl, die sonst dem Helden vorbehalten ist.[152]

Das Auftauchen einer hilfreichen Person ist die entscheidende Möglichkeit für den postmodernen Schurken, eine Entwicklung seines Selbst hin zum »Besseren« zu beginnen. Wenn ein Schurke zum Helden wird, so folgt er auch dem Weg des Helden, der Verlust und das Auftauchen anleitender und motivierender Figuren beinhaltet. Die Bedeutung der Nebenfiguren wird hier deutlich gezeigt, da sie nur zu oft die Helden von den Schurken trennen. Zu Beginn: Der Held verfügt fast nie über beide Elternteile, oder er verliert im Laufe des Films mindestens eine wichtige Bezugspersonen.[153] Der Schurke hingegen erscheint selbstständig, er hat von vorneherein keine Eltern oder gleichberechtigte Bezugspersonen, oder hat sich bewusst von diesen losgesagt. Postmoderne Schurken hingegen müssen nicht auf nutzlose Helfer oder sich selbst vertrauen, sondern finden gleich starke, sie ergänzende Mitstreiter.[154]

152 Vgl. Campbell: Heros, S. 29.
153 Vgl. z. B. Simba in Der König der Löwen, dessen Vater durch den Schurken umkommt.
154 Z. B. Minion in Megamind.

Dadurch erfinden die postmodernen Schurken zwar keine neue Form des Guten, aber sie gleichen sich dem Stereotyp des Helden an. Das einzige, was sie von den »wahren« Helden unterscheidet, ist, dass ihnen »negative« Charaktereigenschaften wie z. B. Unhöflichkeit oder schlechte Witze fragmentarisch erhalten bleiben. Um diese Identität als »zu spät erwachter Held« für den Zuschauer nachvollziehbar zu machen, werden deutlich mehr emotionale Facetten gezeigt als beispielsweise bei klassischen Comic-Superschurken und -Superhelden[155] üblich. Im Gegensatz zu den postmodernen Schurken sind klassische Schurken wie Malefiz in DORNRÖSCHEN oder Dschafar in ALADDIN »einfach da« und unzufrieden, ohne dass ihre Herkunft besonders beleuchtet wird. Die Herkunft und das Leben von Megamind aber werden detailliert von der Geburt bis zum Erwachen als Held geschildert.

Simultan mit dem Wandel der Schurken in der Postmoderne setzt die Veränderung der Helden ein. Das »Gute« in den Filmen mit neueren Schurken ist keineswegs so gut, wie es im Stereotyp zu verstehen wäre. Die Bewohner in RALPH REICHTS beispielsweise verhalten sich Ralph gegenüber nicht gut, wenn sie ihn, als Teil des Spiels, täglich von einem Hochhaus in eine Schlammgrube werfen oder ihn nicht zur Jubiläumsparty außerhalb des Spiels einladen. Aus Furcht vor seinem Aussehen und seiner Rolle in ihrem Spiel sehen sie an ihm allein die schurkischen Fragmente seines Mosaiks. Sie folgen blind einer normativen Einschätzung des Schurken, dessen Bestrafung grundsätzlich gerechtfertigt ist. Die normale Bevölkerung tut alles ihr Mögliche, um den grundsätzlich guten Standard aufrecht zu erhalten, damit ihr persönliches Glück erhalten bleibt. Sobald sie selbst nicht mehr in der Lage sind, den Schurken zu verstehen oder zu kontrollieren, wird der Held in den Kampf gegen ihn geschickt. Doch die postmodernen Helden haben eine Wahl.

155 Vgl. Kaveney: Superheroes!, S. 4.

In MEGAMIND lässt der Held Metroman die Stadt im Stich, sodass am Ende nur der Schurke Megamind bleibt, um sie zu retten. Selbst als die Reporterin Roxanne Ritchi Metroman bewusst auf seinen Egoismus anspricht, folgt der postmoderne Held eher seinem eigenen Glück, als es für ein höheres Ziel (nämlich die utilitaristische Sicherheit der Bürger) zu opfern. In DIE UNGLAUBLICHEN muss erst ein neuer Schurke auftauchen, damit die alten Helden zurückkehren und sich auf die Wichtigkeit von Helden in der Gesellschaft besinnen. Sie haben den Menschen nur geholfen, wenn dies auch gewünscht ist, nicht weil es nötig ist. In der SHREK-Reihe sind die vom Märchen vorbestimmten Helden und positiven Figuren wie Prinz Charming oder die Gute Fee genau das Gegenteil von dem, was sie zu sein scheinen. Da sie nicht die ihnen vom Schicksal versprochene Belohnung erhalten, verhalten sie sich auch nicht mehr ihrer Rolle entsprechend. (Zudem ist ja ein Platz auf der Schurken-Seite freigeworden.) In der MONSTER AG gibt es von Beginn an keine Helden, nur die gegenseitige Bedrohung von Menschen und Monstern. Der Film spielt damit, die sprichwörtlichen Monster unter dem Bett oder im Schrank, die angstvolle Kinderfantasien prägen, zu Protagonisten zu machen. Die Monster nehmen an, dass Menschen giftig sind; dass dem nicht so ist, ist dem (menschlichen) Zuschauer klar. Die propagierte Moral ist eine Toleranz zwischen Monstern und Menschen und nicht etwa, dass das Gute siegt. Es gibt keine eindeutig gute Seite. In ICH – EINFACH UNVERBESSERLICH gibt es keine Helden, die es zu bekämpfen gilt, da die Schurken den Kampf um die Welt zwischen sich ausfechten. Erst im zweiten Teil gibt es eine Untergrundorganisation, die gegen Superschurken kämpft (wenn auch mit sehr selektiven Ansichten, was böse ist und was nicht).

Zusammenfassend zeigt sich: In der Postmodernen mögen Schurken Emotionen wie Liebe und Zuneigung kennenlernen, im selben Zuge aber erliegen die Helden Gier und Egoismus. Das Gute und das Schlechte, das die Figuren umgibt, macht sie zu dem, was sie sind. Die Geschichten von Helden und Schurken »(...) sind nicht widersprechende Lehren, sondern verschiedene Modi, in denen ein und dieselbe Geschichte erzählt werden kann.«[156] Durch die Figur des schurkischen Helden bietet der postmoderne Film die Möglichkeit, den Wunsch des Zuschauers nach schurkischem Spektakel und strahlendem Held mit nur einer einzigen Figur zu bedienen.

156 Campbell: Heros, S. 323.

4. Der Held und der Schurke im Superheldenfilm

»Good is good, because it is good. Evil is evil, because it is not good.«[157]

Der Superheldenfilm mit Ursprung im Comicmedium bedient sich dichotomer Weltansichten, in der Gut und Böse durch stellvertretende Helden und Schurken aufeinander treffen. Die Art der Geschichte und das Schicksal der Kontrahenten sind zumeist plakativ und auf wenige Aspekte reduziert. Der Grundgedanke mag einfach sein, aber die auftauchenden Helden und Schurken sind überaus variantenreich. Sowohl wahre Helden wie Superman als auch Antihelden wie Batman kämpfen gegen diverse Schurken und Bedrohungen. Klassisch für den amerikanischen Comic sind Stereotype wie die Darstellung des Amerikaners als auserwähltem Retter[158] oder die Annahme, dass nur eine übermenschliche, männliche Stärke die Welt retten kann.[159] Durch die Entwicklung einer Figur vom unbedeutenden Niemand zum Helden wird eine Hoffnungsbotschaft gesendet, die den Leser des Comics bzw. Zuschauer des Films zum Nacheifern anstiften soll: »In all of these stories, underdogs – a farm boy, a weak soldier, and an orphan – become something uncanny and extraordinary, acting as motivational and inspirational figures that foreshadowed impending success for the struggling American populace.«[160] Superman alias Clark Kent, dessen erster Comic in den 1930er Jahren erschien, gilt als Ursprung der amerikanischen Superhelden. »Created during the Great Depression, the young Clark Kent

157 Westfall: Why Nemo Matters, S. 37.
158 Vgl. Mariam Kushkaki: Unmasking the Villain – A Reconstruction of the Villain Archetype in Popular Culture. 2013 unter: http://sdsu-dspace.calstate.edu/bitstream/handle/10211.10/4282/Kushkaki_Mariam.pdf?sequence=1 (Stand: 24.06.2014), S. 21f.
159 Vgl. Bather: Construction of Evil, S. 41f.
160 Kushkaki: Unmasking the Villain, S. 21.

functioned as a national role model, a sort of promise to Americans both young and old that it was possible to thrive during economic turmoil.«[161] Superman als archetypische Verkörperung des Helden ist wohl größtenteils auf eben diese Entstehungszeit während der Weltwirtschaftskrise und zwischen zwei Weltkriegen zurückzuführen. Der klassische Superheld wurde von Rovin wie folgt definiert:

> Superheorism requires an extreme degree of self-sacrifice and denial. Being a superhero means controlling one's base, carnivorous instincts. It means turning the other cheek no matter how disgusted one gets. It means striving to protect others, even those who have wronged the superhero.[162]

Der Held ist jemand, der sich trotz einer schlechten Umwelt nicht von ihr überwältigen lässt und weiterhin an das Gute glaubt und dafür kämpft. Die Superschurkerei, als personifizierte Antithese, ist genau das Gegenteil, und zwar in Form sehr vieler Personen:

> It permits self-indulgence in the extreme, the seeking of vengeance or gain with a complete disregard for the rights and well-being of others. The fact, that there are often dozens of super villains for each and every superhero indicates just **how** tempting this is, how easy it is to be corrupted rather than to grow saintly.[163]

Die besondere Beachtung der Superhelden und Superschurken liegt in ihrem Potential begründet: »Like the superhero, the super villain is a figure whose ambitions and abilities – whether from mutation, wizardry, or even an incredible weapon or two – surpass those of ordinary villains«[164]. Helden und Schurken sind außergewöhnlich und werden dadurch zu Vertretern der Menschheit auf der Ebene des

161 Ebd.
162 Rovin: Encyclopedia of Supervillains, S. vii.
163 Ebd. [sic!].
164 Ebd., S. viii.

Prinzips, d. h. der allem anderen übergeordneten Gesetzmäßigkeit.[165] Obwohl sich seit seiner Entstehung immer wieder Comics und Filme auf den »perfekten« Superman berufen, so hat sich der zeitgenössische Heldentypus doch stark gewandelt. Dem heutigen Zuschauer ist die selbstlose Art des Heldentums, in dem sich der Held stetig in Lebensgefahr begibt, um Unschuldige zu retten, zwar noch ein Begriff, jedoch zeichnen Comicverfilmungen wie BATMAN BEGINS (Christopher Nolan, 2005), THE DARK KNIGHT und THE DARK KNIGHT RISES (Christopher Nolan, 2012) ein anderes Bild. Der perfekte Held hat sich in ein Wesen mit Schwächen verwandelt und sich dadurch der Lebensrealität des Zuschauers angenähert.[166]

> We must allow for an emphasis of overlap, and avoid obsession with a paradise needing redemption from a lone hero, for the popular heroes we have been exposed to throughout our lives do not always signify the complete range of the human experience (as evidenced by earlier Superman and Wonder Woman comics, in which the characters were the pinnacles of perfection).[167]

Die frühere Entrückung des Helden aus der normalen menschlichen Welt (Superman beispielsweise ist ein Außerirdischer mit diversen Superkräften und nur einer Schwäche gegen ein auf der Erde nicht natürlich vorhandenes Material namens Kryptonit) hat sich gewandelt. Die alten Helden »(...) sind idealisierte Verkörperungen von Utopien. In dieser Form taugen sie zu Vorbildern, zu Leitfiguren. Als glaubwürdige Identifikationsfiguren scheitern sie.«[168] Eben diese Entrückung per Perfektion ist es, die die Helden für eine nicht durch Krieg geplagte Gesellschaft nicht mehr tragbar macht. Die heutige Wirtschaftskrise erzeugt eher eine fatalistische Einstellung als das Vertrauen auf grundgute Hel-

165 Vgl. Wiener: der geist der superhelden, S. 93.
166 Vgl. Ofenloch: Antihelden und Superhelden, S. 23.
167 Kushkaki: Unmasking the Villain, S. 43.
168 Ofenloch: Antihelden und Superhelden, S.: 20.

den. Das spiegelt sich auch in Superman wider. Henry Cavill als Clark Kent/Superman in MAN OF STEEL (Zack Snyder, 2013) ist vielmehr auf das Verstehen seiner Kräfte und das Finden seiner Bestimmung (gleichbedeutend mit seiner Eudaimonia) fixiert, als darauf, Unschuldige zu retten. Die bedrohliche Umwelt in Friedenszeiten kann aber nicht mehr durch die einfache Vernichtung eines Einzelnen entschärft werden. So simpel wie die klassischen Helden sind auch die Schurken aus den Anfangszeiten von Superman. Schurken wie Lex Luthor sind ebenso auf einige wenige Eigenschaft reduziert wie Superman als Superheld einfach in allem »super« ist.[169] Die postmodernen Helden aber sind anders, da sie mit einer anderen Art von Bösem und Schurkentum konfrontiert werden. Die Bedrohung ist nicht länger ein einzelner Feind von außen, sondern sie kann beispielsweise auch aus dem Inneren des eigenen Landes kommen.[170] Die idealisierte Perfektion der vorbildlichen Superhelden ist der Auseinandersetzung mit zutiefst menschlichen, inneren Problemen gewichen; die Helden sind in der Postmoderne angekommen und teilweise völlig zu Antihelden geworden,[171] ebenso wie die Schurken nicht mehr nur da sind, um den Helden zu begründen. Wahre, einfache Schurken ohne Ambivalenz sind in einer politisch zumindest ideell toleranten Gesellschaft (im Gegensatz zu Kriegszeiten, in denen Rasse, Religion und Hautfarbe als stereotype Feindbilder genügten[172]) nicht zu finden. Die Schurken sind zunehmend psychotischer, chaotischer und (tragischerweise) meist auch verständlicher für den Zuschauer. Ein Schurke ist nicht mehr nur böse, weil er andere Ziele verfolgt als der Held oder »nicht gut« ist, seine Beweggründe gehen tiefer. Doch durch die zeitliche Begrenzung der Filmwelt wird das cineastische

169 Vgl. Wiener: der geist der superhelden, S. 94.
170 Vgl. hierzu insbesondere IRON MAN 3 (2013).
171 Vgl. Ofenloch: Antihelden und Superhelden, S. 22.
172 Vgl. Stuart Hall: Das Spektakel des Anderen. In: Juha Koivisto / Andreas Merkens: (Hrsg.): Ideologie, Identität, Repräsentation, Ausgewählte Schriften Bd. 4 Hamburg 2004, S. 108-166, hier: S. 132.

Böse noch immer mit Rückgriff auf Archetypen inszeniert. (Auch wenn die Spielfilmlänge zeitgenössischer Filme häufig bis an die Grenzen der Belastbarkeit des Zuschauers ausgedehnt wird. Während beispielsweise Bryan Singers X-Men aus dem Jahr 2000 nur 104 Minuten Spieldauer hat, geht The Dark Knight über 152 Minuten. Disneyfilme überschreiten meist nicht einmal die 120-Minuten-Marke). Die Bosheit des Superschurken ist dem zeitgenössischen Betrachter zwar, so wie das Konzept »Superman«, ein Begriff, jedoch wird es, da es nicht in seiner Urform verwendet wird, zu einem Simulakrum. »Cinematic evil becomes a pastiche of itself, a purely stylistic exercise, and ultimately a simulacrum, a representation without an original.«[173] Das Simulakrum offeriert aber auch immer die Möglichkeit zur distanzierten Analyse des Originals. Das Aufbrechen der dichotomen Held-Schurken-Betrachtung kann eine Auseinandersetzung von Gut und Böse am Beispiel postmoderner Charaktere und umgekehrter Wertevorstellungen illustrieren, wie es im Original nicht möglich wäre. Schurken und Helden sind natürlich immer noch der Kern der Comicverfilmungen, jedoch anders als zu ihren Anfangszeiten.

173 Bather: Construction of Evil, S. 170 & 324.

4.1. Das Verständnis von Helden und Schurken

»Helden werden nicht geboren, sondern gemacht.«[174]

Begründet durch die Serialität von Comics und Superheldenfilmen gibt es meist nicht einen »ultimativen« Schurken, den es ununterbrochen zu bekämpfen gilt, sondern viele verschiedene Schurken mit verschiedenen Motivationen und Eigenschaften, die episodenhaft auftreten. Dabei sticht meist ein Schurke aus der Masse hervor, um als persönliche Nemesis des Helden zu fungieren. Z. B. ist Batmans Nemesis der Joker, da er für den Tod seiner Eltern verantwortlich ist und somit erst den Wunsch nach Rache in ihm weckte. Andere Widersacher wie der Pinguin, Poison Ivy, der Riddler, Mr. Freeze und Bane sind zwar Schurken, jedoch zumindest am Anfang nicht persönlich auf Batman fixiert. Sie sind vielmehr Verkörperungen einzelner, erkennbarer Typen. »(...) [W]here intentions are displayed, these tend to be ciphers, socially constructed, thus easily recognisable, metaphors of evil (...).«[175] Diese einfach zu erkennenden Metaphern tragen zwar zur Entwicklung des Helden bei, sind jedoch stets nur zeitweise handlungstragend. In der klassischen Heldengeschichte trifft die dichotome Unterscheidung zu, dass der Held und der Schurke einander entgegengesetzt sind und dass Schurken niemals bekehrt oder rehabilitiert werden können. Die Aufgabe des Helden besteht darin, sich so lange wie möglich gegen den Schurken zu behaupten und ihn immer wieder aufzuhalten, ohne sich selbst vom Bösen übermannen zu lassen. »und gelingt es, den geschlagenen teufel zu arretieren...so wird er bloß der in diesen fällen völlig machtlosen gerechtigkeit des bürgerlichen gesetzes überantwortet, von der bereits feststeht, daß sie ihn nie und nimmer aus dem verkehr halten kann.«[176] Wenn der Schurke im Film stirbt, dann meist durch einen

174 Roxannie Ritchi in Megamind: TC: 00:29:47 – 00:29:52.
175 Bather: Construction of Evil, S. 158.
176 Wiener: der geist der superhelden, S. 101 [sic!].

Unfall, an dem der Held zwar nicht unbeteiligt ist, für den der Schurke in seinem Exzess und seiner Hybris jedoch selbst verantwortlich ist. Dieses Motiv ist in klassischen Filmen ebenso zu finden wie in postmodernen. Beispielsweise stürzt Two-Face (Aaron Eckhart) in THE DARK KNIGHT im Kampf mit Batman (Christian Bale) in einen Abgrund, gerade als er ein unschuldiges Kind erschießen will. Batman fällt zwar in denselben Abgrund wie Two-Face, aber erst, nachdem er das Kind in Sicherheit gehievt hat. Batman überlebt den Sturz in den Abgrund, Two-Face nicht. Der Abgrund ist im Superheldenfilm ein klassisches Motiv, ebenso wie im Disneyfilm. In BATMAN FOREVER (Joel Schumacher, 1995) kämpft Batmans Gehilfe Robin (Chris O'Donnell) auf einer Schrottinsel gegen Two-Face (Tommy Lee Jones). Als dieser nach einem rächenden Schlag von Robin über dem Abgrund hängt und hinabzustürzen droht, entscheidet sich Robin erst durch die Worte des Schurken, ihm zu helfen. Während der Schurke abzustürzen droht, thront der Held mit wehendem Cape und dramatischer Musik obenauf.

> Two-Face [hängt am Abgrund, rutscht ab]: »Endlich wird der Gerechtigkeit Genüge getan. Lass uns sterben. Du bist ganz nach unserem Geschmack, mein Sohn. Wir sehen uns in der Hölle wieder.«
>
> Robin [zögert, streckt Two-Face dann seine Hand entgegen und zieht ihn nach oben]: »Lieber sehe ich dich im Gefängnis.«
>
> Two-Face: »Guter Junge, guter Junge. Du hast viel von Batman gelernt. Sehr nobel – [wieder oben angekommen zieht er eine Waffe und richtet sie in Robins Gesicht] dämlich – aber nobel.«[177]

177 Two-Face und Robin in BATMAN FOREVER; TC: 01:41:25 – 01:42:09.

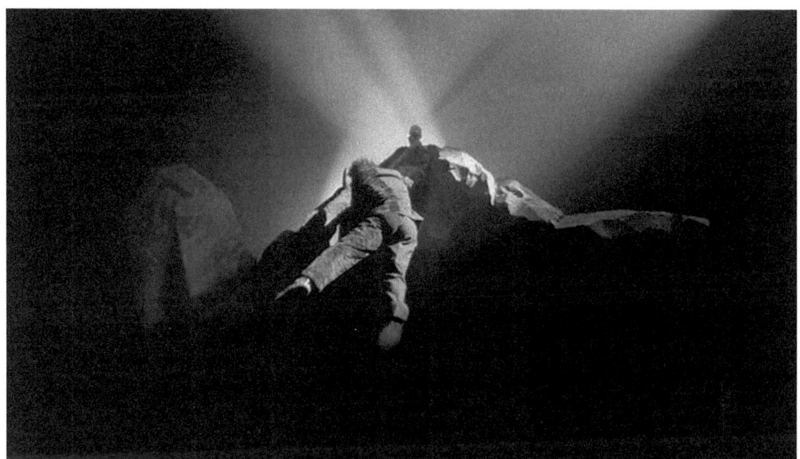

Abb. 31: Two-Face hängt in BATMAN FOREVER *am Abgrund...*

Two-Face kann Robin überlisten, da er Kenntnis vom »noblen« Kodex der Helden hat. Robin, der Two-Face erst für den Mord an seinen Eltern töten wollte, wurde bereits vor dem Kampf von Batman auf die Sinnlosigkeit des Tötens aufmerksam gemacht. Von Two-Faces Worten an die Bosheit seiner Tat erinnert, entsagt Robin seiner persönlichen Rache zugunsten der Aufrechterhaltung des Rechtssystems. Diese Entscheidung wird »belohnt«, indem Two-Face am Ende des Films ohne Ro-

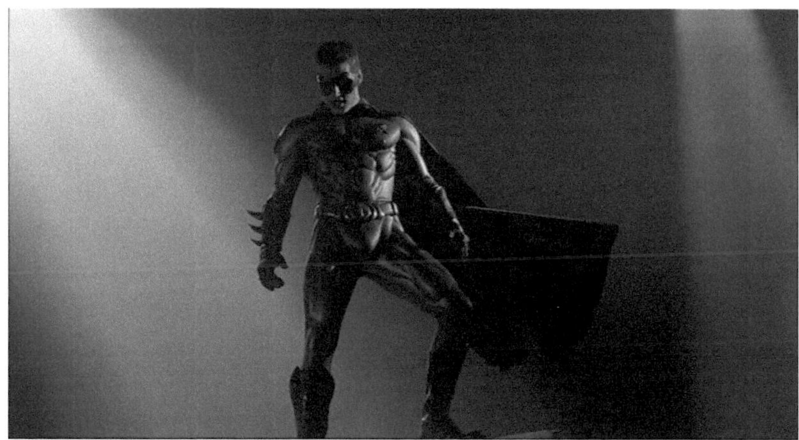

Abb. 32: ... und Robin muss entscheiden.

bins Zutun doch noch in einen Abgrund stürzt. Als Two-Face Batman und Robin im Kampf gestellt hat und sie töten will, kann Batman ihn zur Verwendung seines Markenzeichens, dem Münzwurf, überreden. Two-Face hätte nur zu schießen brauchen, doch er wirft seine Münze. Während sie in der Luft ist, wirft Batman andere Münzen dazwischen und bringt Two-Face dadurch aus dem Gleichgewicht, woraufhin dieser abstürzt. Robins fixierender Blick auf Two-Faces Fall und dessen im Wasser versinkenden Leiche zeigen die Erfüllung seiner Rache, ohne dass er selbst zum Mörder werden musste. Batman hat Two-Faces Tod auf sich genommen und Robin so vor dem Kreislauf der Rache bewahrt.

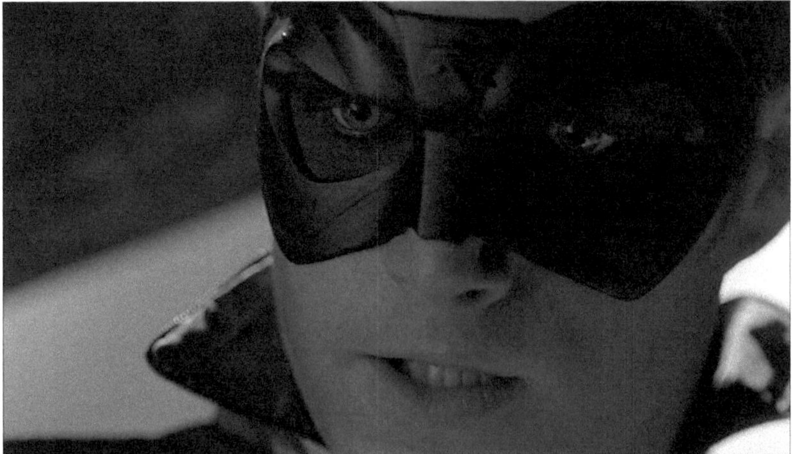

Abb. 33: Robin sieht dem in seinen Tod stürzenden Two-Face in BATMAN FOREVER tatenlos hinterher.

Trotz dieser Darstellung von Rache handeln die Batman- und Robinfiguren der 1990er Jahre deutlich systemkonformer, als es der Batman in Christopher Nolans Trilogie tut. Batman an sich stellt grundsätzlich eine Ausnahme im Heldenkanon dar. Da seine Motivation Rache für den Mord an seinen Eltern ist, bedient er nicht von vornherein das typische Heldenklischee der selbstlosen Opferung für die Rettung der Welt.

Vielmehr stellt er seine Aggression in den Dienst der Gerechtigkeit und versucht, sie in Form seines Antiheldendaseins in der Gesellschaft dienende Bahnen zu lenken.

In Nolans Reihe geht dieser Entschluss jedoch nicht von Bruce Wayne selbst aus. Als er sich in Batman Begins in persönlichem Rachefeldzug in einem chinesischen Gefängnis mit den Insassen anlegt, erscheint ein Mann namens Henri Ducard, der ihm anbietet, ihn in die »Gesellschaft der Schatten« aufzunehmen, um das Böse in ihm zu besiegen und zum Guten wenden zu können. In der Gesellschaft der Schatten erlernt Bruce Wayne die für Batman typischen Taktiken und Techniken. Schließlich stellt er sich aber gegen die Geheimgesellschaft, als er bemerkt, dass diese ganz Gotham City als verkommen ansieht und vernichten will. Bruce hat sich geändert und beschützt die Stadt, anstatt sich seinen Kameraden (die ihn gerettet haben) anzuschließen und »das Böse« auszurotten. Durch die Konfrontation mit einem Wertekodex, der nicht der seine ist, kann Bruce Wayne zu einer Gotham dienlichen Definition von sich selbst finden. Äußerlich hat Batman mehr mit den Schurken gemeinsam als mit anderen Helden wie z. B. Superman.

Die inneren und äußeren Gemeinsamkeiten und Unterschiede zwischen Helden und Schurken in Nolans Batman-Trilogie (2005 – 2012) sollen im Folgenden anhand von Bruce Wayne/Batman, Commissioner James Gordon, dem Joker und Harvey Dent/Two-Face genauer analysiert werden. Fokus ist dabei Teil zwei: The Dark Knight.

Nachdem Batman in Batman Begins seine Aufgabe im Beschützen von Gotham City gefunden hat, thematisiert Teil zwei das dennoch zunehmende Chaos in der Stadt. Der neue Staatsanwalt Harvey Dent (Aaron Eckhart) ist der Hoffnungsträger der Bürger in der Dystopie: Er soll endlich mit dem Verbrechen in der Stadt aufräumen und für Ordnung sorgen. Jedoch taucht ein Superschurke namens Joker (Heath Ledger) auf, der die Stadt durch Terroranschläge in Chaos und Angst stürzt. Batman ist sich der Tatsache, dass er als Superheld erst die Erweckung des Jokers provoziert hat, schmerzlich bewusst. Daher sieht er in Harvey Dent die Hoffnung, dass Batman als außerdiskursive Instanz endlich überflüssig werden könnte. Der Joker stürzt den potentiellen Erlöser Harvey Dent ins psychische und physische Unglück, wodurch dieser schlussendlich zu einem Schurken namens Two-Face wird. Two-Face wendet sich in seinem rachsüchtigen Wahn auch gegen Unschuldige und die eigentlich Guten des Systems, weshalb er, ebenso wie der Joker, am Ende des Films von Batman besiegt wird. Batman nimmt die Schuld für die Verbrechen von Two-Face auf sich, sodass er von der Polizei von Gotham fortan als Verbrecher gejagt wird.

Wie viel vom Helden und Schurken in einer Stadt wie Gotham City in einzelnen Personen steckt, zeigt ihr direkter Vergleich:

4.1.1. Batman

Das klassische Bild des Superhelden ist in THE DARK KNIGHT zwar als Ideal vorhanden, jedoch nur in Form eines Simulakrums. Wie der Titel impliziert, ist Batman nicht der strahlende Held, der über das Böse triumphiert, sondern ein mit der Dunkelheit kämpfender Ritter.[178] Der Kampf gegen das Böse hat den Dark Knight gezeichnet, sodass sich nicht nur ihm, sondern auch ihm nahestehenden Figuren die Frage stellt: »Can one avenge evil without becoming it?«[179] Batman ist kein strahlender oder farbenfroher Hoffnungsträger, sondern ein die Dunkel-

---

178 Vgl. Barbara Kainz: Einleitende Worte. In: Barbara Kainz (Hrsg.): Comic. Film. Helden. Heldenkonzepte und medienwissenschaftliche Analyse. Wien 2009, S. 7-16, hier: S. 8.

179 Zelda G. Knight: Monsters and Monstrous Acts- Exploring the Shadow Archetype in BATMAN: THE DARK KNIGHT, In: *Creating Humanity, Discovering Monstrosity – Myths and Metaphors of Enduring Evil* von Elizabeth Nelos/ Jillian Burcar, Hannah Priest (Hg.) Oxford: Inter-Disciplinary Press. 2010 unter: http://www.inter-disciplinary.net/wp-content/uploads/2009/08/thedarkknight-zeldaknight.pdf (Stand: 20.06.2014), S. 1.

heit nutzender, nur latent wahrnehmbarer Kämpfer.[180] Batman agiert dabei oft über den Rahmen der gesetzmäßigen Möglichkeiten hinaus. Um beispielsweise den Mafioso Yinglain Lau zu fangen, reist Batman nach Shanghai, wo dieser sich, außerhalb des Zuständigkeitsbereichs der Polizei von Gotham City, sicher fühlt. Aber wie der Joker feststellt: »Batman hat keinen Zuständigkeitsbereich (…)«[181] Batman holt Lau zurück und liefert ihn der Gothamer Polizei aus. Somit folgt er zwar noch dem alten Schema, dass der Schurke nicht getötet, sondern der Polizei ausgeliefert wird, bedient sich dabei aber höchst illegaler Mittel wie Einbruch und Entführung, sogar auf internationaler Ebene. Im weiteren Verlauf des Films sprengt Batman bei der Verfolgung des Jokers u. a. Autos und schaltet zeitweise Polizisten und Zivilisten aus.

Batman bedient sich der Gewalt als Mittel, jedoch scheinbar nicht im Exzess, wie es die ihm entgegengesetzten Schurken tun. »Violence as such is not evil in and of itself, and is not specifically the act of the evil mind.«[182] Durch die Definition von Batman als Dark Knight zeigt sich zwar der Gegensatz zu Staatsanwalt Harvey Dent, der als White Knight der Stadt gefeiert wird, jedoch kämpfen beide auf derselben Seite. »The notion of a Knight here implies a warrior defender not an attacker, and thus both Dent and Batman are Knights or defenders of consciousness against the threat of the shadow.«[183] Bei Batman scheint der Einsatz von Gewalt zwar zielgerichtet, aber nicht intendiert böse zu sein.[184] Bei aller bewusst dunklen Inszenierung steht Batman zwar für die Ordnung in Gotham City ein, kooperiert aber nur bedingt mit den öffentlichen Organen. Er verschwindet während Unterhaltungen und taucht überra-

---

180 Vgl. Tom Pollard: Postmodern cinema and the death of the hero, In: CineAction, No.53, 2000 unter: http://www.thefreelibrary.com/Postmodern+cinema+and+the+death+of+the+hero.-a030001385, (Stand: 03.05.2014), S. 1.

181 Der Joker in The Dark Knight; TC: 00:23:48 – 00:23:51.

182 Bather: Construction of Evil, S. 225.

183 Knight: Monsters and Monstrous Acts, S. 10.

184 Vgl. Bather: Construction of Evil, S. 251.

schend aus dem Dunkeln auf, sodass schon seine latente Präsenz (in Form des Bat-Zeichens über der Stadt) genügt, um kleinere Verbrechen zu verhindern. Ebenso bedient er sich, in Ermangelung von Superkräften, eines großen Waffen- und Technikarsenals, das in THE DARK KNIGHT unter anderem durch Gleit-Flügel, ein Echo-Sonar der Stadt und eine Vorrichtung zum Einstieg in ein Flugzeug während des Fluges ergänzt wird. Trotz dieses enormen choreographischen und technischen Aufwandes schreckt Batman vor dem extremen Exzess der Gewalt zurück.

Batman unterliegt in THE DARK KNIGHT einem klassischen Problem des Superhelden: Die Regeln stehen ihm im Weg, wenn er den von Regeln befreit kämpfenden Schurken aufhalten will. Als Batman die Möglichkeit hat, den Joker auf der Straße mit seinem Batpod (Motorrad) zu überfahren, reißt er das Steuer im letzten Moment herum und stürzt. Er begibt sich selbst in Gefahr, um die anschließende Verhaftung des Jokers zu ermöglichen, anstatt ihn für immer auszuschalten und die Stadt somit nachhaltig von der Bedrohung zu befreien. Batman setzt die bestehenden Regeln im Gegensatz zum Joker nicht außer Kraft, er beugt sie vielmehr. Im Folgenden nutzt er zwar eine (unmoralische) geheime Technologie, um jedes Handy in der Stadt abzuhören und so den Joker aufzuspüren, aber er gibt diese gewissermaßen grenzenlose Macht auch wieder ab, indem er seinen Mitarbeiter die dazu notwendige Maschine zerstören lässt. Andererseits schaltet er das S.W.A.T.-Team, das die Geiseln des Jokers befreien soll, auf die gleiche Weise wie später den Joker aus: Er hängt sie an einem Seil auf der Seite des Gebäudes auf.

Die Ähnlichkeit zwischen Held und Schurke ist dem Joker in THE DARK KNIGHT filminhärent bewusster als Batman, in seiner Weltordnung stehen die beiden auf einer Stufe.[185] Unordnung stellt eine Bedrohung der Existenz an sich dar. »Das ist unmittelbar einsichtig im Fall des deli-

185 Vgl. Kushkaki 2013, S. 1.

katen Gleichgewichts in der biologischen Ordnung unserer Umwelt. Hier ist geordnete Struktur gleichbedeutend mit Existenz.«[186] Da Batman kein normativer Teil des Systems ist, kann er auch nicht der sein, der die Struktur aufrechterhält. In der Öffentlichkeit sind nach wie vor öffentliche Institutionen für diese Aufgabe verantwortlich: Die Polizei, Anwälte und Richter. Im letzten Teil THE DARK KNIGHT RISES, der acht Jahre nach dem Verschwinden von Batman in THE DARK KNIGHT spielt, ist die Polizei so von Korruption zerfressen, dass Commissioner Gordon der Einzige zu sein scheint, der noch die Ordnung aufrechterhält. Batman tritt erst wieder auf den Plan, als Gordon verletzungsbedingt ausfällt und somit niemand mehr die Stadt vor dem neuen Schurken Bane beschützen kann.

Bane, der sich selbst als das »notwendige Böse« bezeichnet, sperrt die Polizei von Gotham City ein, platziert Bomben, sodass es unmöglich wird, die Stadt zu verlassen, befreit alle Verbrecher aus dem Gefängnis und verkündet, dass die Bürger jetzt frei seien, die Stadt nach ihren Wünschen zu regieren. Innerhalb kürzester Zeit wird die Stadt von exzessiven Verbrechern übernommen, sodass kein geordnetes Leben mehr möglich ist. Der Defekt der Welt besteht in der zu großen Freiheit, die eine Welt ohne Gesetz und Gesetzeshüter bietet. In dieser »befreiten« Welt kann sich Batman einen Heldenstatus in den Augen der Gothamer Bürger durch die Ausschaltung Banes und die Etablierung der altbekannten Ordnung verdienen. Nach dem finalen Kampf gegen Bane und die Drahtzieherin Talia al Ghul (Marion Cotillard) bringt Batman die von Bane scharf gemachte Atombombe aus der Stadt und stirbt vermeintlich in deren Explosion. Die Bürger Gothams errichten ihm zu Ehren eine Statue und bauen die Stadt wieder auf. Bruce Wayne allerdings ist nicht gestorben, er konnte sich vor der Explosion retten und beginnt ein neues Leben im Ausland. Mit dem Kapitel »Batman« hat er abge-

186 Kiesel, Rabius: Ästhetik des Bösen, S. 2.

schlossen. Batman ist zwar der Held der Stadt, aber durch seinen Tod nicht mehr in der Lage, aktiv einzugreifen. Erneut ist es allein an Commissioner Gordon, das Verbrechen zu bekämpfen. Die Definition, die James Gordon als Schlusssatz in The Dark Knight gibt, hat sich umgekehrt: »Weil er der Held ist, den Gotham verdient. Aber nicht der, den es gerade braucht. Also jagen wir ihn. Weil er es ertragen kann. Denn er ist kein Held. Er ist ein stiller Wächter. Ein wachsamer Beschützer. Ein dunkler Ritter.«[187] In The Dark Knight Rises ist die Zeit gekommen, in der der stille Wächter wieder aktiv werden und zum Helden werden konnte. Seine dramaturgische Aufgabe ist damit erfüllt, denn ohne die Bedrohung durch einen Superschurken braucht es keinen Superhelden mehr.

4.1.2. James Gordon

Lieutenant bzw. später Commissioner James Gordon (Gary Oldman) wird in The Dark Knight als der einzige nicht korrupte Polizist in Gotham City dargestellt. Er tut alles ihm Mögliche, um dem Treiben der Unterwelt, insbesondere der Mafia, ein Ende zu setzen. Dabei verfolgt er einige Strategien, die im Gegensatz zu Gesetzestreue oder »gutem« Verhalten stehen: Zum Beispiel lässt er Batman die Tatorte der Verbrechen betreten, obwohl dieser per Haftbefehl gesucht wird. Dent gegenüber leugnet er die Kooperation mit Batman und verweigert die Zusammenarbeit mit Dents Abteilung, obwohl sein eigenes Team bekanntermaßen von Spionen infiltriert wurde. Gordons Einstellung ist realistisch bis fatalistisch: »Idealismus kann ich mir nicht leisten, ich muss mit dem arbeiten, was ich habe.«[188] Des Weiteren lässt Gordon Batman mit dem Joker in einem Verhörzimmer allein und greift auch dann

187 Comissioner Gordon in The Dark Knight; TC: 02:18:53 - 02:19:23.
188 Comissioner Gordon in The Dark Knight; TC 00:16:48 – 00:16:54.

nicht ein, als Batman diesem gegenüber gewalttätig wird. Um den Joker zu verhaften, täuscht Gordon sogar seinen eigenen Tod vor, sodass seine Frau und seine Kinder um ihn trauern und Batman die Schuld gegeben wird. Gordon beugt das Gesetz ebenso wie Batman in dem Glauben, das Richtige zu tun. Die eigene Gerechtigkeit und das juristische Recht scheinen nicht kohärent zu sein, sodass der eigentlich das System schützende Polizist in Selbstjustiz agiert. Er versucht, Batman als Instanz in sein persönliches Wertesystem einzubeziehen, damit dieser den Joker stellvertretend daran hindert, Chaos zu stiften. Jeder in Gotham City scheint seiner eigenen Moral zu folgen. Am Ende des Films wird Batman von der Polizei verfolgt, Commissioner Gordon ist weiterhin Polizist auf Seiten des Gesetzes, Harvey Dent der tote Hoffnungsträger und der Joker gefangen. Für die Aufrechterhaltung von Recht und Ordnung verschweigt Gordon auf der Begräbnisfeier von Harvey Dent sogar dessen Wandlung in Two-Face. Das Image des weißen Ritters ist der Gesellschaft und Gerechtigkeit, die Gordon sich wünscht, dienlicher als die Wahrheit. Sein persönliches, für ihn höher stehendes Ziel soll die gewählten, bösen Mittel rechtfertigen.

Anstatt aber eine neue Figur als weißen Ritter zu glorifizieren, wird ein die Bürger durch Hass vereinendes Objekt gefunden: Batman. »A man can act in any way that he will, but only a group can make him a hero, villain or fool.«[189] Gordon fungiert als Fürsprecher der irrealen Dichotomie von Held und Schurke, die für das Bestehen der Gesellschaftsordnung in Gotham City wichtig ist. Die beiden Kategorien reflektieren nicht die Realität, sondern sie schaffen einen eigenen Rahmen, in dem sie eine künstliche Sicherheit bieten.[190] Dass es sich dabei, frei nach Nietzsche, jedoch nur um ein fragiles, symbolisches Konstrukt handelt, wird durch den negativen Einfluss des Jokers und Two-Faces deutlich.

189 Klapp: Heroes, Villains and Fools, S. 57.

190 Vgl. Jamey Heit: No Laughing Matter: The Joker as a Nietzschean Critique of Morality. In: Jamey Heit (Hrsg.): Vader, Voldemort and other Villains – Essays on Evil in Popular Media. North Carolina 2011, S. 175-188, hier: S. 182.

Der Joker nimmt sich die Freiheit, das Gothamer Gesellschaftskonzept zu hinterfragen. »The freedom to determine what is good or evil exists only when one refuses to accept another's prescribed standards.«[191] Eben jenes Zurückweisen der angeblich ausgehandelten und systematisierten Gesellschaftsordnung setzt Gordon und den Joker als handlungsdynamische Gegenspieler, jedoch nicht unabhängig voneinander ein. In THE DARK KNIGHT RISES will sich Gordon, als er von John Blake/Robin (Joseph Gordon-Levitt) nach den Motiven für sein ungesetzliches Handeln gefragt wird, rechtfertigen:

> Gotham brauchte einen Helden. (...) Es kommt der Moment, in weiter Ferne, in dem die Strukturen versagen und in dem Gesetze keine Waffen mehr sind, sondern Fesseln, durch die die Bösen immer einen Schritt voraus sind. Eines Tages kommen Sie vielleicht auch mal in so eine Notlage, und ich hoffe, Sie haben in diesem Moment einen Freund wie ich ihn hatte. Der seine Hände in den tiefsten Morast steckt, damit Ihre eigenen sauber erscheinen.[192]

Erst das Ende von Bane, Talia al Ghul und Batman am Ende der Trilogie ermöglicht es Commissioner Gordon, wieder zu einem halbwegs geordneten Polizeileben zurückzukehren. Die Gesetze wurden wieder soweit als richtig erwiesen, dass sie eingehalten und geschützt werden können.

4.1.3. Der Joker

»The basic primitive attitude toward a villain results from the fact that he is conceived as a monster incompatible with social organization, a wilful and in-veterate enemy of mores, who must be expelled or destroyed if society is to be safe.«[193] Der Joker ist das Böse an sich, das

191 Ebd.
192 James Gordon in THE DARK KNIGHT RISES; TC 01:35:24 – 01:35:58.
193 Klapp: Heroes, Villains and Fools, S.: 60. [sic!]

Chaos, ein Monster[194], das Gotham City ins Wanken bringt. Dabei ist es nicht nur seine scheinbar gleichgültige, mitleidlose Handlungsweise[195], sondern auch sein Aussehen, das ihn als unmenschlich charakterisiert: »[...] [T]he make-up he uses does not hide but rather exaggerates his scars, signifying his resistance to cover up his identity as obvious monster.«[196] Er selbst aber bestreitet die ihm vorgeworfene Monstrosität gegenüber Batman wortwörtlich: »Weißt du, ich bin kein Monster, nur der Zeit voraus.«[197] Auch der Name der Figur ist signifikant[198]: Die Spielkarte »Joker« mit dem Aussehen eines Clowns steht außerhalb des normalen Spielablaufs, kann jedem Spieler nützen oder schaden und hat keinen festen Wert. Der Joker bringt durch seine Sonderstellung Chaos in das (im Gegensatz zu ihm) geordnete Gotham City.

Der Film The Dark Knight und insbesondere Heath Ledger als Joker wurden als herausragend gefeiert, obwohl oder gerade weil er sich einer besonderen Symbolik des Bösen bedient. »The defeat of evil common in contemporary narratives becomes less important than the experience offered by the film getting there (after all, the defeat of evil is in most cases taken for granted in the average commercial film.)«[199] Bilder wie der Joker, der sich selbst in einem Leichensack an den Feind ausliefern lässt, einen Berg Geld anzündet oder unbeschadet aus einem umgestürzten LKW aussteigt, sind ein Spektakel. Es ist aber festzustellen, dass das Spektakel nicht, wie Bather angibt, auf die Schurkenfigur Joker beschränkt ist. Batman inszeniert seine Auftritte ebenso spektakulär, sodass die Sonderposition des Jokers erst in Komparation zu den »normalen Bürgern« Gothams exzessiv wirkt. Beispielsweise werden sowohl der Mafiaboss Yinglain Lau als auch der Joker im selben

194 Vgl. Knight: Monsters and Monstrous Acts, S. 10.
195 Vgl. Klapp: Heroes, Villains and Fools, S. 58.
196 Knight: Monsters and Monstrous Acts, S. 9.
197 Der Joker in The Dark Knight; TC 01:25:26-01:25:31.
198 Vgl. Heit: No Laughing Matter, S. 177.
199 Bather: Construction of Evil, S. 8.

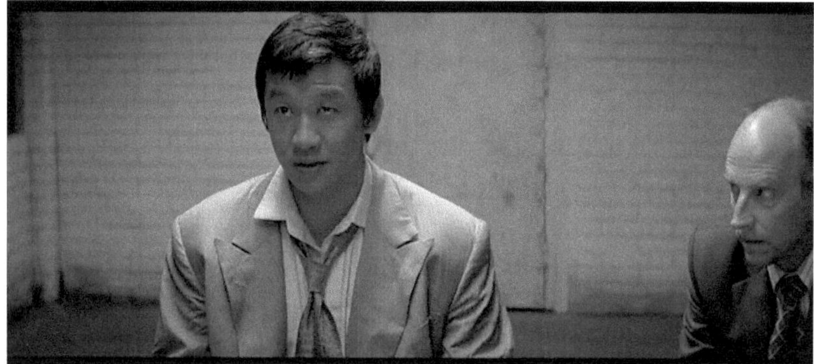

Abb. 34: Yinglain Lau in der Verhörzelle mit seinem Anwalt in THE DARK KNIGHT.

Verhörraum der Polizei verhört, jedoch mit klaren Unterschieden. Während bei Lau die Beleuchtung eingeschaltet ist, der ganze Raum offen gezeigt wird und ein Anwalt anwesend ist, sitzt der Joker im Dunkeln, er verschmilzt mit den Schatten und ist kaum zu sehen.

Das Verschmelzen mit der Dunkelheit erscheint dem Zuschauer gegenüber bedrohlich, jedoch zur Figur passend; bis zu dem Zeitpunkt, an dem das Licht eingeschaltet und klar wird, dass Batman die ganze Zeit in der Dunkelheit gelauert hat und ihr somit metaphorisch noch näher ist als der Schurke selbst. Die Dunkelheit wird zu einem Element beider Seiten. Ashley Cocksworth weist auf die fehlende Hintergrundgeschichte des Jokers in THE DARK KNIGHT hin: Er taucht scheinbar aus dem

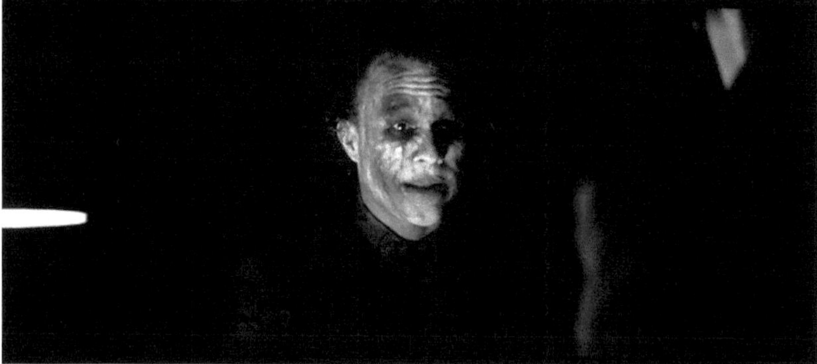

Abb. 35: Der Joker in der selben, aber verdunkelten Verhörzelle in THE DARK KNIGHT.

Nichts auf und bringt nicht nur die Alltagswelt, sondern auch das organisierte Chaos, nämlich die Unterwelt von Gotham City, in Aufruhr. Über seine Motive und seine Herkunft erfährt der Zuschauer nichts. Dadurch erscheinen seine destruktiven Handlungen zunächst unmotiviert[200], er wird bewusst als identitäts- und vergangenheitslos dargestellt. Die Polizei durchsucht ihn nach seiner Verhaftung, findet zwar Waffen, aber keine Papiere oder sonstige Hinweise auf seine Person. Cocksworth sieht diese Darstellung im Moment der Angst vor dem Unbekannten begründet: »[Nolan] refused to satisfy the fanboy's call for description because without an explanation, the Joker appears ever more irrational and menacing.«[201] Über die sein Gesicht zeichnenden Narben erzählt der Joker verschiedene Geschichten, sodass der wahre Grund unbekannt bleibt. Er sieht sich selbst als jemanden, der die Welt für verrückt hält und ihr die eigene Instabilität und Doppelmoral vor Augen führen will. In seinem Widerspruch gegen das herrschende System verhält sich der Joker unmenschlich und dadurch schwer nachvollziehbar. Jamey Heit definiert »normale« Kriminelle über ihre zumindest minimale Berechenbarkeit: »Even when criminals exhibit obscure motives, one can trust in a basic, Darwinian sense they have the instinct of self-preservation and, when possible, self-aggrandizement.«[202] Demgegenüber soll der Joker laut Heit für den Zuschauer selbsterhaltungstrieblos wirken, da er auch sein eigenes Leben scheinbar wahllos aufs Spiel setze. Zum ersten Mal, als er den Mafiosi gegenübersteht und droht, sie alle mit mehreren Handgranaten an seinem Körper in die Luft zu sprengen, zum zweiten Mal, als er auf der Straße auf den auf seinem Motorrad auf ihn zu jagenden Batman zuläuft und murmelt »Komm her,

200 Vgl. Ashley Cocksworth: The Dark Knight and the Evilness of Evil. In: Expository Times, Volume 120, Number 11, 2009 unter: http://ext.sagepub.com/content/120/11/541.full.pdf+html, (Stand: 29.04.2014), S. 542.

201 Cocksworth: Evilness of Evil, S. 542.

202 Heit: No Laughing Matter, S. 177.

ich will, dass du es tust«[203], und zum dritten Mal, als er Harvey Dent im Krankenhaus eine Waffe in die Hand gibt, den Lauf gegen seine eigene Stirn richtet, und ihn auffordert zu schießen. Dies ist jedoch nur auf den ersten Blick korrekt, da er bei erster Gelegenheit sicher sein kann, dass die Mafiosi ihr eigenes Leben nicht riskieren würden, indem sie auf ihn schießen. Auch bei Batman kann sich der Joker auf den Sieg der Moral verlassen: Batman würde ihn nie töten, egal wie viele Gelegenheiten er ihm bietet. Und in der Szene mit Harvey Dent richtet er zwar die Waffe auf seine Stirn, blockiert mit dem Finger aber kaum merklich den Abzug der Waffe, sodass Dent ihn nicht erschießen könnte, selbst wenn er abdrücken würde. Der Joker will nur sehen, wie weit sein jeweiliges Gegenüber gehen würde.

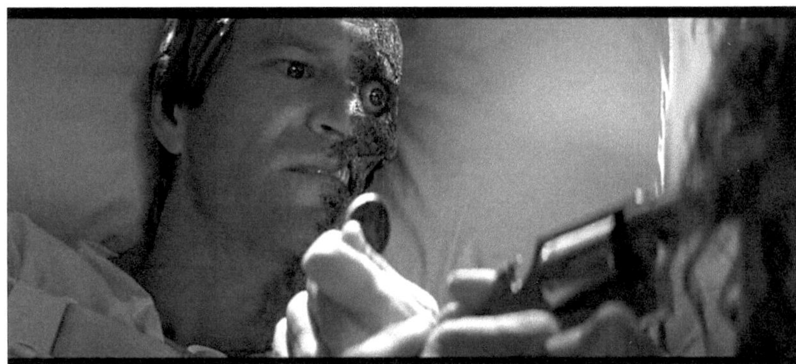

Abb. 36: Der Joker blockiert den Abzug der an seine Stirn angelegten Schusswaffe.

Das heißt, der Joker wirkt nur auf den ersten Blick manisch-wahnsinnig, eigentlich handelt er sehr vorausschauend und taktisch. Beispielsweise ist einer seiner Untergebenen mit einer Bombe im Bauch versehen, damit er sie, wenn er später selbst von der Polizei gefangen wird, per Telefonanruf aktivieren und in der folgenden Panik aus dem Gefängnis entkommen kann. Ebenso »detailverliebt« inszeniert er den Anschlag auf Staatsanwalt Harvey Dent. So verfolgt er den Polizeitrans-

203 Der Joker in The Dark Knight; TC: 01:18:49 – 01:18:53.

porter, in dem Dent in Sicherheit gebracht werden soll, mit einem präparierten Lastwagen. Es handelt sich um einen Arzneimittellieferwagen mit der Aufschrift »Laughter is the best medicine«, vor die mit roter Farbe ein »S« ergänzt wurde: »Slaughter is the best medicine.«

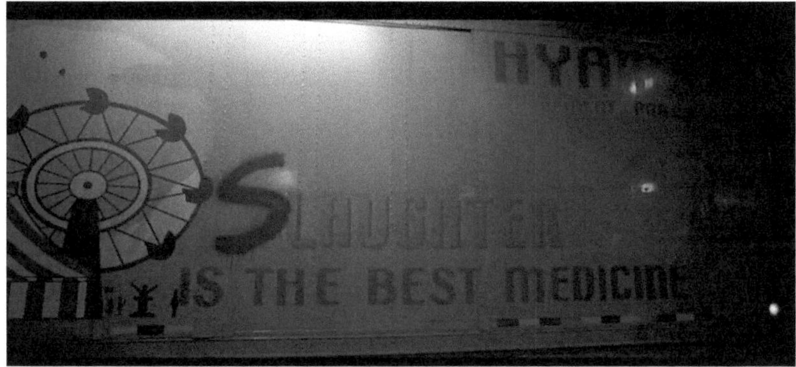

Abb. 37: Der »verschönerte« Truck in THE DARK KNIGHT.

Der Joker, in seinem ursprünglichen Sinne ein Hofnarr, hat die Grenze der Posse überschritten und greift zum Exzess der Gewalt. Dieser Exzess wird mit größtmöglicher Präzision umgesetzt, einzig im finalen Faustkampf mit Batman agiert er untaktisch und wild. Doch selbst wenn er den Kampf mit Batman verliert: Sein »Ass im Ärmel« ist der zum Schurken gewordene Harvey Dent. Die scheinbare Planlosigkeit des Jokers wird u. a. durch sein Desinteresse für Geld illustriert. Die Gier nach Geld ist laut Heit logisch und daher nachvollziehbar.[204] Die Mafia hat rein monetäre Interessen, doch der Joker hinterfragt dies, indem er vor den Augen eines Mafioso einen Berg von Geld (mit dem entführten Lau auf dem Gipfel) anzündet. Dem Joker geht es nicht um finanzielle Unabhängigkeit, laut eigener Aussage will er eine »Botschaft senden.«[205] Bruce Waynes Butler Alfred merkt hierzu in seiner vielzitierten Definition an, dass Batman den Joker selbst ebenso wenig verstehen

204 Vgl. Heit: No Laughing Matter, S. 177.
205 THE DARK KNIGHT; TC: 01:40:07 – 01:40:14.

würde wie die anderen Einwohner der Stadt: »Es gibt Menschen, die an logischen Dingen nicht interessiert sind, wie zum Beispiel Geld. Man kann sie nicht kaufen, einschüchtern, sie zur Vernunft bringen oder mit ihnen verhandeln. Einige Menschen wollen die Welt einfach nur brennen sehen.«[206]

Die Bedrohung durch den Joker erwächst also einerseits aus einer sehr berechnenden Planung und andererseits durch die Unberechenbarkeit für andere. Dieses Aufbrechen der gewohnten Strukturen hat sowohl Einfluss auf das Gute als auch das Böse des jeweiligen Systems. Das Gute ist das, was sich gegen das Böse wendet. Demzufolge ist das Böse das, was sich gegen das Gute wendet. Doch wie kann das Böse definiert werden, das sich gegen das Böse (in diesem Falle die Mafia) wendet? In Gothams dichotomer Weltansicht ist die Mafia das organisierte Verbrechen, also ein eingeplanter Faktor, wohingegen der Joker das Chaos symbolisiert. Demzufolge ist die Mafia in The Dark Knight insofern gut, als sie Teil des organisierten Systems ist. Solange der Joker da ist, schenkt niemand ihren Verbrechen Beachtung. Inwieweit ist es böse, einen derartig tiefsitzenden Defekt im System aufzudecken? Der Joker selbst definiert sich und seine Weltanschauung gegenüber Harvey Dent, der nach dem Anschlag mit halbseitig verbranntem Gesicht im Krankenhaus liegt. Als Krankenschwester verkleidet (und mit einem Harvey-Dent-Wahlaufkleber auf der Uniform) hat er sich Zugang zu dessen Zimmer verschafft und steht vor dem am Bett festgeschnallten Harvey Dent:

> Joker: »Hi. Also ich hoffe doch nicht, dass das jetzt irgendwie zwischen uns steht, Harvey. Als du und …« [er sucht nach dem Namen]
>
> Dent [schreiend]: »Rachel!«

206 Vgl. The Dark Knight; TC: 00:53:02 – 00:53:14.

Joker [beschwichtigend]:»...Rachel entführt wurdet, da hab ich ja in Gordons Käfig gesessen. Also ich hab die Ladung nicht gezündet.«

Dent: »Ihre Männer, ihr Plan.«

Joker: »Seh' ich aus wie einer, der immer 'nen Plan hat? Weißt du, was ich bin? Ich bin ein Hund, der Autos nachjagt. Ich wüsste gar nicht, was ich mache, wenn ich eins erwische. Verstehst du, ich tue die Dinge einfach. Die Mafia hat Pläne, die Cops haben Pläne, Gordon hat Pläne. Verstehst du, das sind Pläneschmieder. Pläneschmieder wollen ihre kleinen Welten unter Kontrolle halten. Ich bin kein Pläneschmieder. Ich versuche, Pläneschmiedern zu zeigen, wie armselig ihre Versuche, etwas zu kontrollieren, in Wahrheit sind. Also, wenn ich sage (...) wenn ich sage, dass das mit dir und deiner kleinen Freundin nichts persönliches war, dann weißt du, dass ich die Wahrheit sage. (...) Pläneschmieder haben dich dahin gebracht, wo du jetzt bist. Du warst selbst so einer. Du hattest auch Pläne [er befreit Harveys Hände] und jetzt siehst du ja, was draus geworden ist.

[Kaum befreit attackiert Dent den Joker, dieser wehrt ihn ab]

Joker: »(...) Ich hab nur gemacht, was ich am Besten kann. Ich hab deinen kleinen Plan erkannt und dann nur noch den Spieß umgedreht. Guck, was ich in dieser Stadt angerichtet hab, mit 'n paar Fässern Benzin und 'n paar Kugeln. Hm? Weißt du, weißt du was mir aufgefallen ist? Es gibt keine Panik, wenn die Dinge vorhersehbar sind. Selbst wenn die Dinge grauenvoll sind. Wenn ich morgen der Presse erzähle, dass irgendein Bandenmitglied erschossen wird, oder ein Laster voll Soldaten in die Luft fliegt, gibts keine Panik. Weil all diese Dinge bereits eingeplant sind. Aber wenn ich dann sage, dass ein kleiner, popeliger Bürgermeister sterben wird, verlieren plötzlich alle den Verstand.«

[Der Joker zieht eine Schusswaffe]

Joker: »Nimm einen kleinen Schuss Anarchie.«

[Der Joker drückt Harvey Dent die Waffe in die Hand und richtet sie gegen seine eigene Stirn]

Joker: »Bring die althergebrachte Ordnung aus dem Gleichgewicht und was entsteht? Chaos! Ich bin das Chaos. Und weißt du, was Chaos eigentlich ist? Es ist fair.«

[Dent denkt nach, greift dann nach seiner Münze und zeigt dem Joker die unverbrannte Seite]

Dent: »Du bleibst am Leben...«

[Dent zeigt die verbrannte Seite der Münze]

Dent: »...oder auch nicht«

[Der Joker lächelt]

Joker: »Hm, jetzt verstehen wir uns.«[207]

Der Joker steht mit seiner Weltansicht, im Gegensatz zur Mafia, außerhalb des Gesetzes und außerdiskursiv. Außerdikursive Faktoren sind grundsätzlich schädlich für ein System. Demnach ist Batman aber auch ein schädlicher Faktor, selbst wenn er sich gegen die Mafia richtet. Dass Superheld und Superschurke einander bedingen, zeigt sich im Verhör zwischen Batman und dem Joker:

Joker: »Diese Mafiatrottel wollen dich tot sehen, damit alles wieder wie früher ist. Doch ich kenne die Wahrheit. Es gibt kein Zurück mehr. Du hast alles verändert. Für immer.«

Batman: »Warum willst du mich umbringen?«

207 Der Joker und Harvey Dent in THE DARK KNIGHT; TC: 01:44:01 – 01:47:26.

> Joker [lacht manisch]: »Ich will dich doch nicht umbringen. Was würde ich denn ohne dich machen? Etwa wieder Mafia-Dealer beklauen? Nein. Nein. Nein. Nein, du machst mich erst vollkommen.«[208]

Der Joker als eine personifizierte Antithese, als Superschurke, kann in der Tat nur durch die Existenz eines Superhelden ausgeglichen werden und nicht durch etwas Systemimmanentes. Der Joker beachtet dabei jedoch nicht, dass das Außerdiskursive nur bestehen kann, wenn ihm der Diskurs als Gegenpol dient. Das heißt, das Außerdiskursive (er und Batman) sind als Gegenpole zwar nicht berechenbar, aber Teil des Diskurses und daher nicht Chaos, sondern nur Faktoren zur Neuordnung des Systems. Unbeirrt auf seiner Theorie des fairen Chaos beharrend, fordert der Joker Batman heraus: »Für die bist du nur ein Freak. Wie ich. Im Moment brauchen sie dich. Aber wenn nicht ... verstoßen sie dich wieder. Wie einen Aussätzigen.«[209] Er will ihn von der Sinnlosigkeit moralischer Regeln angesichts der grundsätzlich vorherrschenden Präferenz des eigenen Vorteils überzeugen und greift dafür zu einem klassischen Mittel des Superschurken. Er stellt Batman vor die Wahl:

> Batman: »Wo ist Dent?«
>
> Joker: »Du hast so viele Regeln und denkst, die retten dich.«
>
> [Batman drückt Joker gegen die Wand, die Polizeibeamten im Nebenraum wollen eingreifen, aber Gordon hält sie zurück.]
>
> Gordon: »Er hat's unter Kontrolle.« [Die Polizeibeamten greifen nicht ein]
>
> Batman: »Ich hab eine Regel!«

---

208 Der Joker und Batman in The Dark Knight; TC: 01:24:12 – 01:24:40.
209 Der Joker in The Dark Knight; TC: 01:24:48 – 01:25:00.

Joker: »Und diese Regel musst du brechen, um die Wahrheit zu erfahren.«

Batman: »Und die wäre?«

Joker: »Am erträglichsten lebt es sich ohne Regeln auf dieser Welt. Und heute Nacht wirst du sie brechen, deine einzige Regel.«

Batman: »Ich ziehe es in Erwägung.«

Joker: »Du hast nicht mehr viel Zeit. Du musst mein Spielchen mitspielen, wenn du einen von ihnen retten willst.«

Batman: »Einen?«

Joker: »Weißt du, für eine Weile dachte ich wirklich, du wärst Dent. So wie du ihr hinterher gesprungen bist.«

[Batman wirft den Joker gewaltsam auf den Tisch, dieser lacht. Batman blockiert die Tür von innen mit einem Stuhl, sodass die Polizisten nicht eingreifen können]

Joker: »Wie du dich gehen lässt. Weiß Harvey von dir und seinem kleinen Spatz?«

[Batman wirft den Joker mit dem Kopf gegen eine Scheibe, das Glas splittert]

Batman: »Wo sind sie?«

[Der Joker liegt benommen, aber lachend am Boden mit dem Rücken zur Wand]

Joker: »Beim Töten geht's um Entscheidungen...«

Batman: »Wo sind sie?!«

[Batman schlägt den Joker ins Gesicht]

> Joker: »... für das eine Leben oder das andere. Für deinen Freund, den Staatsanwalt, oder seine liebliche Braut. [Joker lacht manisch, als Batman ihm erneut ins Gesicht schlägt] Du hast absolut nichts, nichts, womit du mir drohen kannst. So viel Kraft, und du kannst nichts damit anfangen. Keine Sorge, ich sage dir, wo sie sind. Und zwar beide, das ist der Knackpunkt: Du musst entscheiden.«[210]

Schon der Riddler (Jim Carrey) in Joel Schumachers BATMAN FOREVER präsentiert Batman seinen Juniorpartner Robin und seine Geliebte Dr. Chase Maridian (Nicole Kidman) als Gefangene. Robin ist für Batman wichtig und symbolisiert seine selbstgewählte Lebensaufgabe, während Dr. Maridian für seine Identität als Bruce Wayne und das erträumte, friedliche Privatleben steht. Batman soll wählen, welchen von beiden er rettet, wenn sie in den Tod stürzen. Batman in BATMAN FOREVER entscheidet sich schließlich nicht für einen von beiden, sondern hebelt die Spielregeln des Riddlers aus und rettet (mit Hilfe seiner Ausrüstung) beide. Der Riddler verzweifelt an seiner Unfähigkeit, Batman zu töten, obwohl er ihm beinahe alles genommen hätte. Batman antwortet ihm: »(...) Ich konnte sie nur beide retten. Denn ich bin beides: Bruce Wayne und Batman. Nicht weil ich es sein muss, sondern weil ich mich so entschieden habe.«[211] Diese Sicherheit über die eigene Position in der Welt stellt in BATMAN FOREVER den Gegensatz zwischen Held und Schurke dar.

Nolans Batman hingegen weist keine derartige Sicherheit in seiner Selbstdefinition auf. In THE DARK KNIGHT muss Batman zwischen Harvey Dent, dem weißen Ritter und Hoffnungsträger von Gotham City, und Rachel Dawes (Maggie Gyllenhaal), seiner immer noch geliebten Ex-Freundin und jetzt Gefährtin von Harvey Dent, wählen. Beide werden in verlassenen Warenhäusern festgehalten, jedoch jeweils am anderen Ende der Stadt, wodurch Batman (im Gegensatz zu BATMAN FOREVER) tat-

210 Batman und der Joker in THE DARK KNIGHT; TC: 01:25:33 – 01:26:57.

211 Batman in BATMAN FOREVER; TC: 01:50:25 – 01:50:53.

sächlich nur die Chance hat, einen von beiden persönlich zu retten. Den anderen sollen Commissioner Gordon und die Polizei befreien. Im Verhör unter Druck gesetzt, gibt der Joker scheinbar den Aufenthaltsort der beiden Geiseln Preis, vertauscht jedoch die jeweiligen Orte. So entscheidet sich Batman (dem egozentrischen Antihelden-Typus folgend) für die Rettung Rachels, kommt aber bei Dent an und kann diesen gerade noch aus den Flammen holen. Rachel stirbt, noch während ihrer letzten Worte an Harvey Dent, in der Explosion der Lagerhalle, da Gordon zu spät kommt. Nolans Batman fällt eine eindeutige Entscheidung zugunsten seines persönlichen Vorteils, doch der Joker hat diese kleine, verbotene Handlung vorausgesehen und straft Batman mit dem manipulierten Ergebnis.

Ob dies aber als »gerechte Strafe« für den Eigennutz Batmans anzusehen ist, ist fraglich. Klar hingegen zeigen sich daran die psychologische Tücke und das Verständnis für die Person »Batman«, mit dem der Joker vorgeht. Der psychisch labil wirkende Superschurke hat scheinbar eine so große Kenntnis von der Gedankenwelt des Superhelden, dass er ihm immer wieder einen Schritt voraus ist. Als sich selbst inszenierende Chaos-Instanz will sich der Joker noch über den außerdiskursiven Batman stellen. Diese Möglichkeit der Betrachtung von einer Metaebene aus nutzt er zugleich gegen das System »Gotham City«. Zu Anfang des Films sind die unschuldigen Bürger eine kollektive Masse an Geiseln, die Batman zur Preisgabe seiner Identität zwingen soll. Gegen Mitte des Films aber werden sie selbst zu Akteuren auf der Ebene des Prinzips gemacht.

In seinem »Sozialexperiment« mit Geiseln auf zwei Schiffen stellt der Joker die Tugendhaftigkeit des normalen Bürgers in Frage. Eben jene Überzeugung des Jokers, dass sich Menschen in ihrem Selbsterhaltungstrieb rücksichtslos gegen hehre Prinzipien wenden, sobald sie nicht mehr vom Gesetz kontrolliert werden, will er an seinem Experiment demonstrieren. Zwei eigentlich zur Evakuierung der Stadt eingesetzte Schiffe werden der Schauplatz: Auf dem einen Schiff befinden sich »unschuldige« Bürger, auf dem anderen Schiff die Strafgefangenen von Gotham City.[212] Beide Schiffe sind mit einer Bombe versehen, der Auslöser befindet sich auf dem jeweils anderen Schiff. Die Regeln des Jokers besagen, dass ein Schiff gerettet wird, wenn das andere zerstört wird, wenn jedoch nach Ablauf einer bestimmten Frist kein Schiff zerstört wird, beide explodieren. Der moralische Kampf, der sich nicht nur auf den Schiffen, sondern auch im Empfinden des Zuschauers abspielt, ist zentraler Punkt der Philosophie des Jokers. Im Film entscheiden sich sowohl die Sträflinge als auch die Bürger dafür, dass das Spiel ohne eine gewalttätige Handlung ihrerseits entschieden werden wird. Keine der beiden Gruppen betätigt den Auslöser. Wie um diese tugendhafte Entscheidung zu belohnen, wird tatsächlich keines der beiden Schiffe zerstört, da Batman dem Joker den Fernzünder für die Bomben rechtzeitig aus der Hand schießen kann.

Der finale Kampf zwischen Held und Schurke beginnt. Schließlich wirft Nolans Batman, ebenso wie Burtons Batman (Michael Keaton), den Joker vom Dach eines Gebäudes. Burtons Joker versucht mit einem Helikopter zu entkommen, er wird jedoch durch den Enterhaken Batmans zurückgehalten und stürzt schließlich in seinen Tod. Nolans Batman benutzt zwar ebenfalls seinen Enterhaken beim Sturz des Jokers, rettet diesen aber dadurch. Kopfüber an der Seite des Gebäudes hängend ist der Joker erst einmal ausgeschaltet. Er wertet seinen Kampf aber dennoch als siegreich. »Du weißt ja, mit Wahnsinn verhält es sich

212 Anm.: Die Strafgefangenen befinden sich nur auf dem Schiff, weil Commissioner Gordon ahnte, dass der Joker die Gefangenen für einen Plan benötigen würde und sie deswegen aus der Stadt bringen wollte. Damit hat er unwissend genau nach dem Plan des Jokers gehandelt, was erneut dessen Voraussicht zeigt.

wie mit der Schwerkraft. Oft reicht schon ein kleiner Schubser«, ruft er Batman noch lachend hinterher, als dieser bereits auf dem Weg zu Harvey Dent ist.

Interessant ist die Rolle der »unschuldigen« und der »schuldigen« Bürger im Experiment des Jokers. Beide Gruppen haben sich, unabhängig von ihren bisherigen Handlungen, nicht aus eigener Kraft für Leben oder Tod entschieden. Ob dies durch Unwillen gegenüber den Regeln, ein Vertrauen auf Batman oder aber Lähmung durch Angst zustande kommt, ist Auslegungssache. Sowohl die normalen Bürger als auch die bereits mit liminalen Erfahrungen lebenden Sträflinge überlassen die Entscheidung den außerdiskursiven Instanzen Batman und Joker. Die eigentlich systembedrohende Handlung des Jokers besteht also nicht darin, gewalttätige, als böse anzusehende Handlungen zu vollziehen, sondern darin, die Kategorien von Gut und Böse in Zweifel zu ziehen. »One of the Joker's best tricks, then, is not to claim that evil is better than good, but, rather, to suggest that the entirely paradigm is flawed. Consequently, those who adhere to either good or evil fracture their own self-identity.«[213]

Das Auflösen der Dichotomie von Gut und Böse durch das Verlagern auf eine außerdiskursive Ebene stellt den Zuschauer vor die Herausforderung der Neuverortung seiner Werte. Wenn das an sich gute System nicht mehr mit dem eigenen Rechtsempfinden oder dem Wunsch nach Gerechtigkeit kohärent ist, wie kann dann weiterhin daran festgehalten werden? Mit einer anderen Perspektive auf Gotham wäre der Joker vielleicht ein Held, weil er das korrupte System aufdeckt und von überholten moralischen Zwängen befreit. Dabei wünschen die Bürger Gothams »nur« ein gutes Leben. Fairness und Gerechtigkeit sind das, was sich jemand wie Harvey Dent als Vertreter des Gesetzes wünscht. Der

213 Heit: No Laughing Matter, S. 179.

Joker erkennt jenes Ideal und konfrontiert Dent im Folgenden mit der Diskrepanz zwischen gesellschaftlicher Konvention und individuellem Empfinden.

4.1.4. Harvey Dent und Two-Face

Harvey Dent, alias Two-Face, vereint in sich das ikonische Bild des unverletzten Helden und das fatalistische Bild des grotesk entstellten Schurken.[214] Er ist der tragische, gefallene Held, der seinen Schicksalsschlag nicht überwindet und daraus gestärkt hervorgeht, sondern dem Bösen und dem Egoismus verfällt und dadurch nicht zum Retter der Welt wird.[215] Dadurch, dass er dem Bösen erliegt, anstatt es zu bekämpfen, beantwortet er die durch den Joker ausgelöste Frage nach der Kategorisierbarkeit des Bösen. »The audience witnesses this fall and disintegration, and Dent-as-monster manifests (…) that one can become evil in avenging evil; any one can become a monster who acts monstrously under certain circumstances […].«[216]

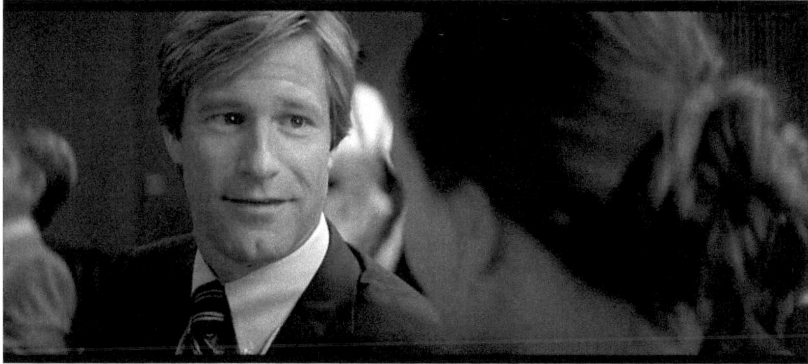

Abb. 38: Das »Gesicht von Gotham City«: Harvey Dent.

214 Vgl. Knight: Monsters and Monstrous Acts, S. 12f.
215 Vgl. ebd., S. 10.
216 Ebd., S.: 10.

Zu Beginn des Filmes wird Harvey Dent als charismatischer amerikanischer Held und »Weißer Ritter« inszeniert, indem er bei einer Gerichtsverhandlung einen Schusswaffenangriff gegen sich vereitelt. Er händigt dem angeklagten Mafiaboss Maroni die entsicherte Waffe mit dem scherzhaften Rat »Carbonfaser, Kaliber 28, Made in China. Sie wollen mich töten, Mr. Maroni? Dann nehmen sie 'ne amerikanische«[217] aus. Als der Richter den Zeugen daraufhin abführen lassen will, führt Harvey Dent das Verhör eloquent weiter. Seine Selbstsicherheit, eine provokante und bedrohliche Situation in einen Witz zu verwandeln und zu seinem Vorteil zu nutzen, charakterisieren ihn als starke positive Figur. Er scheint auf sein eigenes Glück zu vertrauen, was an einer Wette mit seiner Kollegin und Geliebten Rachel Dawes illustriert wird. Er wirft eine Münze, um so festzulegen, wer den vorliegenden Fall übernehmen wird, nutzt dabei aber, wie später klar wird, eine gezinkte Münze. Seine begleitenden Worte »Ich bring' mir selbst Glück«[218] sind demnach kein Ausdruck von Vertrauen auf den guten Ausgang des Zufalls, sondern auf seine eigenen Fähigkeiten. Seine angebliche Unfehlbarkeit wird durch die niemals versagende Münze repräsentiert. Das Motiv des Münzwurfs ändert sich im Verlauf des Films entscheidend.

Harvey Dent nimmt eine Sonderposition ein, insbesondere unter den Opfern des Jokers. Zur Einschüchterung werden vom Joker drei Attentate auf Gesetzesvertreter angekündigt: Die Richterin Surrillo, der Polizeicommissioner Loeb und der Staatsanwalt Harvey Dent sollen ermordet werden. Richterin Surrillo stirbt in einem explodierenden Auto, der Polizeicommissioner wird mit Whiskey vergiftet, und für Harvey Dent stürmt der Joker persönlich die Spendenparty von Bruce Wayne in der Hoffnung, ihn dort zu finden. Nur dass Batman Dent rechtzeitig in Sicherheit bringen kann, vereitelt den Plan des Jokers. In seinem Streben, Ordnung und Gerechtigkeit in Gotham City zu verbreiten, geht

217 Vgl. The Dark Knight; TC 00:14:49.
218 Harvey Dent in The Dark Knight; TC: 00:13:46-00:13:49.

Dent so weit, sich im Anschluss an das Attentat selbst als Köder für den Joker zu präsentieren. Dem Heldenstereotyp folgend bringt er sich selbst für ein höheres Ideal in Gefahr. Rachel will ihren Geliebten davon abhalten, dieser überlässt die Entscheidung scheinbar erneut der Münze. Dent gewinnt, im Nachhinein stellt Rachel fest, dass Harveys Münze zwei identische Seiten hat und somit bei jedem Wurf zum gleichen Ergebnis kommt. Dent vertraut nicht auf sein eigenes Glück, sondern er manipuliert die Bedingungen bewusst zu seinem Vorteil. Diese Tat ist weniger heldenhaft und von Hybris geprägt, obwohl sie dem Schutze Gothams dient.

Der Wandel vom Staatsanwalt als Kämpfer für das Gute zum wahnsinnigen Schurken vollzieht sich sukzessive, je mehr Kontakt Harvey Dent zum Bösen hat. Dabei ist er sich seiner liminalen Position bereits zu Beginn des Films bewusst, wie er Bruce Wayne gegenüber vermittelt: »Man stirbt als Held, oder lebt so lange, bis man selbst der Böse wird.«[219] Diese Definition folgt der klassischen Definition eines Heros und seiner Pflicht nach Joseph Campbell: »(...) Die Aufgabe des Heros ist, den festhaltenden, verstockten Aspekt des Vaters – den Drachen, Wächter oder Ogerkönig – zu beseitigen und die Lebensenergien, die die Welt nähren sollen, aus seiner Umklammerung zu lösen und freizusetzen. (...) Der Held von gestern wird der Tyrann von morgen, es sei denn, er kreuzige *sich selbst [sic!]* noch heute.«[220] Eben diese Gefahr, dass ein Held über die Zeit zum Nachfolger des Schurken (bzw. bei Campbell des alles zurückhaltenden Alten) wird, sehen auch Harvey Dent und Bruce Wayne. (Interessant ist dies insbesondere in Bezug auf die postmodernen Schurken in ihrer Definition als Helden vor dem Erwachen.) Batman demonstriert seinen Willen zur positiven Veränderung unter anderem daran, dass er (als Bruce Wayne) Harvey Dent im Wahlkampf finanziell unterstützt. Für Wayne ist der Hoffnungsträger

219 The Dark Knight; TC: 00:20:08 – 00:20:09.
220 Vgl. Campbell: Heros, S. 322f.

Dent die Chance, seine Rolle als Batman aufzugeben, da er eine verbrechensfreie Stadt verspricht. Der Unterschied zwischen dem weißen und dem dunklen Ritter zeigt sich erst in ihrer Art, mit Schicksalsschlägen umzugehen. Batman lenkt sein Bedürfnis nach Rache in der Gesellschaft dienliche Bahnen, indem er das Verbrechen bekämpft, Harvey Dent gelingt dies jedoch nicht. Nach seiner Entführung durch den Joker erwacht Dent an Benzinfässer und eine Zeitbombe gefesselt in einer Lagerhalle. Über ein dort für die beiden eingerichtetes Telefon steht er in Kontakt zu Rachel, die sich am anderen Ende der Stadt in einer ähnlichen Situation befindet. Dent versucht erfolglos sich selbst zu befreien. Als Batman schließlich auftaucht, um ihn zu retten, reagiert Dent wütend, da er lieber Rachel gerettet wissen würde. Bei der folgenden Explosion wird Dents Gesicht, das »Gesicht von Gothams leuchtender Zukunft«[221], entstellt.

Dent ist nicht länger als positive Identifikationsfigur geeignet, schon weil sein Aussehen ihn von anderen Menschen abgrenzt. Die Spaltung, quasi Dichotomie seines Gesichtes spiegelt die Gespaltenheit seines Geistes wider. Außerdem wurde durch das Feuer nicht nur die eine Seite seines Gesichtes, sondern auch die eine Seite seiner Münze ver-

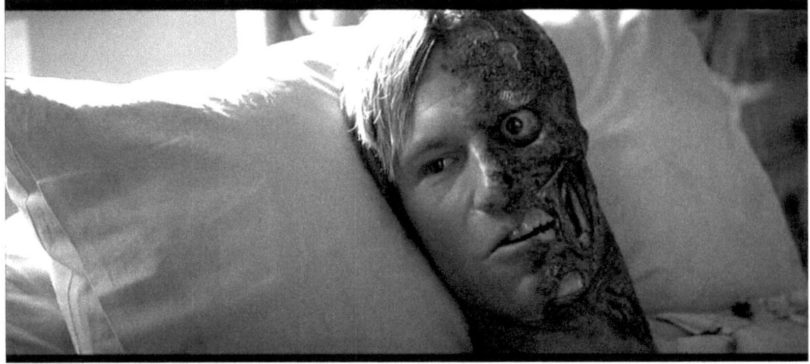

Abb. 39: Das entstellte Gesicht von Two-Face.

221 Bruce Wayne in THE DARK KNIGHT; TC: 00:43:35 – 00:43:38.

brannt. Die Münze verfügt jetzt, ebenso wie Dent, über eine helle und eine dunkle Seite. Die Seiten sind unterscheidbar geworden, was den Verlust des absoluten Vertrauens in das Gute symbolisiert.[222] Die direkte Interaktion zwischen Dent und dem Joker dreht sich um ihre jeweilige Position im ohnehin schon chaotischen Gotham City.[223] Bather zufolge sind der Held und der Schurke nicht das Prinzip des Guten und das Prinzip des Bösen an sich, sondern vielmehr deren Agenten. Ebenso wie Engel und Dämonen nicht Gott oder der Teufel selbst sind, sind sie aber dennoch eindeutig »gut« und »böse«. Sie sind Medien, Agenten und als solche Fragmente eines höheren Prinzips. Das heißt auch, sie benötigen den positiven Pol für ihre Orientierung.

> In the same way that the negative pole is the embodiment of evil, the positive pole is the site of absolute and unquestionable good. It is a character or object to which the lead character grounds him or herself, someone or something which either ties them to, or brings them back towards, the good when they begin to sway towards the evil. While it is not always the case, as we shall see, protagonists are not in themselves the positive pole.[224]

In seiner Entwicklung benötigt der Held stets die ihn anleitenden Figuren, die ihn aufbauen, seine Weltanschauung bestätigen und ihn vor dem Bösen warnen. Wenn diese anleitenden Figuren jedoch von der Seite des Bösen stammen, so kann sich auch ein Protagonist in diese Richtung entwickeln. In THE DARK KNIGHT fungiert der Joker als Agent des Bösen, der Harvey Dent davon überzeugt, dass anarchische Selbstjustiz gerechter sei als das Rechtssystem, für das er gekämpft hat.[225] Die neue Erkenntnis, dass Chaos und Anarchie als einzig fair zu betrachten seien, setzt Dent gleich gegenüber dem Joker in die Tat um. Anstatt ihn aus eigener Entscheidung heraus zu töten oder gehen zu lassen, befragt

222 Vgl. Heit: No Laughing Matter, S. 183f.
223 Vgl. ebd., S. 175.
224 Bather: Construction of Evil, S. 131.
225 Vgl. Knight: Monsters and Monstrous Acts, S. 8.

er im Krankenhaus seine nun wirklich zwei Möglichkeiten bereithaltende Münze. Der weiße Ritter hatte nur die Möglichkeit, dass seine Münze auf der »guten« Seite landet, da er noch nicht persönlich mit dem Bösen und dessen Folgen konfrontiert wurde. »Dent's willingness to endure the pain reflects the terrible nature of disassociating oneself from the notion of good; he is now cruelly aware that the good he represents could not save Rachel.«[226] Statt jedoch das ihm geschehene Böse zu akzeptieren, sinnt er auf Rache. »(...) Der Gerechte ist glücklich, der Böse wird bestraft. Wenn (...) [diese Regel] immer zuträfe, wäre die Welt zu einfach, und Glaube und Hoffnung wären ohne Verdienst.«[227] Eben jene »Ungerechtigkeit«, dass insbesondere dem Kämpfer für das Gute Schlechtes geschieht, ist es, die Dents Gerechtigkeitsempfinden kippen lässt. »Es geht nicht um das, was ich will, sondern um das, was fair ist«[228], gibt er Batman bei seinem finalen Rachefeldzug gegen Gordons Familie zu verstehen. Die Begriffe Gerechtigkeit und Fairness haben für Two-Face nichts mehr mit dem Rechtssystem zu tun. »The ›eye-for-an-eye‹ scenario, to the revenger, is the only logical outcome. Justice, however, is based on a moderated rationality which takes account of emotional logic as well as reasoned argument.«[229]

Daraus schlussfolgernd steht Harvey Dent stellvertretend für den Helden, der nicht gestärkt aus Schicksalsschlägen hervorgeht, sondern sich dem Egoismus ergibt und nicht zum Vertreter des Prinzips des Guten wird. Seine Rachegelüste richten sich auf die Personen, die seiner Meinung nach Schuld an seinem Unglück sind. Darunter ist auch der »gute« Commissioner Gordon, der trotz Dents Warnung auf die Überprüfung seiner Mitarbeiter verzichtet hat und dadurch für die Geschehnisse mitverantwortlich sein soll. Two-Face wird in dem Moment endgültig zum Schurken, in dem er sich gegen Unschuldige wendet und sei-

226 Heit: No Laughing Matter, S. 183.
227 Petit, Wendland: Das Böse, S. 79.
228 Two-Face in The Dark Knight; TC: 02:13:44 – 02:13:48.
229 Bather: Construction of Evil, S. 150.

ne persönliche Rache als einzige, wahre Gerechtigkeit auslegt. Er überschreitet die Grenze zum Exzess. Dadurch entspricht er, obwohl als Sinnbild und »Gesicht« des Guten gefeiert, dem Menschenbild des Jokers, laut dem die Menschen ihren Codex beim ersten Anzeichen von Problemen aufgeben.

Dent handelt in seiner nicht mehr mit dem Rechtssystem kohärenten, egoistischen Weltansicht. Selbst den von ihm als einzig gerecht angesehenen Münzwurf manipuliert er nun für alle klar erkennbar: Er wirft die Münze so lange, bis das Ergebnis für ihn günstig ist. Diese nahezu nostalgische Sehnsucht nach der Zeit, in der die Münze immer die gewünschte Seite zeigte, ist redundant. Ein befriedigender Sieg, wenn Two-Face denn wüsste, worin dieser bestünde, ist ihm verwehrt. Schlussendlich fällt er nicht nur metaphorisch, sondern tatsächlich in einen Abgrund. Im Gegensatz zum Weißen Ritter haben die Menschen auf den beiden Schiffen, obwohl es sich um alltägliche Bürger und Schwerverbrecher handelt, die Hypothese des Jokers über das Sozialverhalten der Menschen und ihre angebliche Unfähigkeit zur Freiheit widerlegt. »The struggle with this negative side of a single individual psyche also mirrors the metaphysical structure of the universe with its conflicting forces of good and evil.«[230] In diesem Falle wurden auch die Bürger Gothams zu Vertretern auf der Ebene des Prinzips. Die Verhandlung zwischen dem eigenen Gerechtigkeitsempfunden, dem verführerischen Bösen[231] und dem Gesetz ist eine Gratwanderung, die jeder vollziehen muss, um ein Teil des Systems zu sein. Eine systemkonstitutive Position wird zwar gesellschaftlich belohnt, fordert aber immer eine Einschränkung oder Aufopferung der eigenen Hoffnung auf Glück. Nur jemand, der selbstlos handelt, kann ein »wahrer Held« sein. Jemand der sein ei-

230 Knight: Monsters and Monstrous Acts, S. 13.
231 Vgl. Lennartz: The Bourgeois as a Villain, S. 77.

genes Wohl sucht und es durchsetzen kann, der kann wohl »glücklich« genannt werden. Demgegenüber ist der, der sein eigenes Wohl, oder vielmehr Wollen rücksichtslos über das Anderer stellt, ein Schurke.

4.2. Die Schurken, die Helden und das Ende

»Ich bin kein böser Mensch... Ich hatte nur Pech, sonst nichts.«[232]

Das Wort »Held« wird in THE DARK KNIGHT oft verwendet, jedoch stets von unterschiedlichen Personen mit unterschiedlichen Ansichten. Zu Beginn sind Harvey Dent und, in begrenztem Maße, Batman die Helden von Gotham City. Am Ende des Films ist Batman der Schurke, während Harvey Dent (trotz seiner Vergehen als Two-Face) offiziell ein Held und Märtyrer ist. Dass der Held offenbar durch das Böse ausgeschaltet wurde, ist dem Ruf des Guten aber weniger abträglich, als wenn den Bürgern bekannt wäre, dass Two-Face selbst dem Exzess erlegen und zum Schurken geworden ist. Der Joker ist das außerdiskursive, vorausschauende Böse, das schnellstmöglich verdrängt werden muss. Commissioner Gordon schließlich muss zwischen dem Guten, dem Bösen und der Frage, inwieweit das eine das andere rechtfertigen kann, vermitteln. »Typically the primary villain remains the centre of evil in those films where evil exists, but the protagonist must tread a path between the temptations of evil and upholding the social good, even when one may directly impact upon the other.«[233] Ebenso wie Harvey Dent folgt er zwar nicht nur dem Gesetz, in der Wahl seiner Mittel erscheint er aber immer noch weniger exzessiv als die Schurken und wirkt dadurch normativ bestätigend. Die gute Handlung ist in diesem Fall die Bestätigung des Diskurses. Denn wie Batman in THE DARK

232 Flint Marko/Sandman in SPIDER-MAN 3; TC: 00:12:54-00:00:12:59.
233 Bather: Construction of Evil, S. 169.

KNIGHT RISES feststellt, ist die Wahrheit manchmal nicht genug: »Manchmal verdienen die Menschen mehr. Manchmal verdienen die Menschen, dass ihr Vertrauen belohnt wird.«[234] Die Bestätigung der Moralvorstellungen ist also immer auf einer Inszenierung aufgebaut, um den Alltag möglichst positiv darzustellen. »ausgangspunkt und fundament der taten der super-helden ist der alltag, ein problemloses geordnetes dahinleben, an dem sich immer wieder erweist, daß die welt gut ist so wie sie ist.«[235] Ob dies jedoch auf eine Dystopie wie Gotham City Anwendung finden kann, ist fraglich. Die verkommene Stadt, im Hier und Heute angesiedelt, zeugt von einem wachsenden Misstrauen in das »Gut-sein« der Welt und ruft immer mehr hinterfragende Schurken auf den Plan.

Der Joker in THE DARK KNIGHT ist vielseitig. Auf der einen Seite agiert er logisch und vorausschauend, auf der anderen Seite ist er der Agent des Chaos, der sich im emotionalen und rationalen Exzess ausdrückt. Er ist nicht als reines Monster zu charakterisieren, aber auch nicht als Sympathiefigur, da die Mehrheit seiner Handlungen dem alltäglichen Verhaltenskodex widerspricht. Er verkörpert nicht die bewusst nachvollziehbare Gier nach Geld oder Macht, sondern das unbewusste Verlangen nach Chaos und Zerstörung des eigenen Systems. Der Zuschauer wird auf der unterbewussten Ebene seiner verdrängten Neigungen[236] angesprochen, nicht auf der bewussten Ebene der emotionalen Erfüllung seiner Wünsche. Eigenschaften wie »excessive force, libido, greed, or political ambition«[237] sind im Exzess gemeinschaftsschädlich und somit böse wirkend. Die Zweiteilung des Bösen in erklärbare Schurken mit exzessiver Habsucht (Mafia) und irrationale Schurken mit eigenen idealistischen Vorstellungen (Joker) in THE DARK KNIGHT widerspricht der vereinfachenden Kategorisierung von Gut und Böse. Es gibt mehr als ein »Böse« und ein »Gut«. Das, was in der Opferrolle als unvorher-

---

234 Batman in THE DARK KNIGHT; TC: 02:18:05 – 02:18:14.
235 Wiener: der geist der superhelden, S. 93 [sic!].
236 Vgl. Vossen: Filmgenres Horrorfilm, S. 13.
237 Bather: Construction of Evil, S. 139.

sehbar und bedrohlich erscheint, kann für den, der die Rolle des Schurken und dessen Weltanschauung annimmt, nur zu einer bestätigenden Machtposition werden.

Die Superhelden und Superschurken in THE DARK KNIGHT, die dem scheinbar streng kategorisierten Gut-Böse-Konzept des Superheldencomics entspringen, sind nicht ausschließlich gut oder ausschließlich böse. Batman und Commissioner Gordon sind keine ausschließlich gut agierenden Helden, der Joker richtet sich nicht nur gegen das Gute, sondern auch gegen das Böse, und Harvey Dent krankt an seinem zerfallenden Weltbild. Wenn jedoch keine reinen Kategorien anwendbar sind, wonach kann sich die Gesellschaft dann richten? Kushkerian bietet einen Lösungsansatz an: »Rather, we should consider villains simultaneously with heroes. Not as foils, or as binaries, or as dichotomies, but – as the Joker always insinuates to Batman – as two sides of the same coin.«[238] Wenn jedoch Helden und Schurken so nah beieinander liegen, woran soll dann Moral festgemacht werden? Kann ein System, das die Aufopferung des eigenen Glücks zugunsten aller verlangt, etwas Positives sein?

Die Problematik der Einteilung in Held und Schurke wird nicht nur in der DARK KNIGHT-Reihe aus dem DC-Universum, sondern auch in diversen Marvel-Superheldenverfilmungen angeschnitten. Etwa im Jahr 2000 startete eine »neue Superheldenwelle«, in der die Superhelden und Superschurken in der Postmodernen angekommen sind und sich einander seitdem annähern. Im Gegensatz zu klassischen, recht eindimensionalen Charakteren sind ihre Geschichten weitaus komplexer. In SPIDER-MAN (Sam Raimi, 2002) mit Tobey Maguire beispielsweise scheinen alle Schurken aus dem persönlichen Umfeld von seinem Alter Ego Peter Parker zu stammen. Der Grüne Kobold sr. und jr., Doc Ock, Sand-

238 Kushkaki: Unmasking the Villain, S. 42.

man und Venom stehen allesamt in einer Beziehung zu Peter, oder haben sein Leben bereits vor Erlangung ihrer Superschurkenidentität entscheidend beeinflusst.

Es gibt nur wenige Ausnahmen in der neuen Superheldenwelle, die keine postmodernen Figuren entwerfen. Ein Beispiel hierfür ist FANTASTIC FOUR – RISE OF THE SILVER SURFER (4: RISE OF THE SILVER SURFER, Tim Story, 2007), in dem archetypische Helden mit gesichtslosen Bedrohungen wie intergalaktischen Weltenfressern konfrontiert werden. Der Großteil der neuen Superheldenfilme widmet sich der Hinterfragung der Kategorien und stereotypen Heldenbilder. Unter anderem: X-MEN (2000), SPIDER-MAN (2002), X-MEN 2 (2003), SPIDER-MAN 2 (2004), HELLBOY (2004), BATMAN BEGINS (2005), FANTASTIC FOUR (2005), X-MEN – DER LETZTE WIDERSTAND (2006), SUPERMAN RETURNS (2006), SPIDER-MAN 3 (2007), IRON MAN (2008), HANCOCK (2008), THE DARK KNIGHT (2008), HELLBOY 2 – DIE GOLDENDE ARMEE (2008), WATCHMEN: DIE WÄCHTER (2009), X-MEN ORIGINS: WOLVERINE (2009), IRON MAN 2 (2010), KICK-ASS (2010), X-MEN: ERSTE ENTSCHEIDUNG (2011), THOR (2011), CAPTAIN AMERICA: THE FIRST AVENGER (2011), GREEN LANTERN (2011), THE AMAZING SPIDER-MAN (2012), KICK-ASS 2 (2013), MAN OF STEEL (2013), THOR – THE DARK KINGDOM (2013), CAPTAIN AMERICA: THE WINTER SOLDIER (2014), THE AMAZING SPIDER-MAN 2: RISE OF ELECTRO (2014), X-MEN: ZUKUNFT IST VERGANGENHEIT (2014), GUARDIANS OF THE GALAXY (2014) und IRON MAN 3 (2015).[239]

Während vor der Jahrtausendwende nur Ikonen wie Iron Man und Spiderman außerhalb des Comicbereichs bekannt waren, erhält in den 2000ern selbst ein Ant-Man seinen eigenen Film. Die Schurken, die den Superhelden dieser neuen Welle gegenüberstehen, zeichnen sich fast ausnahmslos durch ihre tragischen Hintergrundgeschichten aus. Magneto/Erik Magnus Lensherr in der X-MEN-Reihe (2000 – mind. 2016) bei-

239 Vgl. Auflistung http://www.imdb.com/list/ls006805194 (Stand: 06.10.2016)

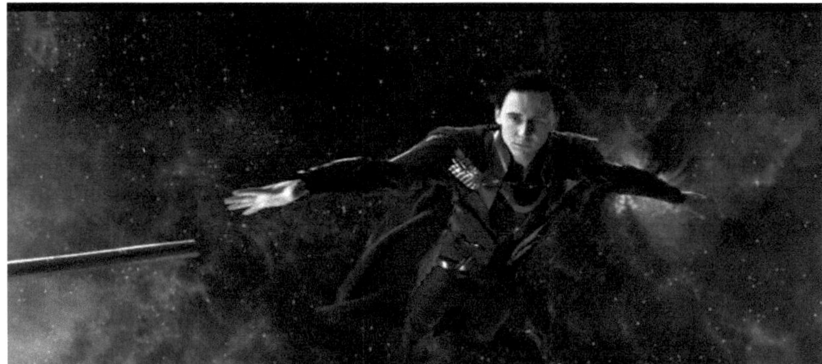

Abb. 40: Loki in THOR lässt die ihn rettende Hand des Bruders nach der Ablehnung durch Ziehvater Odin freiwillig los und stürzt in die unbekannten Tiefen des Weltalls.

spielsweise ist ein sich rächendes Opfer des Holocaust, Harry Osborn in SPIDER-MAN (Sam Raimi, 2002) wird von seinem toten Vater verfolgt und Loki in THOR (Kenneth Branagh, 2011) scheint eher an der schlechten Beziehung zu seinem Ziehvater zu kranken, als an einem Unverständnis von Gut und Böse oder dem Willen zum Bösen.

Hellboy aus dem gleichnamigen Film (HELLBOY, Guillermo del Toro, 2004) stellt quasi eine Superheldenversion des Animationshelden Shrek dar. Er ist an sich nicht böse, stammt aber aus der Hölle und wird so automatisch als böses Monster kategorisiert. Sein Vergehen besteht darin, dass er die Möglichkeit hat, die Tore zur Hölle zu öffnen. Er muss dies jedoch nicht tun, wie er erst selbst lernen muss. (In HELLBOY wird der »Mensch« als Ideal gesehen. Der Film öffnet mit der Frage »Was macht einen Menschen zum Menschen?«[240] und schließt mit der Antwort »Es sind die Entscheidungen, die er trifft. Nicht wie er etwas anfängt, sondern wie er sich entscheidet, etwas zu beenden.«[241])

In SPIDER-MAN 1, 2 und 3 tauchen die Schurken Der Grüne Kobold (als Norman Osborn und als Harry Osborn), Doc Ock, Sandman und Venom auf. Diese Schurken changieren immer wieder zwischen dem Bild

240 Trevor Bruttenholm in HELLBOY; TC: 00:00:44 – 00:00:46.
241 John Myers in HELLBOY; TC: 01:50:29 – 01:50:38.

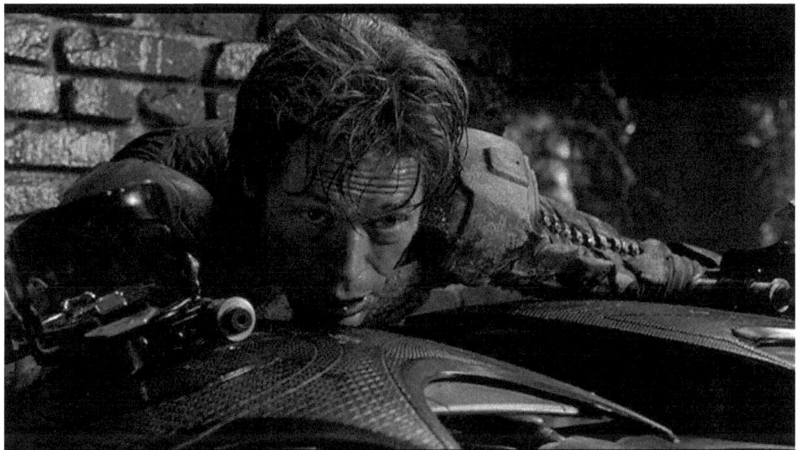

Abb. 41: Norman Osborn (der erste Grüne Kobold) stirbt, von seinen eigenen Klingen aufgespießt, im Kampf mit SPIDER-MAN.

des normalen Menschen und dem Schurken. Norman Osborn und Venom entscheiden sich aktiv für das Böse und sterben wenig später: Norman Osborn ersticht sich selbst beim Versuch, Spiderman zu töten, während Venom freiwillig in die Explosion des ihn befallenden Parasiten springt.

Sandman dagegen zeigt sich reuig und mit an sich guten Absichten und verstreut sich selbst in alle Winde. In Doc Ock besiegt der gutherzige Wissenschaftler den bösen Einfluss seiner von ihm geschaffenen Ma-

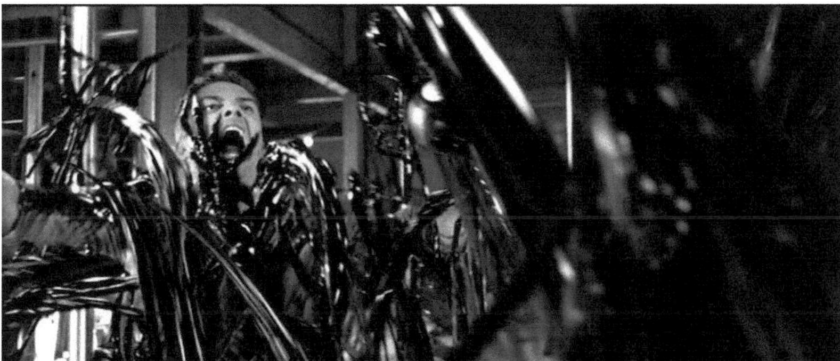

Abb. 42: Eddie Brocks in SPIDER-MAN 3 stürzt sich freiwillig in die Explosion des außerirdischen Parasiten, um wieder zu Venom zu werden. Er stirbt aber dabei.

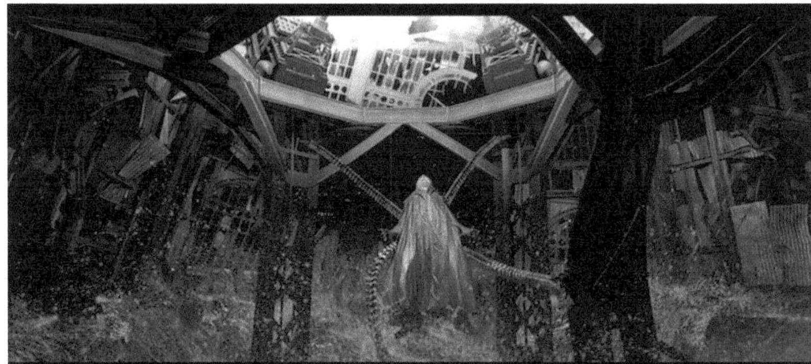

Abb. 43: Doc Ock verhindert die Explosion, die die Stadt zu zerstören droht, indem er sich in SPIDER-MAN *2 selbst mit dem Reaktor ins Hafenbecken stürzt.*

schinenarme, sodass er sich schlussendlich selbst für die Stadt opfert. Und ein Schurke wie Harry Osborn, der seinem Freund Peter in der Not doch noch zur Hilfe kommt, darf sogar in den Armen seiner Freunde sterben.

Der Schurke, der bereut, hat meist ein besseres Schicksal als seine nichts bereuenden Kollegen zu erwarten. Beispielsweise wird Poison Ivy in Joel Schumachers BATMAN & ROBIN (1997) inhaftiert, verfällt dem Wahnsinn und wird fortan von einem imaginierten Mr. Freeze heimgesucht, während Mr. Freeze selbst zwar ebenfalls eingesperrt wird, sich aber seinen Wunsch nach Forschung für ein Heilmittel für seine koma-

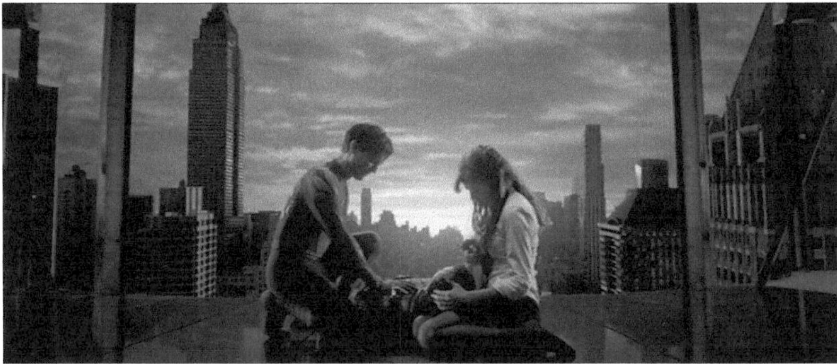

Abb. 44: Harry Osborn (der zweite Grüne Kobold) stirbt bei Sonnenaufgang in den Armen seiner Freunde Peter Parker und Mary Jane Watson.

töse Frau erfüllen kann. Nach 2010 erschienene Filme wie Kick-Ass (Matthew Vaughn, 2010) und insbesondere Kick-Ass 2 (Jeff Wadlow, 2013) hinterfragen das Konzepte von Superhelden und Superschurken bewusst, jedoch auf parodistische Weise. Der Schurke in Kick-Ass 2 beispielsweise nennt sich selbst »Der Motherfucker«, da es sich bei seinem Kostüm um ein Fetisch-Kleidungsstück seiner durch seine Schuld verstorbenen Mutter handelt. Er wird nicht zum Gegenspieler von Kick-Ass, weil er dessen Mission vereiteln wollte, ein persönliches Rachebedürfnis verspürt oder Böses um des Bösen selbst tun will. Er wird ein Schurke, weil er die Existenz eines Schurken in der Gesellschaft vermisst. Denn jeder weiß: Wo es Helden gibt, muss es auch Schurken geben. Aber egal wie ausgefallen die Schurkenpläne auch sind: Da der Schurke der Gegenspieler des guten Helden ist, und der Held immer siegen muss, stehen die Schicksale fest: Der Schurke verliert am Ende des Films, stirbt oder wird gefangengenommen. Trotz der Weiterentwicklung der postmodernen Schurken sind ihre Enden noch immer tragisch und weit von einem Happy End entfernt. Im Vergleich zeigt sich, dass die Superhelden und Superschurken im Gegensatz zu den klassischen Helden und Schurken emotional weitaus tiefschürfender inszeniert werden, jedoch umso mehr in ihren Fähigkeiten und ihrem Äußeren vereinfacht werden.

> »die superhelden sind charaktere, die durch die beschränkung auf einen homogenen, weil winzigen ausschnitt aus dem spektrum des denkbaren (vom namen über redegewohnheiten, aussehen, verhalten und schicksal) aus einem guß erscheinen (...).«[242]

Im Vergleich zum Disneyfilm ist der Superheldenfilm erwachsener. Der Einfluss des Schurken wird nach seiner Vernichtung nicht von Zauberhand rückgängig gemacht, der Held erfährt massives Leid, wird aber nicht entschädigt. Vielmehr sind Trauer, Leid und Kontrolle von Rache-

242 Wiener: der geist der superhelden, S. 96f. [sic!].

gefühlen seine Aufgabe, anstatt sein Happy Ever After zu leben. Dies wird unter anderem dadurch begründet, dass Superschurken seltener sterben als Disneyschurken. Viel öfter werden sie nur für tot gehalten, werden gefangen genommen oder können im letzten Moment entkommen. Dadurch können sie immer wieder schmerzlich auf die Welt des Superhelden einwirken.

Beispielsweise ist Magneto immerhin in drei der bisherigen acht X-Men-Verfilmungen als Superschurke handlungsbestimmend. Doch solange sich der Schurke nicht exzessiv verhält, wird er nicht vom Helden konfrontiert. Der Superheld jagt ihn nicht, sondern wartet, bis der Schurke wieder eine aktive Bedrohung darstellt, und greift erst dann wieder ein. Der Held ist nur für anders nicht mehr zu lösende, akute Bedrohungen an der Schwelle des Prinzips geschaffen. So haben die Schurken die Möglichkeit, das System immer wieder zu hinterfragen. Interessanterweise bedrohen Superschurken sowohl durch ihre Intelligenz als auch durch ihre Stärke. Im Falle der Intelligenz zeigt der Superheld der Welt, »daß man auf die intelligenz stärker hindreschen muß, als die polizei vermag.«[243] Das heißt, der Held vertritt die blanke Faust, die den intelligenten Ansatz des Schurken zunichte macht. Wenn der Schurke aber nur durch seine Kraft und Größe bedrohlich ist (z. B. Sandman), so ist es die Intelligenz des Helden, die den Schurken besiegt. Intelligenz ist also nicht, wie Oswald Wiener angibt, eine ausschließliche Eigenschaft des Bösen. Vielmehr können sich sowohl die Helden als auch die Schurken ihrer bedienen. Es braucht aber immer den mit seinen Eigenschaften passenden Superhelden oder entsprechende Teammitglieder, um einen Superschurken zu besiegen. Gegen Superschurken kann das normale Rechtssystem keine Anwendung finden, es braucht einen komplementären Superhelden.

243 Wiener: der geist der superhelden, S. 100 [sic!].

Der Superheldenfilm zeigt somit, dass das Gute ein Standard ist, der hart umkämpft wird und immer wieder bestätigt werden muss, auch wenn es dafür keine Belohnung gibt. Dadurch ist der Superheld zum ewigen Kampf verdammt (etwas, wogegen sich Metroman in MEGAMIND bewusst ausspricht). Alles Negative, was er dabei erleidet, macht ihn zu dem, der er ist. Eine zu Beginn recht normale Person wird von einem erschütternden Ereignis aus ihrer normalen Welt gerissen und muss über sich selbst hinauswachsen, um das in ihre Welt eindringende Böse zu vereiteln. Und damit sind wir beim Horrorfilm.

5. Das Böse im Horrorfilm

»In the twisted dance between the hero and the monster, are they not co-created by each other?«[244]

Nicht nur im amerikanischen Horrorfilm ist der Schurke, bzw. vielmehr das Böse, bewusst der zentrale Handlungspunkt des Spektakels. Mit Ursprung in Gothic-Horror-Novels wie beispielsweise *The Monk: A Romance* (Matthew Gregory Lewis, 1796) und *The Castle of Otranto* (Horace Walpole, 1764), die sich insbesondere auf Geistererscheinungen und Dämonensagen berufen, ist der Horrorfilm gemacht, um den Alltag aufzubrechen.

Insbesondere der amerikanische Slasherfilm[245] beginnt zumeist in einem harmlosen, idyllischen Vorort. Die vorherrschende Alltäglichkeit ist in jeder Beziehung harmlos und weder mit Horrorelementen noch mit Furcht oder Terror in Verbindung zu bringen. Mit dem Fortschreiten der Ereignisse jedoch wird der Alltag ausgehebelt und zusehends mit Horror, Schrecken und Gewalt durchsetzt. Beispielsweise erfolgt durch das immer wiederkehrende Auftreten der unbekannten Gestalt Michael Myers (Tony Moran) in HALLOWEEN oder die mysteriösen Tode in STEPHEN KINGS ES (IT, Tommy Lee Wallace, 1990) eine schrittweise Auflösung der Normalität. Anfangs ist die Ursache der seltsamen, Chaos stiftenden Phänomene weder für die Protagonisten noch den Zuschauer erkennbar. Unter Umständen äußern einzelne Figuren (häufig Kinder) Vermutungen, jedoch wird ihnen kein Glauben geschenkt. Durch antithetische Musik, Kameraeinstellungen oder seltsam erscheinende Handlungen einiger Figuren wird jedoch eine latente Präsenz des Bösen vermittelt. »This plays on the expectations of the audience to understand the presence of an unseen evil, while also signifying that it is unseen by

244 Knight: Monsters and Monstrous Acts, S. 1.
245 Creed: The Monstrous-Feminine, S. 124.

the characters on screen as well.«[246] Das Umschwenken der Handlung erreicht seinen Höhepunkt, wenn der Held dem Schurken, oder vielmehr dem Bösen, erstmals persönlich gegenübersteht. Der Alltag ist verschwunden, in der Ausnahmesituation wird der Protagonist unausweichlich mit dem Bösen und seiner eigenen Handlungsweise in dieser Situation konfrontiert. Klassische Horrorgeschichten sind dadurch geprägt, dass der Held vorerst (wie jede andere Figur) die panische Flucht vor dem Unbekannten antritt. Erst wenn er keine andere Wahl mehr hat und der Held in Sackgassen wie Schränke, Keller oder auf Dachböden/Dächer gerät, wird der finale Kampf eingeleitet. Erst die Unausweichlichkeit der Ereignisse katalysiert einen einfachen Protagonisten zum Helden.

»Each event pushes the narrative forward, specifically by intensifying the tension towards both the protagonist and the audience.«[247] Die Protagonisten des Horrorfilms bilden zunächst häufig eine Gruppe, die solange durch das Böse reduziert wird, bis nur noch eine einzelne Person, vorzugsweise eine Frau, übrig bleibt.

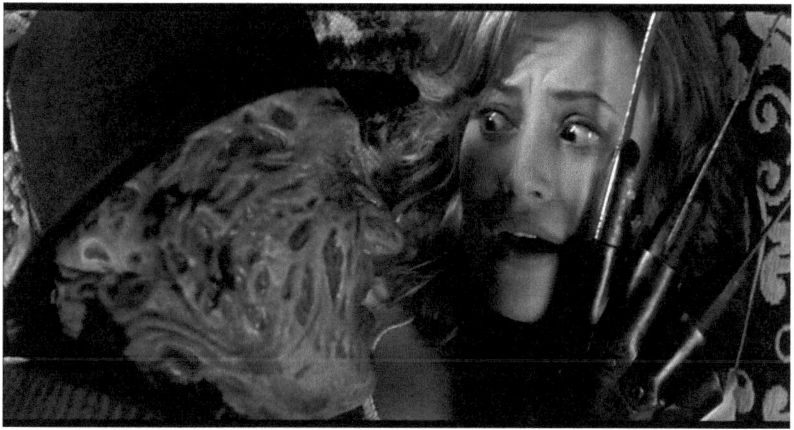

Abb. 45: Freddy Krueger jagt seiner ausgewählten Beute Lori Campbell in FREDDY VS. JASON Angst ein.

246 Bather: Construction of Evil, S. 203.
247 Ebd., S. 219.

Ein kurzer Exkurs zur Frau im Horrorfilm: Das Motiv des »Final Girl« wurde schon häufig analysiert, jedoch immer im Glauben, dass Horrorfilm und Pornographie untrennbar miteinander verbunden seien. Die den Körper des Opfers durchbohrenden Waffen oder Reißzähne werden dabei als Symbol für eine Penetration angesehen. Ganz technisch sei hier angemerkt, dass das Durchbrechen der Körperstruktur einer Frau beim Geschlechtsverkehr grundsätzlich nur beim ersten Mal erfolgt. Die Öffnung wurde nicht durch den Geschlechtsakt geschaffen, wie es beim Messer und der unverletzten Haut der Fall ist. Folglich stellt nicht jeder Geschlechtsverkehr einen Gewaltakt dar. Darum stellt das Durchdringen der Haut des Horrorfilmopfers mit einem Messer nicht ausschließlich einen sexuellen Akt dar, sondern vielmehr das Aufreißen von Ordnung und Struktur. Das Durchdringen der Haut mit dem Messer dient meist dem simplen Ziel der Tötung des Gegenübers. Es ist an der Zeit, Freud ruhen zu lassen und seine persönlichen Psychosen nicht auf die gesamte Menschheit anzuwenden. Nicht ohne Grund sind die meisten Final Girls sexuell enthaltsam. Das Aufbrechen ihrer normalen Welt erfolgt durch etwas ihnen fremdes, doch kann dies nicht nur der sexuelle Akt sein. Durch die Konfrontation mit dem Bösen erleidet das Final Girl zwar Schaden, jedoch eher geistiger Natur. Wenn also das Final Girl trotz der ihr zugefügten, angeblich sexuellen Penetration das Böse am Ende des Films vernichtet, und der Horrorfilm ein Genre für Männer ist, wieso ist dann das Monster die Bedrohung? Warum sollte der Mann sich mit der Frau identifizieren? Und wenn er es nicht tut, warum ist das Final Girl keine Horrorgestalt, die das männliche Monster bedroht?

Laut feministischer Theorien muss die junge Frau im Horrorfilm angeblich für ihre Kastration kommunizierende Existenz[248] bestraft werden. Es sei aber angemerkt, dass die angeblich sexuell zu interpretieren-

248 Vgl. Laura Mulvey: Visual and other Pleasures. Houndmills: Basingstoke 1989, S. 22.

den Handlungen meist nicht von der Frau ausgehen. Im Umkehrschluss würde dies bedeuten, dass der männliche Schurke des Horrorfilms ein Symbol für die Sehnsucht des Mannes ist, sich selbst durch die Entjungferung einer Frau und den Einsatz von Gewalt ihr gegenüber zu behaupten. Bei einem explizit für Männer konzipierten Genre[249] ist dies eine sehr unschmeichelhafte Überlegung. Dass die Frau erst eines Penisses habhaft werden muss, um aktiv zu werden[250], weist nicht nur auf eine phallozentrische Filmwelt, sondern auch eine phallozentrische Analysearbeit hin. Die Vernichtung eines das Opfer bedrohenden Monsters muss durch Gewalt erfolgen. Das gleiche gilt aber auch für den Helden. Jemanden auszuschalten oder zu töten bedeutet immer, seine Körperstruktur zu durchbrechen, egal ob mit einem Messer durch die Haut oder mit Gift durch den Mund. Eine andere Möglichkeit gibt es nur, wenn die Filmhandlung beispielsweise eine Bannungsformel oder andere »gewaltfreie Tötungsformen« vorsieht. Das heißt, die Waffe muss kein Penis sein, sondern kann einfach eine Waffe sein, die dem Tod des Gegenübers dienen soll. Zum allseits unter dem Genderaspekt angemerkten Abbau von Stereotypen gehört es demzufolge auch, dass Monster nur auf ihren Sexualtrieb reduziert werden können. Nicht jeder Mord im Film ist sexuell motiviert, und nicht jedes Eindringen von etwas in einen Körper ist ein Symbol für eine Penetration. Das Verspeisen von Nahrung beispielsweise ist eine ebenso natürliche Zuführung eines Objektes in eine dafür vorgesehene Körperöffnung wie das Eindringen männlicher Geschlechtsteile beim Akt. Auch eine Spritze durchbricht die Körperstruktur und lässt etwas in den Körper eindringen. Da sie in der Medizin aber bevorzugt für heilende Zwecke eingesetzt wird, ist sie nur im Fetischbereich sexuell konnotiert.

249 Ebd., S. 11.
250 Vgl. ebd.

Dieser Gedankengang legt die Erkenntnis nahe, dass es im Horrorfilm sowohl sexuell motivierte Taten gibt als auch gewalttätige Übergriffe, die nicht mit Geschlechtsverkehr drohen, sondern rein mit der Auslöschung des Opfers. Der wahre Horror ist die mit größten psychischen und physischen Schmerzen verbundene Auslöschung des Selbst im Tod. Leider wird die Frau insbesondere aus Sicht des Feminismus allein auf eine mögliche erotische Wirkungsweise hin betrachtet[251], sodass jede Aktivität oder nicht sexuell konnotierte Handlung ungesehen bleibt. Der Theorie des »male gaze« folgend sieht die feministische Perspektive die Frau als passives Lustobjekt auf der Leinwand, das dem männlichen, voyeuristischen Blick ausgeliefert ist.[252] Folgerichtig bleiben für die Aktivität allein männliche Zuschauer mit einer rein männlichen Perspektive übrig. Figuren wie Freddy Krueger oder Jason Vorhees sind keine Gipfel der Männlichkeit, sondern einzelne, überspitzte Physiognomien. Ihr Ziel ist nicht die Fortpflanzung, sondern die Erfüllung ihrer persönlichen Rache. Angeblich sexualisierte Gewalt ist dabei nur ein Mittel zum Zweck und nicht der Zweck der Tat selbst.

Des Weiteren sei angemerkt, dass das Spektakel auf der Leinwand dem Zuschauer nicht nur Schaulust, sondern auch Schaufrust bereiten kann. Der Zuschauer kann nicht aktiv in das Geschehen eingreifen. Er hat keine Garantie, dass ihm das, was er sieht, auch gefallen wird. Dies gilt sowohl für die Rezeption im Kino als auch daheim, Mulveys »cinema of delay«[253]. Dem »male gaze« entgegengesetzt könnte eine aktiv handelnde Frau im Film einem männlichen Zuschauer die voyeuristische Lust verwehren. Die angeblich stets gegebene Passivität der Frau liegt nicht darin begründet, dass sie angesehen wird, sondern darin, dass sie sich verhält, wie es von ihr erwartet wird. Wenn die weibliche Figur auf der Leinwand sich atypisch verhält und den angeblich rein

251 Vgl. ebd., S. 20f.
252 Ebd., S. 19f.
253 Ebd., S. xxiii

männlichen Zuschauer durch das Spektakel zwingt, hinzusehen oder sich abzuwenden, so ist sie als aktive Person anzuerkennen. Ob die Tat des Monsters bzw. Horrorfilmschurken sexuell motiviert ist[254], hat interessanterweise nur geringe Auswirkungen auf sein Ende. Die Gewalttaten des Monsters führen am Ende des Films stets unausweichlich zu seiner Vernichtung oder Bannung. Dies trifft sowohl auf moderne Horrorfilme als auch auf Klassiker wie DRACULA (Tod Browning, 1931), FRANKENSTEIN (James Whale, 1931) oder DER SCHRECKEN VOM AMAZONAS (CREATURE FROM THE BLACK LAGOON, Jack Arnold, 1954) zu. Es ist wichtig, feministische Ansätze nicht als »wahre« Lesart des Horrorfilms anzusehen, sondern als eine gleichberechtigte, aber rein auf Sexualität und Gender fokussierte Sichtweise.

Die Möglichkeit, den Kampf gegen den Schurken am Ende des Films auszufechten, ist jedoch nicht jedem Protagonisten vergönnt. Viele Horror- und Slasherfilme[255] fallen in das Genre des Body-Count-Movie[256], sodass von den anfangs auftretenden Figuren nur wenige oder sogar nur eine einzige überlebt. Das Publikum darf rätseln, wer den Film überstehen wird. Um eine unverhältnismäßig große Bindung an einzelne, unwichtige Figuren zu verhindern, sind die »dahingemetzelten« Figuren zahlreich und jeweils nur wenige Sekunden zu sehen.[257] Die Tode der Figuren erscheinen dadurch vielmehr wie eine einzige große Tat des Schurken. Im Horrorfilm erfolgen die Tötungen seitens des Schurken auf den ersten Blick wahllos, folgen jedoch häufig einer versteckten diskursiven Symbolik. Die meisten Opfer sind Paare beim Geschlechtsakt, Schwarze oder Frauen mit fragwürdigen Moralvorstellungen.[258] Für alles, was der Norm widerspricht, erfolgt eine Strafe. Die angsteinflößen-

254 Vgl. Worland: The Horror Film, S. 227f.
255 Vgl. Vossen: Filmgenres Horrorfilm, S. 11.
256 Vgl. Worland: The Horror Film, S. 231.
257 Vgl. Gerstenbräun: Sie haben schon genug?, S. 91f.
258 Vgl. ebd., S. 105.

de oder erschreckende Wirkung eines Horrorfilms auf den Zuschauer setzt dabei immer ein Minimum an Nachvollziehbarkeit voraus. Das heißt auch, je mehr der Norm widersprechende Gedanken der Zuschauer hegt, desto bedrohlicher wirkt der Horrorfilm auf ihn. Die anfangs konstruierte Alltäglichkeit konfrontiert mit einer Form des Bösen, das sich unvermittelt Zutritt zur normalen Welt verschafft, und (auch durch das Fehlen von moralischem Verständnis) nahezu endlose Handlungsfreiheit besitzt. »The horror tale compels us to contend with a particularly violent and uncanny disruption of our unremarkable, everyday experiences, one that carries both individual and social implications.«[259] Der Horrorfilm zeigt außergewöhnliche Ereignisse, die entweder nicht alltäglich sind oder sogar rein fiktiver Natur wie z. B. das Auftauchen von Sagengestalten und Geistern.

Der Horrorfilm ist häufig Schauplatz verbotener Fantasien und Wünsche[260], doch auch er folgt der festen Regel: Im Endkampf muss das Gute siegen. Dabei bedient sich der Held der Ultima Ratio, der massiven Gewaltanwendung mit dem Ziel, das Gegenüber zu töten, um seine Überzeugung vom Guten durchzusetzen. Diese Gewaltanwendung wird durch das zuvor durch den Schurken inszenierte Spektakel nicht nur gerechtfertigt, sondern vom Zuschauer zwecks emotionalen Ausgleichs ersehnt.[261] »Cinema often borrows these social patterns of violence to delineate ›good‹ violence from ›evil‹ violence, and this delineation largely emerges from violence against innocence.«[262] Die Gewalt gegen den Schurken ist vertretbar, da der Held zu der Schreckenstat »gezwungen« wird, während dem Schurken die Wahl vermeintlich frei stand.

259 Worland: The Horror Film, S. 1f.
260 Vgl. Mulvey: Pleasures, S. 19f.
261 Vgl. Bather: Construction of Evil, S. 150.
262 Ebd., S. 228.

Wichtig für den Generalablass des gewalttätigen Helden ist die Tatsache, dass das Böse an sich unsterblich ist. Der Schurke ist nur ein kleiner Teil des Bösen. Es wird immer Konfrontationen, Bedrohungen und nicht Verortbares geben, also gibt es auch immer das Chaos als Gegensatz zum ausgehandelten System. Bei der Unsterblichkeit z. B. handelt es sich um einen widernatürlichen Zustand, der erst einmal bewiesen werden muss. Dadurch müssen die Protagonisten an dem Bösen alles ausprobieren, was einen normalen Menschen töten würde. So können diverse Todesarten, Folterungen und Gewalttaten gezeigt werden, die aber niemals den Tod zur Folge haben. Ob es durchbohrt, erschossen, zerschnitten oder erhängt wird, das Monster ersteht immer wieder auf. Da die Gewalt ihm gegenüber ohne Folgen bleibt, erscheint sie moralisch nicht verdammenswert. Vielmehr wird durch die Unsterblichkeit die Widernatürlichkeit und Andersartigkeit des Monsters belegt und seine Vernichtung zur Sicherung des menschlichen Systems gerechtfertigt. Der Nachteil ist jedoch, dass das unsterbliche Böse nicht aus der eigenen Welt entfernt werden kann, egal wie oft es zurückgeschlagen wird. Das Fazit der Horrorfilme lautet: Das Monster oder der Schurke können zwar besiegt, getötet, eingesperrt oder kurzzeitig gebannt werden, aber das »Böse an sich« kann niemals vernichtet werden.[263] »While drawing on some modern ideas (such as will), evil in contemporary commercial cinema is often seen as a cosmic force operating through possessed individuals or objects.«[264] Das heißt, die Schurken im Horrorfilm agieren nicht nur aus eigener Motivation heraus, sondern als Medien des Bösen.

Es können zwei Formen von negativ wirkenden Kräften im Horrorfilm auftreten: Das Böse an sich, und der Schurke bzw. das Monster. Die Monster des Horrorfilms unterscheiden sich in vielen Aspekten von den Superschurken des Superheldenfilms, verfügen aber ebenfalls über eine

263 Vgl. Worland: The Horror Film, S. 109.
264 Bather: Construction of Evil, S. 110.

prägende Hintergrundgeschichte. Gerne wird ein tragischer Ursprung des Monsters oder ein ihn zum Bösen »bekehrendes« Erlebnis angeführt. Frankensteins Monster in FRANKENSTEIN beispielsweise ist a priori nicht böse. Seine Absichten sind anfangs neutral, es wird jedoch durch Projektion von außen zu etwas Bösem gemacht. Anstatt geboren zu werden, ist das Monster das Ergebnis eines wissenschaftlichen Experiments und so in seiner gesamten Existenz anders als die Menschen. Da es aus Leichenteilen zusammengesetzt wurde, ist es nicht nur fremd, sondern auch abjekt und dadurch nicht mit dem normalen Diskurs vereinbar. Als Frankensteins Monster versehentlich ein kleines Mädchen tötet, wird es von den Stadtbewohnern beschuldigt, gejagt und schlussendlich vernichtet. Obwohl das Monster das Opfer seiner Umstände ist, wird es von den Bürgern als böse angesehen. Schurken wie Freddy Krueger aus der NIGHTMARE ON ELM STREET-Reihe bilden den Gegensatz dazu. Seine Hintergrundgeschichte prägt ihn als durch und durch böse Person, es gilt lediglich den Grund für seine übermenschlichen Kräfte herauszufinden, damit er getötet werden kann. Vor seiner Zeit als Traumgestalt war Freddy ein sterblicher Mensch. Die Sympathie für ihn hält sich jedoch sehr in Grenzen, da er nicht zu Unrecht verurteilt wird, sondern ein Kinderschänder und -mörder ist, der von den wütenden Eltern lebendig verbrannt wurde. Erst später stellt sich heraus, dass der böse Einfluss von Freddy auf die Gesellschaft nicht einmal durch seinen Tod beendet werden kann. Die posthume Rache an den Eltern und Kindern ist für den entstellten, aber mit Hilfe der Hölle unsterblich gewordenen Freddy die Motivation zur exzessiven Gewalt. Über die insgesamt sieben Filme der NIGHTMARE-Reihe hat sich Freddy Krueger zu einer Kultfigur über die Grenzen des Horrorfilms hinaus entwickelt.

Während Frankensteins Monster ein Opfer seiner Umstände und einfach nur fremd in der Welt der Menschen ist, ist Freddy Krueger ein aktives Medium für das Böse. In Erweiterung der Schurken aus Disneyfilmen und Superheldenfilmen sind auch die Horrorfilmschurken Agenten des Chaos und vertreten somit das Böse an sich. Desilet weist auf einen entscheidenden Unterschied zwischen der individuellen Person und dem »Bösen an sich« hin:

> The Serpent is not Satan and therefore not evil itself. Instead it is the agent of evil, the husk of a life form appropriated by evil and made to do its bidding. Similarly, the monster in the horror story is the husk of a life form – usually human – retaining some vestiges of humanity but essentially compromised and colonized by evil.[265]

Jedes Monster bzw. jeder Schurke ist nur eine Tür, durch die das Böse in die Welt kommen kann[266]: ein Medium. Durch diese Vielfältigkeit der Erscheinungsformen wirkt das Böse auf viele Arten. Jeder Schurke hinterfragt den Diskurs, die Normalität und Moral aus einer anderen Perspektive und mit einer anderen Intention. Themen wie Gerechtigkeit und Gesetz, die für den Superheldenfilm prägend sind, werden im Horrorfilm kaum noch verhandelt. Mit »dem Bösen an sich« lässt sich nicht verhandeln, insofern können auch keine kulturellen Konzepte zur Strafe oder Läuterung Anwendung finden.

Der Horrorfilm-Schurke gehört nicht (mehr) in den menschlichen Diskurs. Er erkennt das menschliche Wertesystem nicht an und kann daher nicht durch Vernunft oder Moral überzeugt werden. Vielmehr muss er, dort wo das System versagt, mit archaischer Gewalt bezwungen werden, damit die Ordnung ihre Gültigkeit behält. Insbesondere die Monster sind Symbole für das destruktive Chaos, das den Menschen in unendlich vielen Formen treffen kann und keine Gnade kennt. Schon die Frage, ob ein Freddy Krueger mit Geld bestechlich wäre, wirkt absurd. Sein Innerstes ist irrational und nicht einmal das Äußere steht

265 Desilet: Our Faith in Evil, S. 64.
266 Vgl. ebd.

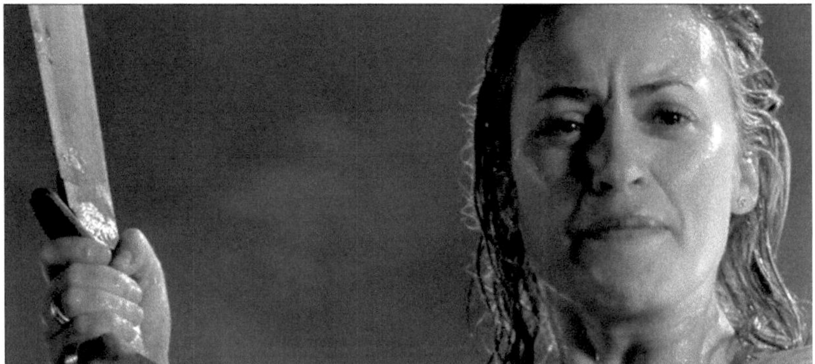

Abb. 46: Freddys Beute wird zum ihn enthauptenden Final Girl …

beim Monster eindeutig fest. Allein in FREDDY VS. JASON (Ronny Yu, 2003) tritt Freddy Krueger in vielen unterschiedlichen Formen auf, von Jason Vorhees' Mutter bis hin zum Wasserpfeife rauchenden Riesentausendfüßler. Da das Böse nicht an eine einzige Erscheinungsweise gebunden ist, ist es erst erkennbar, wenn es seine bösen Taten bereits vollzogen hat. Demnach lassen sich die Bösen des Horrorfilms nicht nur über ihr abstoßendes Äußeres, sondern vor allem über ihre Interaktion mit den Opfern identifizieren. Wie Neil Bather argumentiert: »Within the paradigm of body horror, it is not so much who the villain is but how this villainy acts on the body of the victim that offers a primary insight into the construction of the antagonist.«[267] Je stärker die Reaktionen des Opfers auf die seinem Körper zugefügte Gewalt sind, desto mächtiger wirkt das Böse in den Augen des Zuschauers. Die Bösen sind laut Worland zumeist (der Psychologie zuzurechnende) Archetypen, die persönliche oder soziale menschliche Ängste reflektieren und dadurch diskursbedrohend wirken.[268] Grundsätzlich sind sie dabei auf zwei verschiedene Ziele aus: Die Zerstörung des Körpers mit abschließendem Tod des Opfers oder die Verdammung der Seele.[269] Der körperliche

267 Bather: Construction of Evil, S. 44.
268 Vgl. Worland: The Horror Film, S. 17.
269 Vgl. ebd., S. 26.

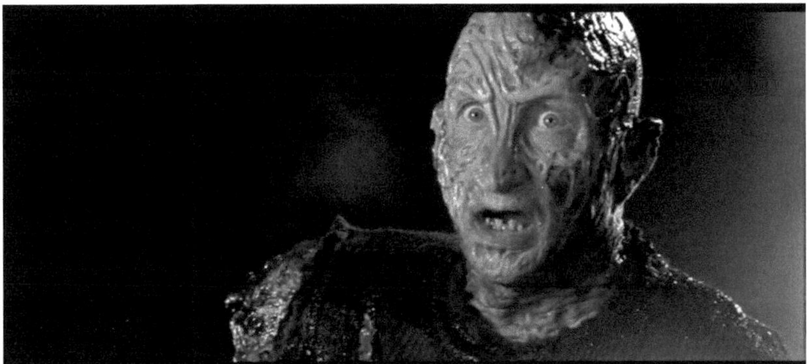

Abb. 47: ... Freddy ist der Schrecken darüber ins Gesicht geschrieben.

Aspekt des Horrorfilms wird häufig mit Julia Kristevas Abjektionstheorie in Verbindung gebracht.[270] Die allzu deutliche Fixierung auf den Körper von Täter und Opfer ist zugleich abstoßend und anziehend, mit der Leiche als Gipfel der Abjektion.[271] Insbesondere im bereits erwähnten Body-Horror-Genre mit Filmen wie David Cronenbergs VIDEODROME (1983) und EXISTENZ (1999) manifestiert sich die körperliche Komponente des Horrors in reißendem Fleisch, Blut und diversen Körpersekreten. Die Schurken dieses physischen Horrors sind Monster wie Freddy Krueger und Jason Vorhees.

Der psychische Horror hingegen wird eher durch emotionale Exzesse des normalen menschlichen Verhaltens erzeugt. Verhaltensstörungen wie Wahnsinn oder Schizophrenie werden durch menschlichere Schurken, meist Psychopathen illustriert. Sie konfrontieren den Menschen mit seinen eigenen möglichen Defekten, die (im Gegensatz zur Deformation eines Monsters seit seiner Geburt) unter Umständen erst im Verlauf des Lebens auftreten können. Dr. Hannibal Lecter aus DAS SCHWEIGEN DER LÄMMER (THE SILENCE OF THE LAMBS, Jonathan Demme, 1991) ist nur ein Vertreter dieses Psycho-Horrors.

270 Vgl. Creed: The Monstrous-Feminine, S. 9.

271 Vgl. Julia Kristeva: Powers of Horror: An Essay on Abjection. New York 1982, S. 3.

Das Böse, das im Disneyfilm noch umgekehrt werden konnte und im Superheldenfilm nur einzelne, persönlich motivierte Rächer erzeugte, fährt im Horrorfilm alle Geschütze auf und bietet einen Gewaltexzess, dem sich der Held anschließt.

5.1. Der Psychopath im Thriller

»Evil simply exists«[272]

Die Unterscheidung in physischen und psychischen Horror erscheint zunächst banal, ist für den Horrorfilm aber unerlässlich. »Modes of constraint differ from body horror in that where body horror displays the physical effects of evil on the human body, intellectual horror suggests that evil is an ideological function that blinds human perception to the real.«[273] Das heißt, es gibt sowohl Schurken, die über die kulturelle Prägung und Definition des Bösen einen intellektuellen Zugang zu ihren Zuschauern finden, als auch jene, die seinen Körper über eine physische Affekt-Reaktion[274] ansprechen.

Die äußerlich menschlichste und innerlich zugleich unmenschlichste Form des Horrorfilm-Schurken ist der Psychopath. Er ist ein Gegner der sozialen Organisationen, des Guten, der Schwachen[275], wie Orrin Klapp formuliert. Als denkender Taktiker hebt er sich von instinktgesteuerten Monstern oder Tieren ab. Meist verfolgt er ein höheres Ziel, das seiner eigenen Weltanschauung Genüge tut, jedoch dem allgemeinen Konsens widerspricht: »(...) [E]vil is not necessarily the act of the person that

272 Bather: Construction of Evil, S. 13.
273 Ebd., S. 48.
274 Vgl. Janet Staiger: The Centrality of Affect in Reception Studies. In: Irmbert Schenk, Margrit Tröhler, Yvonne Zimmermann (Hrsg.): Film – Kino – Zuschauer. Filmrezeption/ Film – Cinema – Spectator: Film Reception. Marburg 2010, S. 85-98, hier: S. 85f.
275 Vgl. Klapp: Heroes, Villains and Fools, S. 58.

intentionally counteracts or contradicts all known moral, ethical and legal precepts, but the act which the person believes, or is led to believe, is in itself, and in some way, moral, ethical or legal.«[276] Der Psychopath inszeniert sich nach außen hin als zivilisierter Mensch[277], verfolgt innerlich aber exzessiv eine egozentrische Obsession. Diese Maskierung macht den Psychopathen für die Menschheit im doppelten Sinne zu einem Feind »im Inneren.« Derartige Psychopathen-Figuren tauchen insbesondere in Genrehybriden wie z. B. dem Horror-Thriller DAS SCHWEIGEN DER LÄMMER sowie dessen Pre- und Sequels HANNIBAL (Ridley Scott, 2001), ROTER DRACHE (RED DRAGON, Brett Ratner, 2002) und HANNIBAL RISING (Peter Webber, 2007) auf.

Dr. Hannibal Lecter ist keine explizite Horrorfilm-Figur, wird jedoch durch seine Inszenierung und Ikonografie zu einer solchen gemacht. Zur Handlung: Die Heldin des Films, die Polizistin Clarice Starling (Jodie Foster), kann den Serienmörder Buffalo Bill (Ted Levine) nur durch

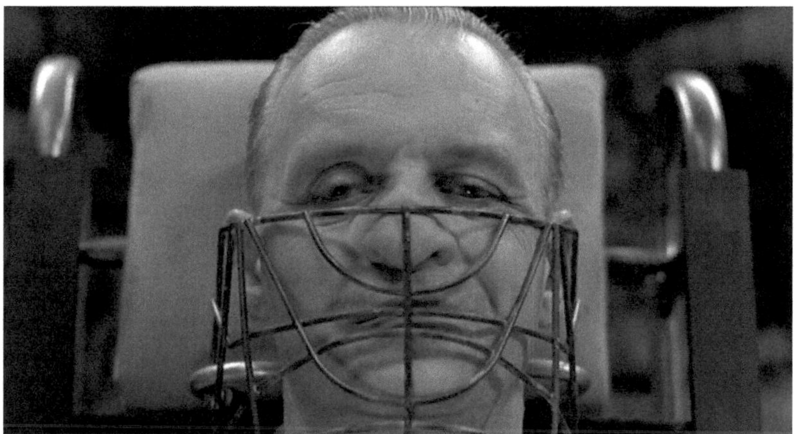

Abb. 48: Dr. Hannibal Lecter wird mit allen dem Gesetz zur Verfügung stehenden Mitteln im Zaum gehalten.

276 Bather: Construction of Evil, S. 96.

277 Vgl. Nathan Hakimi: The Devil in Disguise – Labeling THE SILENCE OF THE LAMBS and Hannibal Lecter. 2007 unter: http://people.brandeis.edu/~nhakimi/Files/NathanHakimi-Film-Silence_ofthe_Lambs.doc (Stand: 26.06.2014), S. 11.

Interaktion mit dem wegen Kannibalismus inhaftierten Psychologen Dr. Hannibal Lecter (Anthony Hopkins) fassen. Neben einer Heldin treten damit ein eindeutiger und ein ambivalenter Schurke auf. Die latente Gefahr liegt darin, dass Clarice Starling sich beiden Schurken und ihren Weltansichten annähern muss. Starling und Lecter treffen eine »quid pro quo«-Abmachung, der zufolge Lecter Starling nur hilfreiche Hinweise zum Fall Buffallo Bill offenbart, wenn sie ihm sehr persönliche Fragen zu ihrer Kindheit beantwortet. Um den Schurken zu verstehen, muss die Heldin einem erwiesenermaßen wahnsinnigen und gewalttätigen Mann Großteile ihres Privatlebens offenbaren. Starling erlangt dadurch tiefe Einsichten, jedoch immer um den Preis, dass sie sich dabei ihren eigenen Traumata und der Welt der Wahnsinnigen geistig annähert.

Der Psychopath spielt mit dem Verstand seiner Opfer, ist aber auch immer eine latente Bedrohung ihrer physischen Unversehrtheit: Er ist zu rational tiefgängigen Überlegungen ebenso fähig wie zum affektiven Zerfleischen von Menschen. Beispielsweise überrumpelt Lecter die ihn gefangen haltenden Polizisten für einen Ausbruch sehr taktisch und überlegt, plant jedoch auch die Zeit ein, sie totzuprügeln und zu zerfleischen. Lecters Auftreten wirkt allzeit rational. Im Gegensatz dazu changiert Buffalo Bill schizophren zwischen Emotionalität und Rationalität. Um seinen Schoßhund fürchtet er wie ein kleines Kind, Frauen dagegen kann er emotionslos aushungern und häuten. Genretypisch erfolgt der Einsatz von Gewalt sowohl durch Buffalo Bill als auch durch Lecter exzessiv und wird nicht durch moralische Prägung begrenzt. Beide begehen nicht-normative Taten einzig um ihres eigenen Vorteils willens. Für einen »normalen« Menschen wie z. B. Clarice Starling sind die Taten nicht rational erklärbar. Clarice Starling als Heldin nutzt die Gewalt nur als allerletzten Ausweg und nicht als alltägliche Handlungsoption. Nur die tiefe Konfrontation mit den möglichen Abgründen des Menschen und den eigenen verdrängten Untiefen, die womöglich Böses beherbergen, ermöglicht das schlussendliche Verständnis und somit kathartische Bannen desselben: Der »(...) Horrorfilm ist eine rituelle Entäußerung grundlegender Ängste, mit dem Ziel, diese zu distanzieren, zu kontrollieren und schließlich zu überwinden.«[278] Das, was so weit wie möglich vom Selbst und dem herrschenden Diskurs abgegrenzt werden sollte, muss in die eigene Welt gelassen werden; auf der einen Seite eine große Gefahr, dem eigenen Bösen zu erliegen, auf der anderen Seite die Möglichkeit, es durch besseres Verständnis kontrollieren zu lernen.

Diese Konfrontation mit der Psyche und/oder Weltansicht des Schurken oder Bösen ist ein elementarer Bestandteil des Horror-Genres, nicht nur im Bezug auf den Psychopathen. Auch in RING (THE RING, Gore Verbinski, 2002) ist die Rettung der Protagonisten nur durch eine genaue Analyse des Bösen, seiner Ursprünge und die abschließende Konfrontation mit ihm möglich. Die Protagonistin Rachel Keller (Naomi Watts) verfolgt nach der »Noch sieben Tage«-Todesdrohung, die jeden erreicht, der sich ein bestimmtes Video angesehen hat, die Spur des »Schurken«. Sie will einen Weg finden, den Tod ihres Sohnes und ihren eigenen Tod abzuwenden. Dabei wird sie nach und nach mit übernatürlichen Phänomenen konfrontiert wie unvermittelt aus ihrem Hals auftauchenden Kabeln, einer aus dem Video in die Realität wechselnden Fliege und dem psychotischen Verhalten ihres Sohnes. Bei allen Phänomenen handelt es sich um Hinweise auf die Bedrohung selbst. Das bedrohliche Böse ist in Wahrheit der Geist eines toten Mädchens. Samara Morgan (Daveigh Chase) wurde wegen ihrer Begabung für das Übernatürliche von ihrer eigenen Mutter in einen Brunnen eingesperrt und starb dort nach sieben Tagen. Sie nimmt postmortal Rache, indem sie Menschen ihr Trau-

278 Vossen: Filmgenres Horrorfilm, S. 14.

ma durchleben lässt. Die Namensgebung des Films kommt durch den Ring aus Licht zustande, der auf dem Todesvideo zu sehen ist und das Letzte ist, was Samara aus dem Brunnen heraus sah.

Der Zuschauer empfindet in diesem Stadium eher Mitleid mit dem Opfer Samara, anstatt wütend auf den rachsüchtigen Serienmörder zu sein. Zum Ende des Filmes findet Rachel den Brunnen und steigt hinein, um sich direkt mit dem dort verborgenen Bösen auseinanderzusetzen. Nach kurzem Kampf wird Samaras Leiche geborgen und der Fluch scheint behoben. Bei gewöhnlichen Geistererscheinungen endet die Bedrohung mit der Aufdeckung des Unrechts, das den Geist noch an die menschliche Welt gebunden hielt. Samara aber taucht erneut auf und tötet Rachels Lebensgefährten. Erst das Anfertigen einer Kopie des todbringenden Videos, also die aktive Weiterverbreitung des Bösen, kann den Fluch für Rachel und ihren Sohn brechen. Das heißt, auch in RING kann das Böse, obwohl sich Rachel intensiv damit auseinandersetzt, nicht endgültig vernichtet werden. Das Video und alle Morde sind nur die Artikulation eines Wunsches nach Aufmerksamkeit.

Das Böse ist unauslöschlich, denn obwohl das Unrecht emotional nachvollzogen wurde und durch Mitleid zu einem Teil des Zuschauers wurde, hört die Bedrohung nicht auf. Vollzogenes Übel kann nicht wieder rückgängig gemacht werden, egal aus welchen Gründen es getan wurde. Auf jede böse Tat folgt eine Rache, oft über Generationen hinaus.[279] Darin zeigt sich einerseits die Nachvollziehbarkeit des Bösen, andererseits aber auch die Gefahr, die darin liegt. Die Psyche des Fremden, des Schurken muss ergründet bzw. der Grund des Mordens muss verstanden werden, um das Böse bannen zu können. Dieser Bann aber wirkt nur für diejenigen, die das Böse für sich selbst ergründet haben, und nicht für die Menschheit an sich. Der Umkehrschluss, dass der Mensch das Böse nur von sich fernhalten kann, indem er es selbst ver-

279 Vgl. Muir: Horror Films, S. 13.

steht und sein Wissen (hier in Form des Videos) an andere weitergibt, ist entscheidend. Diese Annäherung ist das Gefährlichste, auf das sich Protagonisten und Zuschauer einlassen können, da zu großes Verständnis das eigene Wertesystem kippen kann. Glücklicherweise bleibt das »Böse an sich« immer seltsam und grenzwertig (so wie das Fremde immer etwas bedrohlich disruptives hat). Es kann niemals vollständig verstanden werden, da der Mensch sein eigenes Wertesystem nicht ablegen kann und will. Doch obwohl das unverständliche Böse fremdartig ist, ist die aktive Kommunikation mit ihm notwendig. Dieses gefährliche »Reinigungsritual«[280] kann nicht nur neue Erkenntnisse bringen, sondern auch Verständnis für eine andere Perspektive. Psychopathen, Monster und ähnlich Böses sind demnach eine Möglichkeit, absolut Fremdes und sich selbst zu verstehen.

Dabei geht es sowohl um das von außen kommende Böse als auch um das unterdrückte Innere der menschlichen Psyche. Nach Stephen King müssen die unterdrückten Begierden und Wesenszüge des Menschen, die Krokodile, hin und wieder gefüttert werden, damit sie im Verborgenen unter Kontrolle bleiben und nicht an die Oberfläche dringen.[281] Eben jener Terror von Angst, Schrecken und Gewalt durch Psychopathen und Monster ist nötig, damit ihre Vernichtung die vorherrschende polarisierende Wertevorstellung bestätigen kann. Wo der Protagonist um seine seelische Gesundheit fürchten muss, ist der Psychopath zuhause: Mit starken emotionalen Einflüssen auf rationale Weise umzugehen, ist eine seiner typischen Stärken. Der Held muss sich diese »Kaltblütigkeit« erst durch die andauernde Konfrontation aneignen. Bather zufolge handeln psychopathische Figuren nicht irrational, sondern vielmehr in einem Exzess von Rationalität, bei dem andere Ge-

280 Vgl. Vossen: Filmgenres Horrorfilm, S. 14.
281 Vgl. Stephen King: Why we Crave Horror Movies. [o.J.] unter: http://de.scribd.com/doc/87844780/Stephen-King-Why-We-Crave-Horror-Movies#scribd (Stand: 06.02.2016), S. 3f.

danken und emotionale Prozesse ausgeklammert werden.[282] Der gefährliche Exzess des Psychopathen besteht darin, dass Ratio und Emotio nicht in einem ausgewogenen Verhältnis zueinander stehen. Es besteht die Möglichkeit, dass jeder äußere Einfluss mit einem unvorhersehbaren rationalen oder emotionalen Exzess beantwortet wird. Diese latente Bedrohung des gesellschaftlichen Gefüges durch den Exzess eines Einzelnen ist sozial unverträglich und wird somit als böse angesehen.[283]

Nicht nur der Superschurke, der durch seine Intelligenz oder Kraft bedroht, auch der einfache emotionale und rationale Exzess menschlichen Ursprungs ist eine Bedrohung für das System. Das heißt, auch hier bedarf es schlussendlich des Gewaltaktes durch den Helden, um das Böse niederzuschlagen und das altbekannte, gute System zu bestätigen. Vom völlig normal erscheinenden, menschlich aussehenden Psychopathen ausgehend wirkt der Exzess dabei sogar noch verstörender als bei einem visuell abstoßenden Monster[284], einem offensichtlich Wahnsinnigen oder einem kostümierten Superschurken. Vom Monster, das nicht aussieht wie Ich, wird ein Gewaltexzess erwartet. Es widerspricht in seinem Äußeren den normativen Regeln des Systems und wird demzufolge auch innerlich nicht normal sein. Es bedarf der stetigen Konfrontation, um derartige Trugschlüsse im Umgang mit Unbekanntem zu revidieren.

Das wiederholte Durchspielen fiktiver Situationen, das Erstellen von »games of make-believe«[285], dem aus der Literaturtheorie bekannten fiktiven Spiel mit vorgegebenen Regeln in einer fiktiven Welt, bietet die Möglichkeit, kulturelle Konzepte zu hinterfragen und sie, im utilitaristischen Nutzen, für das eigene Ich zu bestätigen. Filme bieten hierfür eine große Auswahl verschiedener Gedankenspiele zu unterschiedlichen Themen. Klassisches Beispiel ist die Frage, ob der Zuschauer, wenn er

282 Vgl. Bather: Construction of Evil, S. 107f.
283 Vgl. ebd., S. 113.
284 Vgl. ebd., S. 137.
285 Walton: Furcht vor Fiktionen, S. 100.

wie Neo in MATRIX die Wahl hätte, die blaue oder die rote Kapsel wählen würde. Die eine verheißt das Unbekannte aber Wahre, die andere das Bekannte, vielleicht Gelogene.

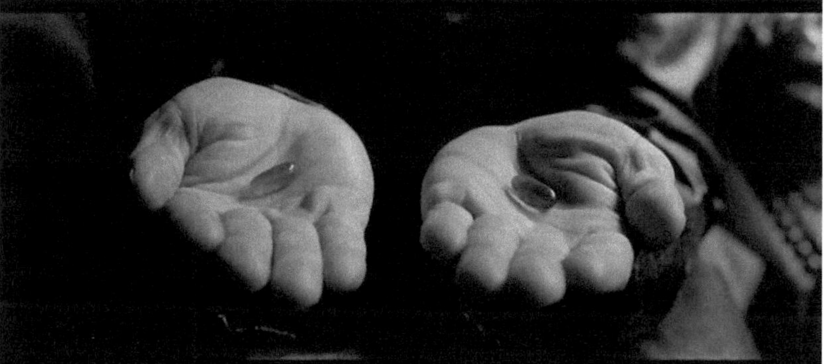

Abb. 49: Die Wahl zwischen der unbekannten Wahrheit und der bisher bekannten Welt in MATRIX.

Je mehr tiefgründige Entscheidungen, Grausamkeiten und emotionale Exzesse gezeigt werden, desto höher werden die Standards für das nächste »game of make-believe« gesetzt. Alles, was einmal gedacht und artikuliert wurde, wird zu einem Teil der Welt und beeinflusst die Kultur. Das eigene Ich erfährt eine positive Bestätigung, wenn es nicht das einzige Ich mit einer bestimmten Weltansicht oder Fantasie ist. Aber wenn diese der Norm widersprechende Fantasie übermäßig oft in der Kultur artikuliert wird, so wird sie sukzessive zu einem Teil des normativen Diskurses gemacht. Je mehr Randerscheinungen ein regulärer Platz eingeräumt wird, desto ineffizienter werden die vorhanden Kategorien. Was einerseits einen Fortschritt zur Erweiterung der Grenzen des Selbst bedeuten kann, kann andererseits auch einen zu großen Raum eröffnen, der nicht mehr durch Kategorien beherrscht werden kann. Eine zu große Erweiterung der Kultur und Gesellschaft kann zu inneren Differenzen führen und verlagert die Grenzen immer weiter in den unterdrückten Teil der menschlichen Psyche. Anstatt die Krokodile hin und wieder zu füttern, wird ihr Käfig offen gelassen. Wenn die Krokodile nach und nach herauskommen, wer weiß, welche Monster dann noch im Verborgenen lauern?

5.2. Das Slasher-Monster

»1, 2, Freddy kommt vorbei…«[286]

Der physische Horror liegt in der abjekten Erscheinung des Schurken und seinen Taten begründet. Schurken, die äußerlich nicht menschlich-normativ sind und gewalttätige, dem kulturellen Konsens widersprechende Taten begehen, wie beispielsweise der Slasher-Killer, werden meist als »Monster« bezeichnet, als »sichtbare Verkörperungen des Bösen.«[287] Der Begriff ist weit gefächert und umfasst sowohl Geistererscheinungen wie Tobe Hoopers POLTERGEIST (1982) als auch Urzeittiere wie Roland Emmerichs GODZILLA (1998) und seltsam deformierte Kreaturen wie die Crawler in Neill Marshalls THE DESCENT – ABGRUND DES GRAUENS (THE DESCENT, 2005). Das Monster ist im Gegensatz zum Psychopathen, dem zumindest äußerlich noch Menschlichkeit zugesprochen wird, eindeutig von den Protagonisten unterscheid- und somit identifizierbar.

Insbesondere in Body-Horror-Filmen wie DIE FLIEGE (THE FLY, David Cronenberg, 1986) ist der Anblick des Monsters kaum zu ertragen. Außerdem zeigt sich die dem denkenden Menschen a priori inhärente Faszination für alles Übermenschliche, egal wie bedrohlich es ist. Der Wissenschaftler Seth Brundle (Jeff Goldblum) kreuzt seine Gene wäh-

---

286 Erste Zeile des Liedes »vom schwarzen bösen Mann«, dass die drei seilspringenden Kinder in der NIGHTMARE ON ELM STREET-Reihe singen, bevor Freddy auftaucht.

287 Vgl. Colin McGinn: Ethics, Evil and Fiction. In: Joachim Schulte (Übers.): Das Gute, das Böse und das Schöne. Über moderne Ethik. Oxford 2001, S. 224.

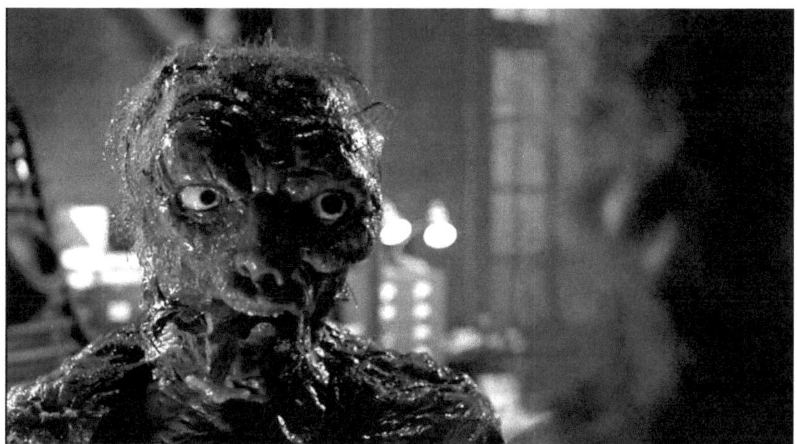

Abb. 50: Das Gesicht von Seth Brundle nach der vollzogenen Mutation in Die Fliege.

rend eines wissenschaftlichen Experiments versehentlich mit denen einer Fliege. An sich war eine normale Teleportation geplant, die Vermischung mit der Fliege hat jedoch ungeahnte Nebenwirkungen. Brundle entwickelt eine gewaltige physische Stärke, kann an den Wänden und der Decke laufen, und auch seine Wahrnehmungsweise ändert sich zusehens. Als die Metamorphose fortschreitet, ihm seine Fingernägel ausfallen und er sich in einen monströsen Hybrid ohne menschliche Hemmungen entwickelt, nimmt er das selbst zuerst nicht wahr. Er sieht nur das enorme Potential seiner neuen Gestalt. Am Ende des Films schält er sich schließlich aus seiner menschlichen Haut und attackiert seine Mitmenschen. Erst in der finalen Konfrontation mit seiner Freundin Veronica Quaife (Geena Davis) erkennt er seine Unmenschlichkeit und bittet sie darum, ihn durch den Tod zu erlösen.

Das Monster ist, im Gegensatz zum menschlichen Psychopathen, entweder so unsterblich wie das »Böse an sich« oder zumindest übermenschlich stark.[288] Der Anteil des Bösen ist bei ihm nicht nur ein klei-

288 Vgl. Bather: Construction of Evil, S 145.

nes Fragment im Mosaik, sondern das Monster scheint aus nur wenigen, durch und durch bösen Teilen zu bestehen. Durch das Fehlen größerer guter Fragmente kann es bereits auf den ersten Blick als Böses identifiziert werden. Die Protagonisten wissen, dass das Böse da ist und sie bedroht, aber nicht, was sie ihm entgegenbringen können, wenn ihre alltägliche kulturelle Prägung ihnen keine Antwort bietet oder bieten will. Ein typisches Handlungselement im Horrorfilm ist daher die Recherchearbeit in Bibliotheken, Archiven oder dem Internet, bei der Legenden oder Erzählungen gefunden werden, in denen das Böse entweder beschrieben wird oder sogar seine Schwachstellen belegt sind. Beispielsweise wird »Es« in STEPHEN KINGS ES in Form des Clowns Pennywise (Tim Curry) in einem Fotoalbum gefunden, und in diversen Dracula-Verfilmungen (selbst in Parodien wie DRACULA – TOT ABER GLÜCKLICH [DRACULA – DEAD AND LOVING IT, Mel Brooks, 1995]) finden sich Bucheinträge über den Nosferatu und seine Eigenschaften, die je nach Film, Ursprung und Handlung stark variieren. Das Böse existiert und die Menschheit weiß von ihm, auch wenn sie es gerne verschweigt. Dem Helden wird durch die niedergeschriebenen Erfahrungen seiner Vorfahren ein Leitfaden an die Hand gegeben, mit dem er das Böse vernichten kann.[289]

»In this light, monsters are the archetypal expression of the personal and cultural shadow; the reservoir of the unacceptable and denied. From this perspective of splitting and projection, the cultural unconscious is un-integrated and fractured.«[290] Die Tatsache, dass das Böse nicht nur im eigenen Handlungsumfeld existiert, sondern bereits bekannt und somit ein allgemeines Problem der Menschheit ist, unterstützt den Protagonisten in seinem Wunsch nach Vernichtung des Bösen. Das Böse mag nur fragmentarisch bekannt sein, doch diesen bekannten Fragmenten wurde ein Platz im Diskurs eingeräumt, um es zu-

289 Vgl. Campbell: Heros, S. 30.
290 Knight: Monsters and Monstrous Acts, S. 6.

mindest in die grundlegende Kategorie Böse/Fremd/Bedrohlich einzuordnen. Der Versuch, das Böse durch Wissen greif- und angreifbar zu machen und dieses Wissen weiterzugeben, geschieht in der Hoffnung, es dadurch kontrollieren zu können. Die Existenz des Bösen wird zwar akzeptiert, sein Sieg aber nicht.

Die »Zusammenarbeit der Generationen« durch Tradition und Überlieferung ist insofern wichtig, als dass einzelne Figuren häufig die Existenz des Bösen leugnen oder verdrängen. Beispielsweise sind die Filme der NIGHTMARE ON ELM STREET-Reihe durch die Frage nach dem Glauben oder Unglauben an das Böse geprägt. Freddy Krueger, der nach seinem Tod in den Träumen von Kindern aus der Elm Street auftaucht, um sie für seine Rache zu quälen und zu töten, wird von den Eltern für tot gehalten. Obwohl alles, was die Kinder im Traum erleiden, auch ihren realen Körpern zugefügt wird, leugnen die Erwachsenen seine Existenz. Im ersten Teil der Filmreihe beispielsweise will die Teenagerin Nancy Thompson (Heather Langenkamp) Freddy Krueger in ihren Träumen jagen und bittet ihren Vater Leutnant Donald Thompson (John Saxon), dass er ihr zu einer bestimmten Zeit zu Hilfe komme. Leutnant Thompson glaubt der psychisch labil wirkenden Tochter nicht und verweigert die Hilfe, was im Tod der Mutter Marge (Ronee Blakley) und beinahe auch im Tod von Nancy endet. Die Erwachsenen halten Freddy für eine Einbildung ihrer Kinder, da der echte Freddy Krueger ja bereits vor Jahren getötet wurde. Sie wollen ihn so schnell wie möglich vergessen und so aus ihrem Diskurs verbannen, um nicht mehr an Tod, Terror und ihren Mord an Freddy erinnert zu werden. Diese doppelte Verdrängung ist an sich nicht nur typisch menschlich, sondern zeitgleich systemschützend, da Freddy durch die Angst seiner Opfer an Macht gewinnt. Wenn also keiner von ihm weiß und keiner Angst vor ihm hat, so hat er keine Macht und kann, so die Theorie der Erwachsenen, ungeglaubt werden. Dass dieses Totschweigen des Bösen der erwachsene und am

Guten der eigenen Welt festhaltende Weg ist, mit Problemen umzugehen, erschließt sich den jugendlichen Opfern nicht. Sie sind nicht auf diese Art des Umgangs mit dem Neuen, Fremden geprägt. Sie müssen erst erkennen, dass hinter der Tür ins Unbekannte Krokodile lauern, und dass diese lieber eingesperrt bleiben sollten. Sie erfahren erst durch eigene Konfrontation mit Freddy von dem Bösen. Wenn die Eltern den Befürchtungen der Kinder keine Beachtung schenken und diese nicht aufklären, so haben die Kinder keinen Leitfaden, wie sie das »Böse an sich« kontrollieren können. Ebenso haben sie keine Chance, wenn sie sich dem gut gemeinten Rat der bereits erfahrenen Menschen verweigern. Das heißt, das Böse kann mit jeder neuen Generation wieder in die Welt gelangen, und jede Generation muss einen eigenen Weg finden, mit ihm fertig zu werden. Der Wandel durch den Generationenwechsel sorgt so für die Wiedergeburt des Guten und des Bösen und gleichzeitig für den Anschein, dass die Geschichte sich immer wiederholt.

Die NIGHTMARE ON ELM STREET-Filme spielen immer wieder mit der Grenze zwischen Traum und Realität, Alltag und Prinzip. Der finale Teil FREDDY'S NEW NIGHTMARE (NEW NIGHTMARE, Wes Craven, 1994) geht noch einen Schritt weiter und lässt die Freddy-Filmreihe in der Realität spielen. Insbesondere dadurch, dass Wes Craven, Robert Englund und Heather Langenkamp nicht nur als Drehbuchautor und in den Filmrollen Freddy und Nancy auftauchen, sondern auch sich selbst als Schauspieler spielen, erhält der Film eine Metaebene. FREDDY'S NEW NIGHTMARE spielt in einer Realität, in der ein neuer Freddy Krueger-Film gedreht werden soll. Heather Langenkamp (als sie selbst) hat einen Sohn namens Dylan (Miko Hughes), der, obwohl er die Filme seiner Mutter nicht kennt, von Krueger zu träumen beginnt. Auch wenn Heather sich in genauer Kenntnis der Horrorfigur Freddy befindet, zögert sie, Dylan zu glauben. Auch Robert Englund, eigentlich ja der

Schauspieler von Freddy Krueger, ist der Figur scheinbar hilflos ausgeliefert. Die eigentlich fiktive Traumgestalt gewinnt massive Einflüsse auf die Realität. Am Ende des Films wird klar, dass das »Böse an sich« durch die Produktion der Filme in die Form von Freddy gebannt und so zumindest ein wenig kontrollierbar wird. Es wird filmimmanent eine Notwendigkeit für Horrorfilme postuliert, eben dass durch sie die verborgenen Krokodile gefüttert und dadurch gebannt werden. Sowohl das Fremde von außen als auch die unterdrückten Begierden nach Gewalt werden ausgelebt. »In other words, instead of bottling anger until it explodes in deadly violence, frustrated individuals can release anger periodically by identifying with characters in films who beat and/or kill victims designed specifically for such cathartic disposal.«[291] Doch sieht der Zuschauer Filme, um zu sehen, wie sich Menschen gegen Monster verteidigen?

Nein, der Horrorfilm dreht sich immer um das Monster. Egal, wie die Opfer aussehen oder welcher Kultur sie angehören, das Monster bedroht alle. Wenn das Monster aber die zentrale Figur mit der meisten Macht ist, weshalb sollte sich der Zuschauer mit den Opfern und schwachen menschlichen Protagonisten identifizieren? »No, the audience comes to see the creature, the thing, the supernatural menace in whatever near-human or non-human form it assumes.«[292] Das Monster verheißt nicht nur Bedrohung, sondern auch eine unbekannte Macht, die errungen und selbst genutzt werden könnte. Das Monster steht zwischen Leben und Tod[293], es ist das, was sich der Mensch erträumen kann, um seine eigenen Defekte wett zu machen. Je mehr Fähigkeiten und Intelligenz ein Monster im Film aufweist, desto rationaler und intendierter erscheinen seine Taten. Eine mögliche Vernunftbegabung des Monsters impliziert laut Bather auch die Möglichkeit zum bewussten

291 Desilet: Our Faith in Evil, S. 19f.
292 Worland: The Horror Film, S. 9.
293 Vgl. ebd., S. 7.

bösen Handeln.[294] (Bather ordnet im Folgenden auch Hannibal in die Riege der Monster ein, da er äußerlich menschlich erscheint, durch seinen überlegenen Intellekt aber die Gesellschaftsordnung bedroht.) Doch trotz möglicherweise erkennbaren oder nachvollziehbaren Intentionen des Monsters kann mit ihm nicht verhandelt werden. Seine Macht bleibt für den Menschen unerreichbar. (Der Vampirfilm bildet hierbei eine Ausnahme.) Die Bedrohung für die Protagonisten bleibt bestehen, egal wie weit sie sich dem Monster innerlich annähern, oder wie sehr sie seine Macht begehren.

Das ist das Problem des Monsters: Es verfügt über unbegrenzte Macht, es ist nahezu unsterblich, kann sich gegen jeden Gegner behaupten und dadurch seine eigene Weltansicht durchsetzen. Doch was bringt das dem Monster? Es wird von allen Seiten attackiert und von der menschlichen Gemeinschaft abgelehnt. Seine Überlegenheit bringt ihm keinen Erfolg, es muss um sein Überleben kämpfen und wird für sein Überragen der Anderen aus der Gesellschaft ausgestoßen. Um dem Zuschauer die Kräfte des Monsters gleich als negativ verständlich zu machen, ist es äußerlich abstoßend. Das Monster unterscheidet sich so stark vom Menschen, dass es schon abjekt wirkt und zum Wegsehen zwingt. Dessen bewusst, gibt es für das Monster nur noch die Möglichkeit der Maskierung. Der Psychopath beispielsweise ist durch sein menschliches Äußeres bereits maskiert, während das Monster, wie beispielsweise in Form von Frankensteins Monster (Boris Karloff) in FRANKENSTEIN oder dem Alien in ALIEN – DAS UNHEIMLICHE WESEN AUS EINER FREMDEN WELT (ALIEN, Ridley Scott, 1979), immer auf den ersten Blick erkennbar ist.

> Das Monstrum ist das erkennbar Böse, und daher ist es leichter zu erfassen und aufzuspüren. Monster existieren eigentlich deshalb, weil die ästhetische Theorie der Tugend fest in der Psyche ver-

294 Vgl. Bather: Construction of Evil, S. 136.

> wurzelt ist. Die Monstren sind eine Vergegenständlichung der durch Laster und angeborene Verderbtheit häßlich gemachten Seele.[295]

Das sichtbar Hässliche ist leichter beherrsch- bzw. bekämpfbar, da es nicht nur einen von der Norm abweichenden Defekt hat, sondern gleichzeitig Ausgeburt des innersten menschlichen Bösen und somit nachvollziehbar ist. Etwas so Bedrohliches verheißt keinen Machtgewinn, verheißt keinen Machtgewinn, sondern muss vernichtet werden, um die eigene, erwiesenermaßen gute Weltansicht zu schützen. Um dem zu entgehen, können einige Monster, gleich dem Mimikry der Tierwelt, verschiedene Formen annehmen, um ihre Opfer zu täuschen. Dies kann sowohl in äußerlich noch abstoßenderer als auch in anziehender Form geschehen. Die Darstellung des charismatisch und visuell ansprechenden Monsters ist vergleichsweise häufig mit einer exzessiven Libido versehen.[296] Beispiel hierfür ist Dracula (Gary Oldman) aus BRAM STOKERS DRACULA (DRACULA, Francis Ford Coppola, 1992). Er erscheint in Coppolas Verfilmung in diversen Gestalten, unter anderem in einer werwolfartigen Gestalt, als junger Adeliger und alter Mann:

295 McGinn: Ehtics, Evil and Fiction, S. 224.
296 Vgl. Bather: Construction of Evil, S. 139.

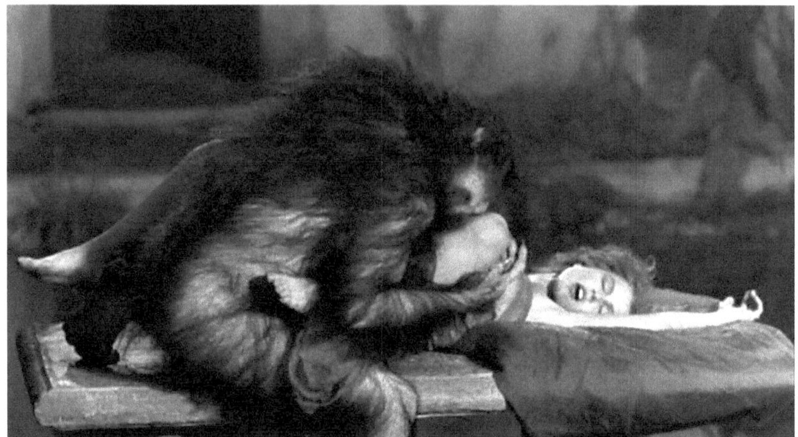

Abb. 51: Dracula in BRAM STOKERS DRACULA *schläft in einer werwolfartigen Gestalt mit Lucy Westenra.*

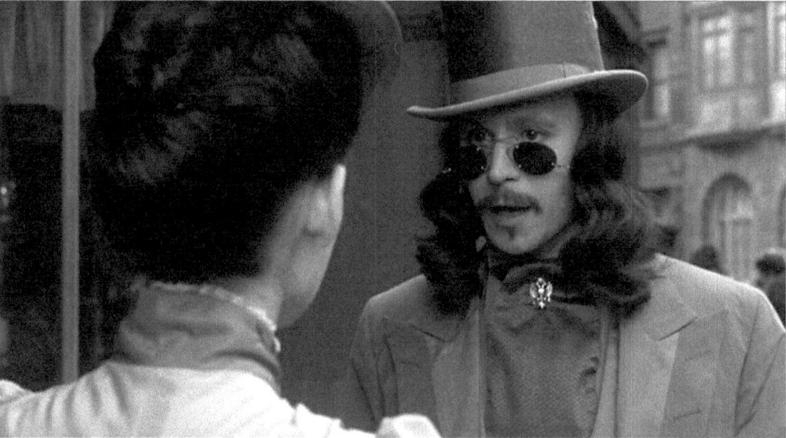

Abb. 52: Der sich als junger Adliger tarnende Dracula spricht Mina Harker auf der Straße an.

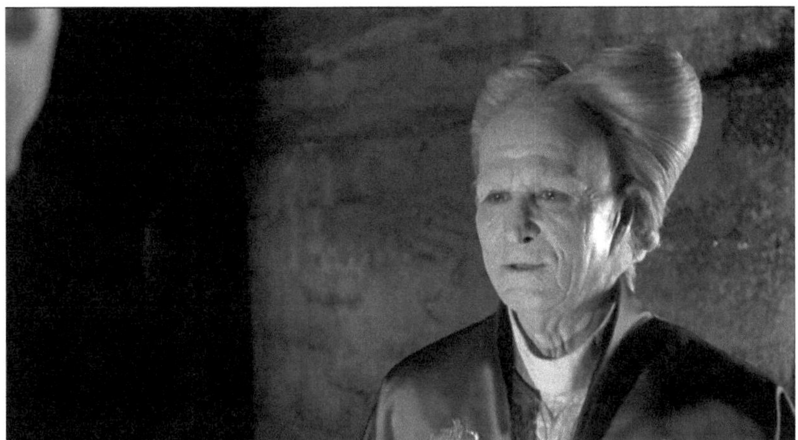

Abb. 53: Graf Draculas erster Auftritt gegenüber dem jungen Vertreter Renfield.

Dracula passt sein Aussehen den jeweiligen Gegebenheiten an, um den Trieben nach Fortpflanzung, Nahrung und Machterlangung (manchmal auch Rache) nachzukommen. Eine einzelne Person ist diesem Monster mit übernatürlichen oder zumindest übermenschlichen Kräften im Zweikampf nicht gewachsen. Vielmehr benötigt der Held entweder eine Ausrüstung (Pflock, Silberkugel), spezielles Wissen (Bannungsformel) oder die Hilfe mehrerer Verbündeter.

So tritt im Horrorfilm anfangs oftmals eine Gruppe von Protagonisten auf, die solange durch Angriffe des Schurken dezimiert wird, bis nur ein einzelner Überlebender übrig bleibt. Dieser letzte Überlebende vernichtet in einem verzweifelten Gewaltakt das Monster und wendet dadurch die Bedrohung von sich selbst und der ihn umgebenden Gesellschaft ab.[297] Eben diese stellvertretende Rettung der »Menschheit« auf der Ebene des Prinzips ist es, die die gewalttätigen Handlungen der bzw. des Helden rechtfertigt: »The evil act is used to further the villain's own personal desires whereas the hero works for the greater good of society and thus acts selflessly.«[298] Die Handlungen der/des Helden wer-

297 Vgl. ebd., S 158.
298 Ebd.

den im Nachhinein idealisiert, ohne negative Konnotation der Gewalt. Das Monster wirkt durch seine Fähigkeiten, Handlungen und Beweggründe so übermächtig, dass es die Ultima Ratio durch den Helden quasi einfordert.[299]

Ein besonders häufiges Monster-Motiv ist die Rache, was sich vor allem im Slasher-Genre niederschlägt. Jason Vorhees (Ari Lehmann) aus FREITAG DER 13. (FRIDAY THE 13TH, Sean S. Cunningham, 1980) und Freddy Krueger (Robert Englund) aus der NIGHTMARE ON ELM STREET-Reihe beispielsweise haben als Ziel Rache an denen, die an ihrem Tod schuldig sind. Diese Rachegelüste sind so mächtig, dass die früheren Menschen Vorhees und Krueger für ihre Erfüllung als Monster vom Tode auferstehen und für immer mordend auf die ihnen »Unrecht« tuende Gesellschaft einwirken. Entscheidend ist die unterschiedliche Wertung der Rache des Helden und der Rache des Schurken bzw. des Monsters. Den Helden ist ihre Rache vergönnt, sie erhalten ihre Absolution, indem der Verursacher des Leides zu Tode kommt, oder schlimmeres. Demgegenüber rächen sich Monster und Mörder in Horrorfilmen zumeist zahlreich, jedoch auch an Unschuldigen, sodass sie keine Befriedigung erfahren. Dem Schurken ist sowohl die Erfüllung der Rache als auch die Vergebung der an ihm verübten bösen Tat versagt: »Good therefore requires some form of self-sacrifice in order for one to be redeemed.«[300] Die Racheakte des Schurken verursachen zwar endgültige Resultate (z. B. den Tod), wirken aber nicht emotional erfüllend oder den Exzess abschließend. Für Monster gibt es keine Erlösung, da sie keine Schuld und auch keine Reue kennen. Vielmehr sind sie zur Wiederholung ihrer Taten gezwungen, bis ein »Held« erscheint, der ihnen die Möglichkeit dazu nimmt. Die scheinbar ewige Wiederholung des Traumas ist tragisch und wird häufig durch die Unsterblichkeit und darin enthaltene

299 Vgl. Desilet: Our Faith in Evil, S. 111.
300 Bather: Construction of Evil, S. 164.

Rastlosigkeit des Monsters illustriert. Für die Filmindustrie selbst birgt die Nicht-Erfüllung der Rache oder Erlösung natürlich die Möglichkeit der kommerziellen Fortsetzung als Sequel oder Remake.[301]

Monster sind Kreaturen, die, ebenso wie Superschurken oder Superhelden, auf wenige Wesenszüge reduziert sind.[302] Da sie keine vollständigen Individuen mehr sind, könnte ihnen selbst das Aufgeben ihrer Begierden und ein Bereuen der bösen Taten keine Rückkehr in ein glückliches Leben mehr ermöglichen. Für die Protagonisten bestehen sie nur aus einem einzigen, sichtbar bedrohlichen Fragment. Wenn das Böse den realen Raum der Protagonisten betreten hat und dort zu wirken beginnt, kann es laut Bather bekämpft, aufgehalten oder besiegt, jedoch niemals rehabilitiert werden.[303] Der Held hingegen kehrt am Ende des Films nicht nur in sein altes Leben zurück, sondern ist herangereift und hat an Stärke gewonnen. Wie schon im Disney- und Superheldenfilm rechtfertigt das gewalttätige Verhalten des Schurken seine Vernichtung.[304] Im Gegensatz zum Disney- und Superheldenfilm schöpft der Horrorfilm seine Möglichkeiten zur Gewaltdarstellung auf dem Weg dahin explizit aus. Freddy Krueger beispielsweise wird in FREDDY VS. JASON nach dem etwa halbstündigen finalen Kampf nicht einfach getötet. Ihm wird von Jason ein Arm abgehakt, er wird mit seinem eigenen Klauenhandschuh durchstoßen, von einer Explosion getroffen und schließlich von einem seiner potentiellen Opfer mit Jasons Machete geköpft, sodass er in einen See fällt.

Jason hingegen fällt nach dem Durchstoßen von Freddys Brustkorb, wie als wenn seine Aufgabe erfüllt wäre, in denselben See. Die Opfer können entkommen, da sich die beiden Schurken scheinbar gegenseitig ausgeschaltet haben. Doch trotz ihrer zahlreichen, tödlichen Verletzun-

301 Vgl. Hroß: Escape to Fear, S. 158.
302 Vgl. Wiener: geist der superhelden, S. 96.
303 Vgl. Bather: Construction of Evil, S. 152.
304 Vgl. ebd., S. 150.

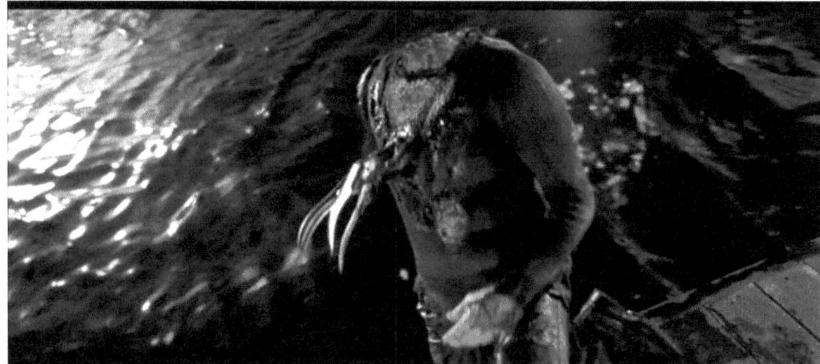

Abb. 54: Freddys enthauptete und durchbohrte »Leiche« fällt nach dem Kampf mit Jason und Lori in FREDDY VS. JASON *in den See.*

gen ist keines der beiden Monster am Ende des Films tot. Kurz vor dem Abspann steigt Jason unversehrt aus dem See und hält den abgetrennten Kopf von Freddy in der Hand, der dem Zuschauer zuzwinkert. Für die Menschheit war es wieder nur ein Sieg auf Zeit gegen das Böse.

Das Monster ist ein Serienmörder, d. h. seine Verbrechen bleiben über lange Zeit ungesühnt, sodass sich die angestaute Schuld in einem schlussendlichen Schlag gegen ihn entladen kann. So wird die Gewalt gegenüber dem Schurken nicht als übermäßig angesehen, sondern als überfällige, einen Ausgleich schaffende Aktion.[305] Das Böse konfrontiert

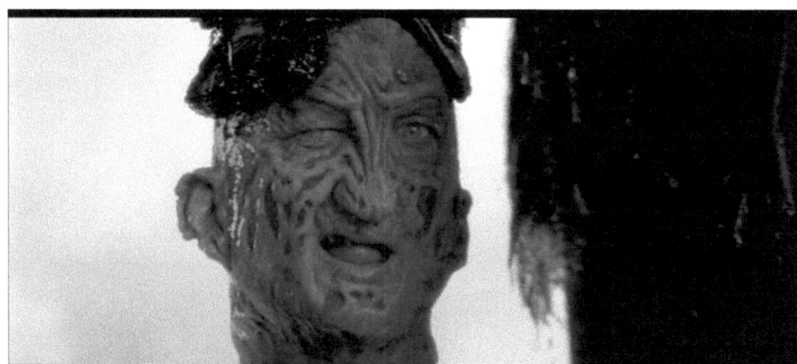

Abb. 55: Jason Vorhees hält den abgeschlagenen Kopf von Freddy Krueger in der Hand, dieser zwinkert in die Kamera.

305 Vgl. ebd.

eben nicht nur mit Fremdheit, sondern wendet sich bewusst destruktiv und mörderisch gegen die Menschen. Jenes Grauen, dass das Monster so lange ungehindert im mörderischen Exzess agieren konnte, und dass es scheinbar nicht einmal durch den Tod aufgehalten werden kann, macht es verdammenswert. Und trotz seiner so eindeutigen moralischen Verwerflichkeit kann sich der Zuschauer seiner Faszination nicht völlig erwehren. Die Janusköpfigkeit des Übermenschlichen ist es, die den Zuschauer fasziniert und zum »game of make-believe« mit normativ abstoßenden Monstern anregt. »A tale of a tragic Dracula and a mad Van Helsing points up the horror genre's often uncertain play with both fear and identification with the monster and his attacks on the social and psychosexual order.«[306] Eine übermenschliche Kraft verspricht auch übermenschliche Möglichkeiten und somit das Ausleben der eigenen Wünsche ohne Rücksichtnahme auf sonst übliche gesellschaftliche Normen.[307] Das Monster ist nicht nur die äußere Bedrohung, es greift auch die eigenen, dem System widersprechenden Gedanken auf und artikuliert sie. Einzig das Superheldengenre greift dieser Versuchung, die eigene Meinung durch große Macht unantastbar und »richtig« zu machen, vorweg. Wie Onkel Ben in SPIDER-MAN dem Helden eindringlich klar macht: »Vergiss niemals: Aus großer Kraft folgt große Verantwortung«.[308] Der Mensch muss mit Macht stets verantwortungsvoll und utilitaristisch umgehen, da er von seinen Mitmenschen sonst nicht als Held, sondern als Schurke oder Monster kategorisiert wird und damit eine massive, gewalttätige Gegenwehr provoziert.

Diese moralische »Richtlinie« gibt es im Horrorfilm nicht explizit. Zuerst wird die zerstörerische Wirkung des Bösen ausführlich und spektakulär zelebriert, dann wird der Urheber des Bösen auf grausame Weise ausgeschaltet. Das Monster mag mächtig sein, aber meist hat es eine

306 Worland: The Horror Film, S. 264.
307 Vgl. Campbell: Heros, S. 31f.
308 Ben Parker in SPIDER-MAN; TC: 00:33:44 – 00:33:47.

furchtbare Vergangenheit, ist in seinem momentanen Zustand nicht glücklich, hat keine Verbündeten, kann keine Erlösung erlangen und wird letztendlich immer von der Allgemeinheit der Menschheit sowie ihren Exekutiven möglichst gewalttätig zerschlagen. Die ganze Welt ist gegen das Monster. Und ebenso wie der Superschurke kann das Monster nicht am Ende des Tages in den Alltag zurückkehren. »Consider: Unlike the superhero, the super villain doesn't sneak back into a civilian identity, become a Clark Kent or Bruce Wayne at the end of the day. The Joker remains the Joker, the Phantom of the Opera is always the Phantom of the Opera, 24 hours a day, 365 days a year.«[309] Das Monster bleibt sein Leben lang, oder sogar bis in alle Ewigkeit, ein Ausgestoßener, da es kein Teil der sozialisierten Welt ist. So lernt der Zuschauer auch durch den Horrorfilm, warum es besser ist, mit seinen Kräften verantwortungsvoll umzugehen und sich die Welt besser nie zum Feind zu machen. Ein Schurke muss sich bewusst von der sozialisierten Welt und der Sehnsucht danach lösen, da seine Vorhaben sonst sogar ihm selbst sinnlos erscheinen. Bis es jedoch am Ende des Films so weit ist, darf das Ausleben des Bösen und der illusorischen, absoluten Macht zelebriert werden.

> Evil is influential, pulling in those around it. Evil becomes attractive through appeals to personalised hedonistic or visceral pleasures, as opposed to a moralistic and dutiful appeal to do good, based on a combined rational and emotional logic. This allows for the main characters to sway between personal gain and societal good, but also allows the evil villain to appeal to others to assist them in their cause.[310]

Das Böse ist also nicht nur gleichzeitig anziehend und abstoßend, sondern befindet sich genau auf der moralischen Schwelle zwischen Individuum und Gesellschaft. Seine Einschätzung durch den Zuschauer

309 Rovin: Encyclopedia of Supervillains, S. vii.
310 Bather: Construction of Evil, S. 161.

kann von einer Handlung zur nächsten plötzlich umschlagen. Der Kampf um Diskurse wird immer an der Schwelle zwischen zwei Prinzipien ausgetragen, sodass die extreme Handlung, nämlich die Grenzüberschreitung, zwangsläufig zu mindestens einer Seite geschehen wird. Der Held des Horrorfilms verfügt meist über eine ganz normale Vergangenheit. Erst durch die Konfrontation mit dem Bösen wird er an die Schwelle der Prinzipien herangeführt und vor die Wahl gestellt. Ebenso gut könnte es passieren, dass überlebende Opfer aus dem ersten Teil eines Films durch die schwellenhaften Ereignisse selbst zur Bedrohung im zweiten Teil werden. Aber im Film muss der Held seine furchtbaren Erlebnisse nicht auf dieselbe Art kompensieren wie das Monster. Er kann wieder von der Schwelle zurücktreten und in sein System zurückkehren, während das Monster hier nur Vernichtung erfahren würde. Es wird eindeutig klar, dass die Grenze zwischen Gut und Böse immer von jenen, die sich für gut halten, gezogen wird. Jede Überschreitung dieser festgelegten Grenze, egal ob bewusst (z. B. Freddy Krueger) oder unbewusst (z. B. Frankensteins Monster), wird sanktioniert. Daraus resultiert, dass sich das Böse immer direkt an der Grenze bzw. Schwelle befindet, denn die Linie wird direkt vor seinen Füßen gezogen. Nur, wenn das »Gute« dem »Bösen« einen eigenen Bereich gewähren und dessen Existenz anerkennen würde, könnten beide Seiten ohne Auseinandersetzung koexistieren. Doch die bewusste Überschreitung der Grenze bleibt immer verheißungsvoll. Da sich beide Seiten schon in eindeutigen Entweder-Oder-Entscheidungen wie »Töten ist gut« oder »Töten ist schlecht« antithetisch gegenüberstehen, kann kein Kompromiss gefunden werden. Insofern sind Gut und Böse in Entweder-Oder-Entscheidungen sehr wohl dichotom voneinander getrennt: Der eine ist immer das, was der andere nicht ist.

5.3. Der Held und das Opfer

»Entscheidungen machen uns zu denen, die wir sind. Und wir haben immer die Wahl, das Richtige zu tun.«[311]

Das Böse ist ein ultimatives Prinzip, das einem immer wieder entgegentritt und nicht zerstörbar erscheint. Nicht der bewundernswerte, selbstlose Ritter rettet die Menschheit und das Prinzip des Guten im Horrorfilm, sondern das ans Äußerste seiner psychischen und physischen Belastungsgrenzen getriebene Opfer. Tom Pollard definiert sie als Teil der postmodernen Helden: »[...] [A] few do manage to survive till the credits but not many. Those who do only manage to hang on to some shreds of life after suffering horrendous personal defeat – characters surely more to be pitied than admired.«[312] Trotz des bedauernswerten Zustandes sind die überlebenden Opfer am Ende des Horrorfilms die Helden, eben weil sie als Einzige überlebt haben. Sie haben die Chance, ihr Leben und die Gemeinschaft neu aufzubauen, oder wieder in ihre Sicherheit zurückzukehren. Den Toten (inklusive dem Monster) ist diese Möglichkeit versagt.

Unabhängig davon, ob sich der Held auf dem Weg zum »Sieg« gegen psychischen oder gegen physischen Horror behaupten muss: Er muss die Konfrontation mit dem Monster suchen und die Schwelle zum verbotenen Bereich überqueren, um den Endkampf für sich zu entscheiden. Was beim menschlichen Taktiker die Gefühls- und Gedankenwelt des Schurken ist, ist beim Monster das Versteck oder sein Refugium. In beiden Fällen muss der Held das ihm bekannte Territorium verlassen. Clarice Starling in Das Schweigen der Lämmer muss sich in den Keller von Buffalo Bills Haus begeben, um den Schurken zu fassen, der sich durch seine Nachtsichtbrille und Ortskenntnis einen Heimvorteil verschafft.

311 Peter Parker in Spider-Man 3; TC: 02:06:03 – 02:06:07.
312 Pollard: Postmodern cinema, S. 7.

Nancy Thompson in NIGHTMARE – MÖRDERISCHE TRÄUME (A NIGHTMARE ON ELM STREET, Wes Craven, 1984) begibt sich bewusst in einen Traum, um Freddy beim geplanten Aufwachen mit in die Realität zu nehmen und so seiner Kräfte zu berauben. Anders ist ihm scheinbar nicht beizukommen.

Das die Menschheit bedrohende Monster muss vom Helden überwunden werden, um die Gesellschaft, derer er sich sicher fühlt, zu schützen. Dem widersprechend schreibt Campbell in seinem Werk zur klassischen Heldenreise den Wechsel, der den negativen Stillstand verhindert, dem Helden und nicht dem Schurken zu. »Der Schöpfergott wird am Ende zum Zerstörer.«[313] Es ist aber nicht allein der Held, der den Fortschritt bedeutet. Erst das Wechselspiel von Zerstörung und Wiederaufbau sichert, unabhängig von den zugeschriebenen Rollen »Held« und »Schurke«, das Fortbestehen der Menschheit. Jedoch zeigt die historische Sicht immer die distanzierte Perspektive der Gesellschaft, nicht die der aktiv beteiligten Opfer und Monster. Das unschuldige Opfer, das mit obsessiver Gewalt um sein Überleben kämpft, handelt in einem lebensbedrohlichen Kontext, in dem seine Selbsterhaltung nicht sanktioniert wird.[314] Dadurch werden Fortbestand oder Untergang der Menschheit ausgeblendet und das Opfer wird nicht zum klassischen Helden oder Antihelden. Die Horrorfilm-»Helden« handeln aus einer egoistischen, selbsterhaltenden Motivation heraus: Nicht weil das Böse durch das Gute vernichtet werden muss, um die Ordnung zu erhalten, wiederherzustellen oder sie weiterzuentwickeln, sondern vor allem, um die *eigene* Welt zu retten.

Gerade aus dieser egoistischen Motivation heraus überleben nicht alle Protagonisten, die mit dem Schurken konfrontiert werden. Stanley Uris (Richard Masur) in STEPHEN KINGS ES beispielsweise nimmt sich selbst das Leben, als ihm klar wird, dass er sich dem Dämon aus seiner

313 Campbell: Heros, S. 322.
314 Vgl. Bather: Construction of Evil, S. 161.

Kindheit erneut stellen müsste. Im Superheldenfilm, und auch im Science-Fiction-Film, ist die Wiederholung des Traumas und die immer wieder erfolgende Konfrontation aufgrund des Fortsetzungsformates Standard. Beispielsweise ist Ellen Louise Ripley (Sigourney Weaver) nach den Erlebnissen in ALIEN im zweiten Teil ALIENS – DIE RÜCKKEHR (ALIENS, James Cameron, 1986) gezwungen, erneut gegen die Aliens zu kämpfen. Genau genommen wird sie hier zum zweiten Mal zum Final-Girl. (Es stellt sich die Frage, ob die Wiederholung des Final-Girl-Traumas einen Protagonisten zu einem wahren Helden machen kann. Ripley agiert im zweiten Teil wesentlich weniger traumatisiert als das Final Girl eines Slasher-Films.)

Zusammenfassend lässt sich festhalten:

Der Psychopath agiert im Horrorfilm als Medium des Bösen und egoistischer, exzessiver Anhänger seiner eigenen Weltansicht. Er zeichnet sich durch eine möglichst anti-utilitaristische Weltanschauung aus, die insbesondere zulasten anderer Individuen durchgesetzt wird. Nur seine grundsätzliche Sterblichkeit und Fehlbarkeit als Mensch macht ihn angreifbar. Trotz der schlussendlichen Niederlage des Psychopathen kann das »Böse an sich« aber nicht einfach aus der Welt verschwinden. Es kann immer nur eines der zahlreichen Medien des Bösen nacheinander ausgeschaltet werden, und wo eines vernichtet wurde, entsteht sofort ein neues. Beispielsweise wird Buffallo Bill in DAS SCHWEIGEN DER LÄMMER zwar erschossen und somit endgültig ausgeschaltet, doch dafür ist Dr. Hannibal Lecter wieder frei. Und er ist tatendurstig.

Das Monster ist ebenfalls nur ein Agent des Bösen, doch im Gegensatz zum Psychopathen wird es selbst auch nicht endgültig vernichtet. Das Monster ist unsterblich:

> Indeed, for exploitation horror, the many roman-numeralized sequels that keep bringing audiences back for the same basic tale for years or even decades […] present the lack of catharsis and

> closure considered characteristic of postmodernism. Each sequel more or less directly states that the monster lives and will inevitably return.[315]

Diese Unsterblichkeit gewisser Horrorkreaturen liegt nicht nur in der Handlung der Filme begründet, sondern auch in der Reaktion der Zuschauer. »The monsters in horror stories are powerful and truly immortal beings because no matter how many times they are killed or destroyed, our fear and desire for their company compel their return.«[316]

Als »Agenten« des Bösen sind die Monster stets von abjekter, konfrontierender, der Moral widersprechender Form. Dieser Widerspruch gegen das Normale und Alltägliche wird zwar vom Zuschauer gefordert und bedingt so die Fortsetzung, aber der kathartische Effekt bleibt nicht zwangsläufig, wie Worland konstatiert, aus. Er wird vielmehr mit jeder neuen Fortsetzung aufrechterhalten und durch die Wiederholung bestätigt, da jeder Film aufgrund anderer Voraussetzungen rezipiert wird.[317] Das Monster mag nicht zu vernichten sein, doch die Menschheit gibt sich auch nicht so leicht geschlagen. In FREDDY'S NEW NIGHTMARE wird die Wirkung der Wiederholung thematisiert: Es ist die Handlung der Filme, die das Böse in Form von Freddy Krueger gefangen hält, sodass es nicht anderweitig agieren kann. Filme bilden einen sorgsam festgelegten Bereich, in dem das Außerdiskursive verhandelt werden kann. Das Spektakel bezeugt nur umso deutlicher die Abgrenzung zum normalen, alltäglichen Diskurs.

> The monster may be a danger and harmful to many people, but surely, according to the inherent laws of fiction, is not stronger or cleverer than society as a

315 Worland: The Horror Film, S. 109.
316 Ebd., S. 2.
317 Vgl. Walton: Furcht vor Fiktionen, S. 119.

> whole with its outstanding, heroic men or well-organized collective efforts.[318]

Durch seinen immer wiederkehrenden Tod unterstützt der Schurke das Bild der realen, guten Gesellschaft, die in der Lage ist, sogar ein unsterbliches, übermächtiges Monster immer wieder und wieder zu besiegen. Konträr zur Märchenwelt mit seinem Happy Ever After zeigt der Horrorfilm, dass es immer böse Einflüsse im Leben geben wird, aber zugleich auch, dass jene, die ihnen nicht kampflos erliegen, stärker werden können.

Da der Horrordiskurs allgemein als bekannt vorausgesetzt werden kann, entstehen auch parodierende bzw. hinterfragende Filme wie THE CABIN IN THE WOODS. Der Film beginnt mit einem klischeehaften Wochenend-Ausflug von nichts ahnenden Teenagern zu einer einsamen Berghütte. Nach einigen seltsamen Erfahrungen werden die Protagonisten nacheinander von Hinterwäldler-Zombies attackiert und getötet. Die beiden letzten Überlebenden finden schließlich heraus, dass sie und ihr qualvoller Tod Teil eines Rituals sind, mit dem eine Geheimgesellschaft allmächtige Götter bannen will. Nach den Regeln des Horrorfilms sollen ein Athlet, ein Gelehrter, eine promiskuitive Frau, ein Narr und eine Jungfrau gefoltert und dann getötet werden. Als jedoch der Narr und die Jungfrau die Anschläge unerwartet überleben und die Möglichkeit haben, sich bewusst für die Menschheit zu opfern, warten sie einfach ab. Sie tun nichts und erwarten die Auferstehung der Götter, damit die Menschheit vernichtet wird. Trotz der Möglichkeit, die Welt zu retten und zu selbstlosen Helden zu werden, bleiben die Opfer, die Protagonisten, die Helden untätig. Sind sie dadurch Schurken? Oder sind die Schurken die Menschen, die sie opfern wollten? Sind die Götter »das

318 Hans-Ulrich Mohr: Neo-Noir Film. Evil and Postmodernism. In: Jochen Achilles, Ina Bergmann (Hrsg.): Representations of Evil in Fiction and Film. Trier 2009, S. 225-244, hier: S. 226.

Böse an sich«? Oder greifen die Kategorien von Gut und Böse trotz der eindeutig drohenden Vernichtung der gesamten Menscheit nicht mehr? Dann wäre es an der Zeit für eine Neuordnung.

5.4. Die Inszenierung und das Ende der Monster

»An act of cinematic evil exists because it is seen *to be so.«*[319]

Der Schurke ist ein Schauspieler. Er ist ein Spieler, der die Protagonisten und Zuschauer zum Mitspielen und Zuschauen bei seinem Spiel auffordert. Unabhängig vom Genre setzt der Schurke filmimmanent dabei eine eigene Form von Inszenierung ein. Merchandise, Poster und Werbung vervollkommnen seine Wirkung auf den Zuschauer über die Grenzen der Leinwand hinaus. Gewissermaßen tritt er dadurch doppelt vor sein Publikum. Im Disneyfilm hat jeder Schurke eine eigene Szene oder ein eigenes Lied[320], um seine Absichten und Hintergründe zu erläutern, ebenso wie der Held. Im Superheldenfilm (und Actionfilm) inszeniert sich der Schurke oft selbst, indem er Botschaften[321] oder sein Erkennungszeichen hinterlässt[322] und sich dramatischer Auftritte mit Explosionen, Rauch oder teuren Statussymbolen bedient. Auch sein Versteck trägt unverkennbar seine Handschrift. Im Horrorfilm dient die Selbstinszenierung des Schurken nicht nur der Vergrößerung der Angst der Zuschauer, oft wird sie handlungsimmanent begründet. Freddy Krueger spielt mit seinen Opfern, da deren Angst ihm seine Kraft verleiht. Er ist gewissermaßen gezwungen, so viel Angst wie möglich zu erzeugen.

319 Bather: Construction of Evil, S. 332 [sic!].
320 Z. B. Scar und Simba in DER KÖNIG DER LÖWEN.
321 Z. B. die Rätsel des Riddlers in BATMAN FOREVER.
322 Z. B. die Joker-Spielkarten des Jokers in BATMAN BEGINS und THE DARK KNIGHT.

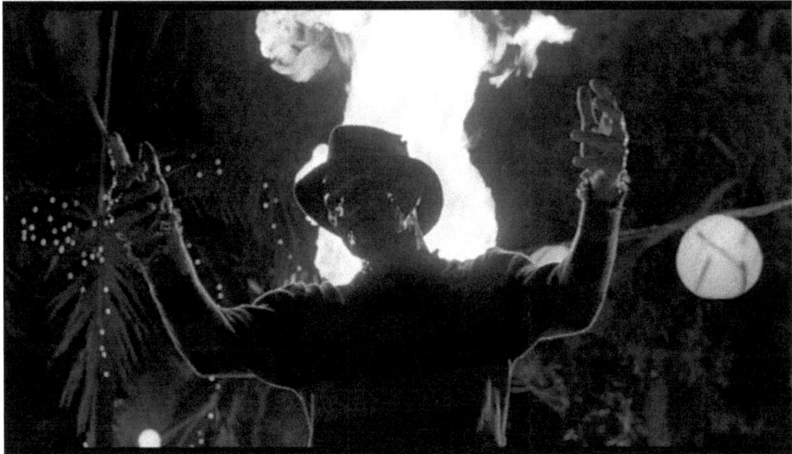

Abb. 56: Freddy Krueger inszeniert sich selbst für eine Horde kreischender Teenager in Nightmare on Elm Street 2 – Die Rache.

Auch Dr. Hannibal Lecter in Das Schweigen der Lämmer nutzt den Schrecken, den seine Taten bei den Beteiligten auslösen, für seine Zwecke. Für seinen Ausbruch aus der Obhut der Polizei inszeniert er eine aufwändige Kreuzigungsszene an einem der Wachmänner. Vom Horror der Tat geblendet erkennen sie nicht, dass er sich mittels eines abgeschnittenen Gesichtes als Opfer tarnt und das abgeriegelte Gebäude in einem Krankenwagen verlassen kann. Die Polizei wird durch das Spektakel in Panik versetzt, wodurch ihre Handlungen unkoordiniert und somit manipulierbar werden.

Die »Show« des Schurken ist ein Zeichen seines Bewusstseins des Schurkentums und der Konfrontation. Der Schurke sendet dem Helden gewissermaßen eine Einladung an die Schwelle des Prinzips, an der der finale Kampf erfolgen soll. Gerade der Thriller baut häufig eine Jagd-Szenerie rund um Hinweise des Schurken auf, denen der Held dann folgen muss. Z. B. müssen in Sieben (Se7en, David Fincher, 1995) diverse Verbrechen in Zusammenhang mit den sieben Todsünden aufgeklärt werden, der Held kann den Schurken erst stellen, wenn er das Handlungsschema erkennt. Das dadurch belegte Bewusstsein über ihre Taten

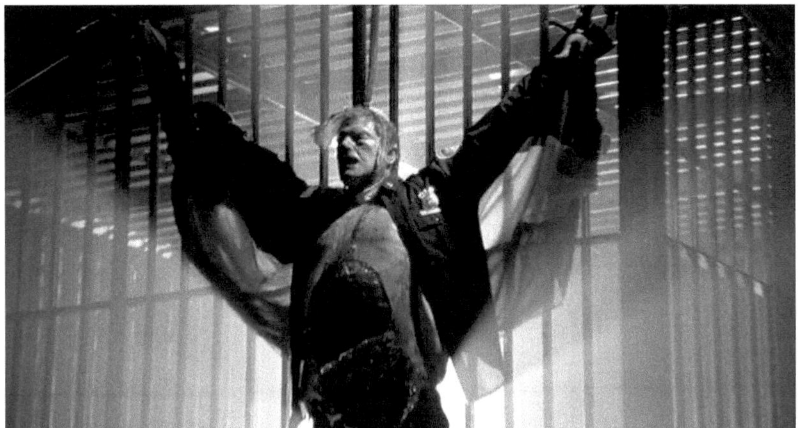

Abb. 57: Der von Dr. Hannibal Lecter für seine Flucht »gekreuzigte« Polizist in *Das Schweigen der Lämmer.*

und die übernommene Verantwortung zeichnet wahre Schurken im Gegensatz zu unwillentlichen Schurken wie beispielsweise Frankensteins Monster oder intellektuell unmotivierten Tieren und Naturgewalten aus. Monster wie Jason Vorhees aus Freitag der 13. oder Michael Myers aus Halloween konfrontieren. Sie versuchen nicht, ihre Verbrechen zu vertuschen, sie schämen sich ihrer dem System schadenden Taten nicht. Durch ihre Unsterblichkeit erübrigen sich auch die Notwendigkeit des Pläneschmiedens oder die Rücksichtnahme auf die vermeintlich schwächeren Menschen.

Je stärker der Schurke dem System entgegengesetzt ist, desto stärker und entschlossener muss der Held vom Prinzip des Guten überzeugt sein. Doch dabei schaukeln sich beide Seiten gegenseitig hoch. Ohne die obsessive Bewachung müsste Hannibal nicht auf spektakuläre Weise ausbrechen, und ohne die Notwendigkeit der Furcht und Angst (und Erfüllung seiner Rachegelüste) müsste Freddy niemanden töten. Sobald der Held sich für den Kampf entscheidet, muss der Schurke taktisch handeln. Mit dem Helden erhebt sich plötzlich die gesamte Welt und Gesellschaft aus der Schockstarre gegen den Schurken. Trotz all seiner

Kräfte, Eigenschaften und Ziele verliert er am Ende alles. Je stärker die emotionale Bindung des Zuschauers mit ihm und dem ihm entgegengestellten Helden ist, desto stärker sind der kathartische Effekt[323] und der Spannungsbogen des Films. Es ist für den Zuschauer nicht von Bedeutung, ob der Held nur aus egoistischen Ansätzen wie dem Überlebenstrieb oder aus hehren Absichten heraus handelt; solange er dabei gesellschaftskonstitutiv ist, ist er ein vorbildlicher Held oder sogar eine Identifikationsfigur. Denn die Seite, die den finalen Kampf gewinnt, ist die gute Seite.

Die Künstlichkeit der Kategorisierung von Gut und Böse zeigt sich eben gerade daran, dass Gut und Böse von der Perspektive abhängen.[324] Der Zuschauer folgt der ihm vorgeschriebenen Perspektive, wie er dem ihm in der Realität vermittelten Moralkodex folgt. Im Film geschieht dies anhand einer abgeschlossenen Geschichte mit einem vorbestimmten Ende. Der Endkampf im Film gleicht meist einer biblischen Apokalypse, das Böse wird vom Guten überwunden, und eine bessere Welt entsteht.[325] Die Menschheit ist siegreich und dadurch gut. Im Alltag der Zuschauer gibt es jedoch kein Ende des Kampfes oder des Bösen. In diesem Sinne ist der Horrorfilm, gerade im Vergleich mit dem märchenhaften Disneyfilm und gerechtigkeitssuchenden Superheldenfilm, die realistischste Darstellungsform der Realität. Denn der Horrorfilm hat kein Happy End, vielmehr wird eine Fortsetzung nach der anderen produziert und eine unendliche Geschichte erzeugt.

Um die Geschichte aber nicht allzu bedrohlich zu gestalten, steht die Niederlage des einzelnen Horrorfilm-Schurken fest. Der gezeigte Schurke ist enorm vereinfacht, wirkt konzeptlos, fragmentarisch und dadurch unnormal. Eben dieses bedrohliche Anders-Sein gilt es zu vernichteten, wenn die gute Welt bestehen soll. Um diese Aufgabe erfüllen zu kön-

323 Vgl. Desilet: Our Faith in Evil, S. 113f.
324 Vgl. Orgain: Villains, S. 5.
325 Vgl. Bather: Construction of Evil, S. 142.

nen, muss der Held, bzw. das Opfer, erst an der nahezu unmöglichen Aufgabe des Sieges auf der Ebene des Prinzips scheitern. Dann kann er daran wachsen, wieder Vertrauen in seine eigene Weltansicht fassen und sich dem Bösen erfolgreich entgegenstellen. Dabei ist im Helden immer eine Kraft oder Eigenschaft verborgen, die ihn an sich selbst glauben lässt und ihn nach ausreichendem Training, oder der erwähnten Rückbesinnung auf seine Motivation, stärker macht.[326] Der Schurke jedoch hat die Konfrontation mit der Schwelle, auf der er bereits mehrfach schmerzlich vom Guten abgewiesen wurde, bereits hinter sich. Die neu gewonnene Macht des Helden kann er in seiner Hybris (genau genommen dem über lange Zeit aufgebauten Vertrauen in seine eigenen Fähigkeiten und sein eigenes Recht) nicht erkennen und verliert durch Selbstüberschätzung den finalen Kampf. Sobald er das Selbstvertrauen des Helden erkennt, wankt seine Sicherheit, sodass er zwar noch zu Verzweiflungstaten, aber nicht mehr zu erfolgreichen Höchstleistungen fähig ist. Dieser plötzlich *ihn* konfrontierende Exzess vernebelt den ansonsten überdurchschnittlich rationalen Verstand des Schurken.[327]

Der Held, der im Endkampf bereits übel zugerichtet wurde und an der Grenze der Niederlage stand, kann die neue Situation erfassen, sich besinnen und den Schurken mit einem Aufbäumen besiegen.[328] Mit dem Verständnis des Schurken und dessen Unsicherheit werden auch seine Schwächen offenbart. Bei Freddy beispielsweise ist es das Feuer, bei Jason das Wasser (da beide durch jeweils diese Elemente starben). Simba in DER KÖNIG DER LÖWEN nutzt den Angriff von Scar gegen ihn selbst, indem er dessen Kraft umleitet und ihn bildhaft vom Königsfelsen stürzt. Batman vernichtet Two-Face in BATMAN FOREVER, indem er ihn zum Münzwurf verführt, zum Stolpern bringt und so abstürzen lässt. Der Held analysiert den Schurken und hat Erfolg, während der Schurke dem

326 Vgl. Campbell: Heros, S. 23.
327 Vgl. Bather: Construction of Evil, S. 144.
328 Vgl. Wiener: der geist der superhelden, S. 100.

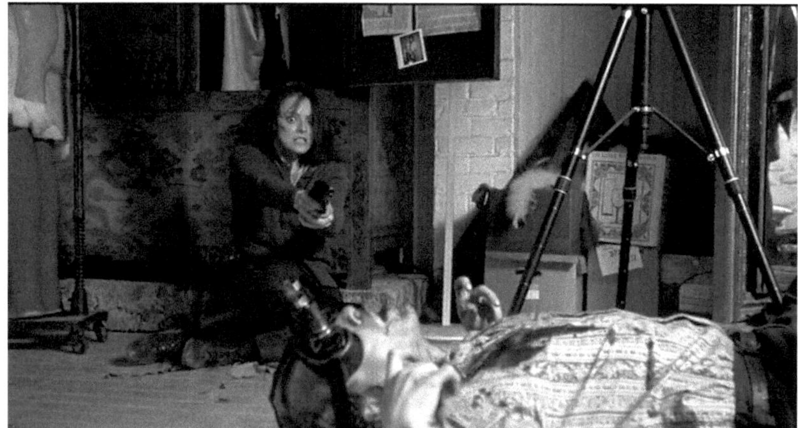

Abb. 58: Buffalo Bill wurde von Clarice Starling in DAS SCHWEIGEN DER LÄMMER *erschossen.*

Helden im Kampf zwar sehr nahe kommen kann, aber dessen Vertrauen in das eigene Gut-Sein und das Konzept des Helden-Daseins für Andere nicht verstehen kann. Der klassische Schurke verfügt zwar auch über die Verbesserungsmöglichkeit der eigenen Fähigkeiten, doch sobald ein Schurke durch Mutation, technischen Fortschritt oder andere Mittel eine neue, größere Macht erlangt, so erfährt auch der Held ein ungleich größeres »Upgrade«, sodass der Schurke wieder unterlegen ist. Ohne die Verbesserung verfügt der Schurke maximal über einen Zufluchtsort, an dem er seine Kräfte sammeln kann. Für Dracula ist dies der Sarg, für Freddy Krueger seine eigene Traumwelt. In diesen Welten gibt es nur ihr eigenes, nicht hinterfragtes Weltbild, und darum ist ihre Macht dort am Stärksten. Aber »[a]lle Macht ist im Grunde fiktiv: weil sie ohne das Mittel der Lüge in sich zusammenfiele.«[329]

Sinnbildlich stürzt der Schurke im Folgenden durch die Falle, die er dem Helden gestellt hat. Das Böse, das er tut, richtet sich am Ende gegen ihn selbst. »Through the design of the melodramatic plot, the audience is led to identify exclusively with the hero. (...) [It] creates an

329 Arno Plack: Die Gesellschaft und das Böse. Eine Kritik der herrschenden Moral. München 1967, S. 295.

attitude of great tolerance for extreme violence when that violence is directed toward the villain.«[330] Die Monster des Horrorfilms spielen den Helden am übelsten mit, somit werden sie auf die grausamste Art und Weise vernichtet. Bei den Psychopathen genügt meistens ihre Ausschaltung nach einem Kampf, während im Disneyfilm entweder Tod oder Verbannung stehen.

Zu beachten ist jedoch, dass die Form des Schurkenendes auch von der üblichen Gewaltdarstellungsintensität der jeweiligen Film-Entstehungszeit abhängig ist. Das Ende des Vampirs in DRACULA von 1931 ist beispielsweise völlig anders als das Ende von Coppolas BRAM STOKERS DRACULA von 1992. Der Tod des 1931er Draculas wird nicht einmal gezeigt. Der Held geht mit einem Pflock auf den Sarg des schlafenden Vampirs zu, die Kamera schwenkt auf die von dem Vampir hypnotisierte Frau. Es ist ein Stöhnen zu hören und die hypnotisierte Frau erwacht, offensichtlich von der Macht Draculas befreit, aus ihrem Bann. Demgegenüber wird Coppolas Dracula gejagt, gepfählt, verwandelt sich mehrmals und wird schließlich von der von ihm geliebten Frau geköpft.

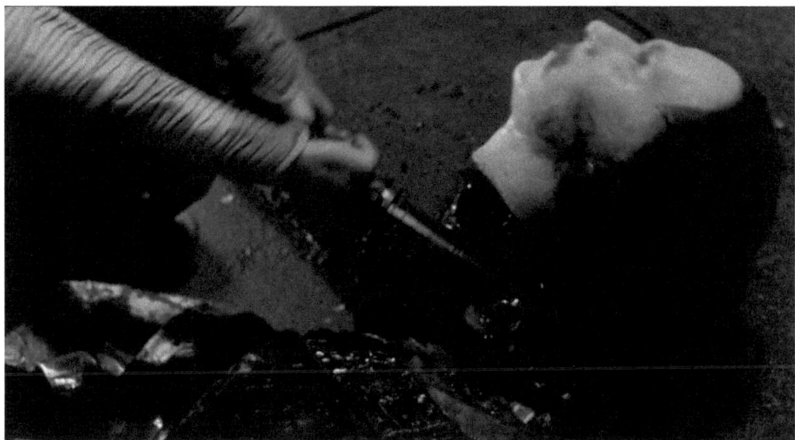

Abb. 59: Dracula in BRAMS STOKERS DRACULA hat sich im Tod in eine menschliche Gestalt verwandelt und wird von seiner Geliebten nach dem Pfählen geköpft.

330 Desilet: Our Faith in Evil, S. 111.

Beide Draculas sind am Ende des Films tot, wurden durch die gleiche Methode getötet, jedoch mit völlig unterschiedlicher bildhafter Darstellung. Die Splatter-Horrorfilme hingegen leben vom Blutbad. Beispielsweise werden in THE CABIN IN THE WOODS bis auf zwei Protagonisten alle Menschen vor laufender Kamera getötet und der Tod der restlichen Menschheit impliziert.

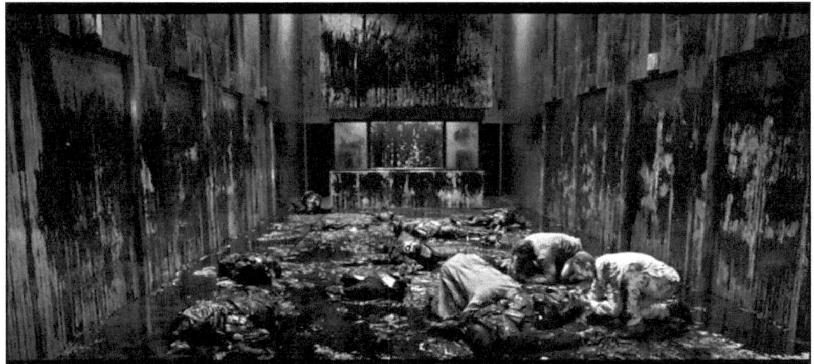

Abb. 60: In THE CABIN IN THE WOODS wurde alles unterdrückte Böse auf einmal freigelassen.

So kann der Held allen angestauten Hass (auch den auf das eigene System) auf das am Ende vernichtete Böse projizieren. Wie gut, dass es das Böse gibt.

6. Fazit

»Was macht einen Bösewicht aus? Er verliert immer!«[331]

Der finale Kampf des Helden und des Schurken bildet im Disney-, Superhelden- und Horrorfilm den dramaturgischen Klimax. Obwohl alle drei Genres unterschiedliche Zielgruppen mit unterschiedlichen Ansprüchen bedienen, ist das Böse in allen dreien zentral. Die Taten der Pro- und Antagonisten sind sich genreübergreifend überraschend ähnlich, nur die Anzahl und Intensität der bildlichen Darstellung variieren. Im Disneyfilm sterben wenige (Haupt-)Figuren, im Horrorfilm hingegen viele; ebenso wird die Todesart im Disneyfilm metaphorisch angedeutet und im Horrorfilm plakativ zelebriert. Dennoch ist die Ausübung von Gewalt nicht primär ausschlaggebend für die Definition des Bösen, da sie von bösen wie von guten Figuren angewendet wird. Böse ist das, was dem Helden und seiner Welt gegenübersteht oder darin nicht verortbar ist. Im finalen Kampf treffen die Vertreter zweier Parteien aufeinander, nachdem zuvor die jeweiligen Kräfte, Motivationen und Schwächen dargestellt wurden. Zu Beginn des Kampfes wird der Held als unterlegen dargestellt, insbesondere durch Ausstattung des Schurken mit Magie[332], übermenschlichen Fähigkeiten[333] oder Unsterblichkeit[334]. Der Held wird verletzt, gequält und vom überlegenen Bösen ans Äußerste getrieben, dann jedoch folgt der Motivationsschub des Helden.[335]

331 Megamind in MEGAMIND; TC: 01:49:42 – 01:49:46.
332 Z. B. Dschafar in ALADDIN.
333 Z. B. Hades in HERCULES.
334 Z. B. Jason Vorhees in FREITAG DER 13.
335 Vgl. Wiener: geist der superhelden, S. 100.

Hierbei ist es unerheblich, ob der Motivationsschub durch eine Geistererscheinung[336], die Hilfe von Verbündeten[337] oder eine starke Erinnerung[338] hervorgerufen wird, oder sogar gänzlich inszeniert wird: Direktor Fury in MARVEL'S THE AVENGERS beispielsweise motiviert die ihm zur Verfügung stehenden Helden durch eine Lüge dazu, als Team zusammenzuarbeiten. Indem er ihnen die blutverschmierten Sammelkarten eines seiner Agenten präsentiert und seinen Tod als heldenhaft darstellt, bringt er die Helden dazu, gemeinsam in die finale Schlacht gegen den übermächtigen Gegner und seine Armee zu ziehen. Die Bedrohung der gesamten Menschheit war wohl noch nicht motivierend genug, die persönliche Note. Nur die persönliche Motivation und das Vertrauen, selbst das einzig Richtige zu tun, sind ausschlaggebend für die Entscheidung des finalen Kampfes: »Die objektive Welt bleibt, was sie war, wird aber, durch eine Akzentverschiebung im Subjekt, wahrgenommen, als ob sie verwandelt sei.«[339] Filmtechnisch wird dieser Part der Handlung gerne durch dramatische Musik, eine Rückblende und/oder eine Zeitlupensequenz unterstützt. Die Ausnahmesituation und die plötzliche Motivation geben dem Helden die emotionale Stärke, sich einer zeitlich beschränkten exzessiven Gewalt hinzugeben, die ihn dazu befähigt, den bedrohlichen Schurken zu überwinden. Denn um siegreich zu sein, muss er die Sünde und den Tod erst selbst kennenlernen.[340]

Nach der FSK wäre anzunehmen, dass der Zuschauer, je erwachsener er wird, mit sich steigerndem gewalttätigem und unzerstörbarem Bösen konfrontiert wird. Dem ist jedoch nicht so, da die Tatsache, dass das »Böse« an sich immer existiert, egal wie viele Schurken ausgeschaltet werden, auch im Disneyfilm gezeigt wird. Wenn es eine Fortsetzung

336 Z. B. durch Mufasa in DER KÖNIG DER LÖWEN.
337 Z. B. den Club der Looser in STEPHEN KINGS ES.
338 Z. B. den Patronus in der Harry-Potter-Reihe.
339 Vgl. Campbell: Heros, S. 33.
340 Vgl. ebd.

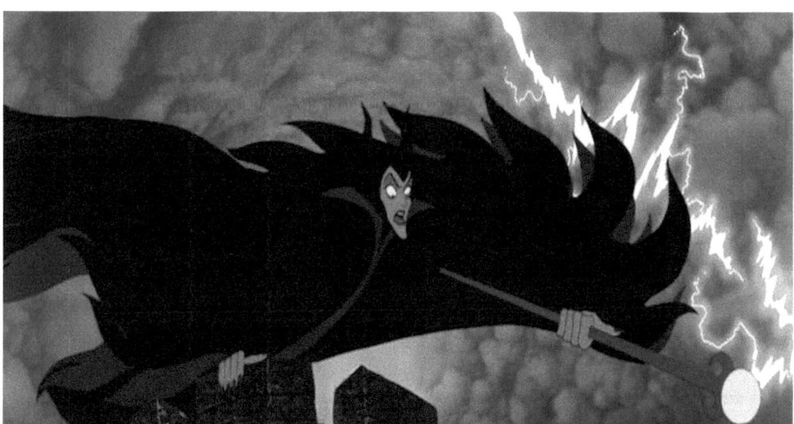

Abb. 61: Die böse Hexe Malefiz spricht in DORNRÖSCHEN *einen Fluch aus, um den Prinzen von der Rettung der Prinzessin abzuhalten.*

gibt, taucht entweder der Schurke aus dem ersten Teil mit neuen Kräften wieder auf[341], oder ein neuer Schurke (der in gewisser Beziehung zu dem vorherigen Schurken steht) wird eingeführt.[342] Beachtenswerterweise sind die Aktionen im Disneyfilm nicht minder böse intendiert als die im Superhelden- oder Horrorfilm. Die Unterteilung der Schurken kann daher eher durch die Inszenierung der ihnen entgegengesetzten Helden und das Maß der Bedrohung Unschuldiger geschehen. Dabei ist es unerheblich, ob der Schurke dunkel und bedrohlich wie Malefiz in DORNRÖSCHEN wirkt oder farbenfroh karikiert wird wie der jodelnde Alameda Slim in DIE KÜHE SIND LOS (HOME ON THE RANGE, Will Finn, John Sanford, 2004).

Trotz ihres sehr unterschiedlichen Äußeren sind beide Figuren böse und verlieren sich zum Ende des Films im Exzess. Malefiz verwandelt sich in einen feuerspeienden Drachen, wird aber vom »Schwert der Wahrheit« aufgespießt. Der Viehdieb Alameda Slim kann sein Ziel, den Aufbau eines Monopols, nicht verwirklichen und wird verhaftet. Das Verhalten, das der Held als Exzess wahrnimmt, wird dem Schurken zum

341 Z. B. Dschafar in DSCHAFARS RÜCKKEHR.
342 Z. B. Zira in DER KÖNIG DER LÖWEN 2 – SIMBAS KÖNIGREICH.

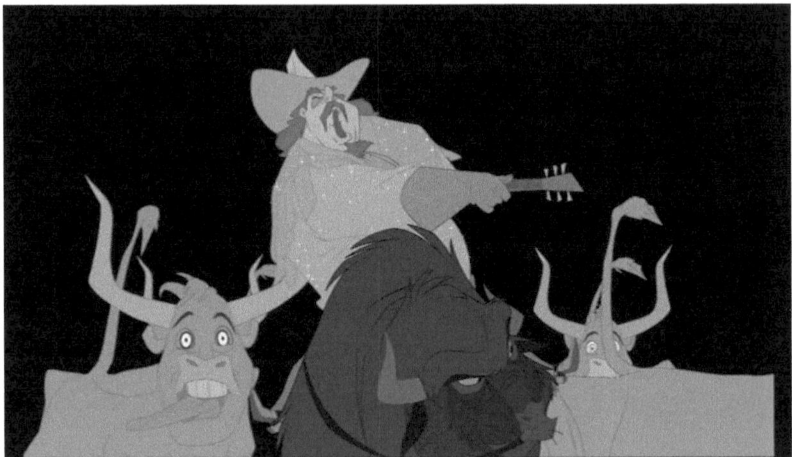

Abb. 62: Der jodelnde Schurke Alameda Slim in Die Kühe sind los während seines Liedes zur Entführung der Kühe.

Verhängnis. Der Held kann im Rückwurf auf sein Selbst seine eigenen Ideale hinterfragen, sie durch andere bestätigt sehen und dann ohne Zurückhaltung gegen den Schurken vorgehen.

Nach dem Motivationsschub erfolgt häufig noch eine weitere Schwellenüberschreitung innerhalb des finalen Kampfes. Wenn der Held durch seinen Motivationsschub mächtiger geworden ist als der Schurke, so entscheidet er sich häufig, die ihm gegebene Macht nicht zu nutzen. Der Schurke erhält die Chance, sich zurückzuziehen und zu entkommen. Doch diese Gewährung der Gnade nutzt der Schurke meist für einen weiteren, ihm dann zum Verhängnis werdenden Angriff. Dieser Angriff ist der ultimative Exzess des Schurken, der, selbst wenn ihm ein Ausweg geboten wird, noch auf seiner eigenen, von allen als falsch angesehenen Position beharrt. Beispielsweise will das Biest Gaston in Die Schöne und das Biest (Beauty and the Beast, Gary Trousdale, Kirk Wise, 1991) verschonen und wirft ihn nicht von der Schlossturmspitze. Als es Gaston absetzt und ihm den Rücken zukehrt, attackiert er es mit einem Messer, verliert das Gleichgewicht und stürzt erst daraufhin in den Tod. Simba will Scar, der in Der König der Löwen um sein Leben bettelt, ebenfalls entkommen lassen, wird aber daraufhin mit heißer Asche geblendet und attackiert. Dieses Aufbäumen des Schurken zeigt seine Unabänderlichkeit. Der Held verhält sich auch dem ihm Schadenden gegenüber moralisch und zeigt ihm etwas von seiner Weltanschauung, das auch für ihn positiv wäre. Wenn sich der Schurke dem Helden nach dieser letzten Chance aber immer noch nicht anschließt, so kann er niemals Teil der Gesellschaft werden. Die Gewalt gegen ihn wirkt aus Sicht der Gesellschaft dadurch umso gerechtfertigter. Einzig die postmodernen Schurken können durch einen Erwachensmoment zu Helden werden, da auch sie den positiven Einfluss hilfreicher Nebenfiguren[343] erfahren. Mit den postmodernen Schurken ändern sich aber auch die Helden. Der klassische Superman ist ein strahlendes, selbstloses Vorbild, aber Antihelden wie Batman sind gebrochen. Sie haben sich zwar ebenfalls dem Kampf verschrieben, werden für ihre Taten aber nicht belohnt. Weshalb sollte Batman, der von den Gothamer Bürgern verteufelt und gejagt wird, für sie kämpfen? Batman kämpft für sein eigenes Bild einer guten Welt. Erst wenn die Einwohner Gothams seine Weltansicht teilen, oder zumindest nachvollziehen können, kann Batman in ihren Augen ein Held werden. Darum sind Figuren wie Batman Antihelden. Ihre Darstellung ist ambivalent, sie tun sowohl Gutes als auch Böses und häufig ist nur die Tatsache, dass sie das Böse an den Bösen tun, das Gute an ihnen. Das Happy Ever After des Disneyfilms ist einem »Struggle Ever After« des Superheldenfilms gewichen.

Der Horrorfilm bedient sich in seiner Darstellung des allvorhandenen, nicht ausschließbaren Bösen. Zu Beginn ist die Welt normal, jedoch spricht der Film eine klare Warnung aus: Wenn die Menschen sich zu sicher fühlen, erhebt sich das Böse, und umgekehrt.[344] Das cineastische Böse ist universal und latent präsent. Wirklich greifbar wird es erst, wenn der Schurke als sein Medium in die Welt tritt und den Dis-

343 Vgl. Campbell: Heros, S. 16f.
344 Vgl. Wiener: geist der superhelden, S. 94.

kurs aktiv in Frage stellt. Die Schwachen fallen ihm zum Opfer, nur auserwählte Protagonisten beginnen durch die Konfrontation mit dem Abjekten und Fremden eine Metamorphose. Es sind etliche unschuldige Opfer nötig, bevor der Held als solcher erwacht. Er verkörpert keine strahlende Sagengestalt, sondern ist eines der wenigen überlebenden Opfer. Der kindliche Glaube, dass jemand, um Gutes zu tun, wirklich gut sein muss, erweist sich als unzureichend.[345] Ob nur der Gute ein Held werden kann, oder jemand erst durch Heldentum gut wird, bleibt weitestgehend ungeklärt. Vielmehr muss der Erwachsene den Mut finden, das unbekannte Böse in sich zu einem gewissen Grad zuzulassen, um es kontrollieren zu können und das eigene Weltbild dem Bild seiner Mitmenschen anzupassen. Außerdem muss der Erwachsene immer weiterkämpfen, auch wenn alles aussichtslos ist und er keine Kraft mehr zu haben scheint.

Im Horrorfilm kann auch jemand, der nicht absolut gut oder außergewöhnlich stark ist, Gutes für sich selbst und Andere tun. Die Konfrontation mit der massiven Gewaltanwendung führt den auserwählten Protagonisten zurück zum instinktiv ums Überleben kämpfenden, potenten Gut-sein. Die nostalgische Sehnsucht nach der ihm bekannten, guten Welt wird durch die Darstellung eines überzeichneten Bösen heraufbeschworen. Der Exzess ist das entscheidende Merkmal für die Grenze bzw. Schwelle zwischen Normalität und dem Bösen. Dabei kann das Opfer das Monster nicht bezwingen, ohne selbst in Exzess zu verfallen. Das Verführerische am Bösen, diese übermenschliche Macht, sich über Gesetze, Moral und Neider hinwegzusetzen, macht das Böse für den Zuschauer nachvollziehbar und verlockend. Zudem ist der Schurke meist die Verkörperung des Neuen, Unbekannten, das die alten, langweiligen Grenzen herausfordert. Die scheinbar mehr wissende Existenz des Schurken spricht den Zuschauer an. Er genießt die wenigen Stunden,

345 Vgl. Westfall: Why Nemo Matters, S. 44.

die er wechselnd in der Gestalt des Opfers, Schurken und Helden verbringt, um dann wieder in die schützende gesellschaftliche Norm zurückzukehren. Der kathartische Effekt, der durch den Fall des Schurken eintritt, unterstützt das Bild der guten, realen Gesellschaft. Die Interaktion mit dem cineastischen Bösen lässt den Zuschauer feststellen, in welch einer »guten« Welt er eigentlich lebt. So bewirken Held und Schurke gleichermaßen Gutes, wenn sie ihren egoistischen Zielen folgen und den Zuschauer daran teilhaben lassen.

Das Böse lässt sich nicht auf einen einzigen Charakter oder eine bestimmte Handlungsweise festlegen, sondern ist immer abhängig von der Aussage des Films und Sichtweise des Zuschauers.[346] Die in einem Film entworfene Konstruktion geht niemals über eben diese spezifische visuelle Repräsentation hinaus.[347] Neil Bather kritisiert, dass ein Film zwar Fragen über das Verhältnis von Gut und Böse aufwirft, diese aber nicht beantworten kann.[348] Es fragt sich, ob dieser Anspruch überhaupt an einen Film gestellt werden kann, wenn es sich um einen komplexen Diskurs handelt, der auch in der Realität nicht definierbar ist. Es ist Bather aber zuzustimmen, dass das Besiegen des Bösen im Film zumeist weniger wichtig ist, als die Erfahrung, die der Weg zum Ende für Held und Zuschauer offeriert.[349] Stuart Fischoff geht sogar davon aus, dass der Schurke in den meisten Fällen zu einem Stereotyp verkommt, dessen Motivation zugunsten des Unterhaltungsgedanken nur minimal erläutert wird. Filmschurken wären demnach nur Katalysatoren, die durch die gequälten Schreie ihrer Opfer den Helden erwecken[350] und deren Vernichtung am Ende des Films unausweichlich ist.[351]

346 Vgl. ebd., S. 42.
347 Vgl. Bather: Construction of Evil, S. 33f.
348 Vgl. ebd., S. 51f.
349 Vgl. ebd., S. 8.
350 Vgl. Campbell: Heros, S. 22.
351 Vgl. Fischoff: Villains in Film, S. 5.

Wäre die Rolle der Schurken jedoch immer so stereotyp wie von Bather und Fischoff angeführt, wäre die Produktion weiterer Filme sinnlos. Vielmehr scheint es bei der fiktiven Arbeit mit stereotypen Schurken und Helden auf die immer wieder redundante Bestätigung der bestehenden Bilder anzukommen, unabhängig von den Details.[352] Die Botschaft mag die gleiche sein, aber jede Generation braucht eine andere Art der Kommunikation. In ikonischer Betrachtung ist der Held der, der trotz persönlicher Katastrophen nicht versucht, anderen Menschen die Schuld an seinem Unglück zu geben oder ihnen Gleiches zuzufügen, um sein persönliches Bedürfnis nach Gerechtigkeit zu befriedigen. Er zieht sich vom Makrokosmos in seinen inneren Mikrokosmos zurück, um die in ihm verborgene Stärke zu finden.[353] Er hat sich zu jemandem entwickelt, der zum Wohle aller handelt. Letztendlich ist er aber auch immer der, der auf der Seite des Stärkeren steht und dadurch nicht verlieren kann. Der Motivationsschub wirkt wie ein ihm Sicherheit gebendes Umsehen zur Bestätigung der eigenen Weltsicht durch andere. Wenn das eigene Bild durch Andere bestätigt wird, so darf der Held exzessiv handeln, da ihm per Generalablass alles vergeben werden wird. Er muss nur beachten, dass ihm die persönliche Rache und der Exzess ausschließlich in Form der Vernichtung des Bösen vergönnt sind.

Wenn die Rache erfüllt und die Ordnung wiederhergestellt ist, muss der Held seinen Exzess beenden und seine Erfahrungen an andere weitergeben.[354] Beispielsweise kann der Held seinen Kampf mit dem Bösen dokumentieren, sodass folgende Generationen wieder in Bibliotheken Hilfe finden können. Oder aber er bildet neue Helden aus. Wenn er dies nicht tut, wird er selbst ein Störfaktor und damit zum destruktiv wirkenden Schurken, den es zu vernichten gilt. Selbst wenn er nur von einzelnen Individuen als Bedrohung gesehen wird, wie beispielsweise

352 Vgl. Wiener: geist der superhelden, S. 93.
353 Vgl. Campbell: Heros, S. 23.
354 Vgl. ebd., S. 25.

J. Jonah Jameson es als seinen persönlichen Feldzug sieht, seine Stadt von der Bosheit Spider-Mans zu überzeugen, so kann der ehemalige Held das System schädigen. Die Dichotomie von Gut und Böse funktioniert nur innerhalb eines einzelnen, festgelegten, diskursiven Systems. Sobald verschiedene Weltanschauungen aufeinandertreffen, gibt es kein richtiges oder falsches Urteil über Gut und Böse mehr. Meist wird jene Ansicht als richtig angesehen, der kulturübergreifend mehr Menschen folgen. Das heißt das, was die stärkere Mehrzahl als Recht ansieht, ist Recht. Definitionen wie die folgende von Bather werden zweifelhaft, wenn das »Gute« nur das ist, was in einem einzelnen System vermittelt wurde, und keine universale Wahrheit darstellt:

> What we find is that we begin and end with the proposition that ›we know it when we see it‹. Evil, both cinematically and in the social world, is indefinable but it becomes largely recognisable by its manifestation as spectacle. We can witness a spectacular act of violence that causes massive death and destruction, and we label it evil because the act becomes too much for human capacity to explain otherwise.[355]

Gerade der Film bewegt sich in einem genau festgesetzten Rahmen, in dem einzelne Aktionen als eindeutig gut oder eindeutig böse gekennzeichnet werden, sodass es unmissverständlich erkennbar ist. Die cineastische Dichotomie macht derartige Entscheidungen verführerisch einfach.

Im Vergleich der Definitionen von Stuart Hall und Julia Kristeva bezüglich Fremdheit und Abjektion zeigt sich, dass die Konfrontation mit anderen Meinungen immer Verhandlung bedeutet. Hall definiert, dass Differenz notwendig ist »für die Produktion von Bedeutung, die Formierung von Sprache und Kultur, für soziale Identitäten und ein subjektives Bewusstsein des Selbst als ein sexuelles Subjekt.«[356] Durch Stereoty-

355 Bather: Construction of Evil, S. 3.
356 Hall: Spektakel des Anderen, S. 122.

pisierung wird die Gesellschaft gespalten: »Sie trennt das Normale und Akzeptable vom Anormalen und Unakzeptablen ab, um letzteres dann als nicht passend und andersartig auszuschließen und zu verbannen.«[357] So werden auch Kriege zwischen verschiedenen Kulturen durch ihre unterschiedlichen Perspektiven aufeinander begründbar. Nahezu weiterführend lässt sich Kristevas Definition der Abjektion lesen: »The abject has only one quality of the object—that of being opposed to I.«[358] Alles Fremde, das nicht Ich ist, ist für den Menschen automatisch bedrohlich oder sogar abjekt.

Abjekt ist das, womit ich mich nicht identifizieren kann, da es mir und meinem Wertesystem widerspricht. Oder, filmwissenschaftlich gesprochen: Ein Schurke. Der Schurke ist jemand, der different zum als allgemeingültig erscheinenden Konsens handelt. In seinem Exzess stellt er gewissermaßen eine Abjektheit dar, die das eigene Weltbild allein durch ihre Existenz bedroht. Je nach Grad des Exzesses wird der Andere vom selbstsicheren Menschen als Ressource, vom selbstunsicheren Menschen als Bedrohung angesehen. Batman und Spider-Man sind nicht für jeden Helden. Jene, die nicht von ihren Taten profitieren, sehen sie als Bedrohung. Aber eben weil der Umgang mit Fremdem, Unverständlichem und böse Erscheinendem in der realen Welt wichtig für die Koexistenz verschiedener Kulturen ist, ist die Feststellung, dass Filme ambivalente Wirkungsweisen haben, wichtig. Sie fungieren als bewusste Auseinandersetzungen mit Lebensbereichen wie Tod, Glauben, Gewalt und vermitteln ein Wertesystem. Für die Bereiche Gewalt und Ekel ist der Horrorfilm prädestiniert, während Moral und Gesetz eher im Bereich des Superheldenfilms liegen und zwischenmenschliche Auseinandersetzungen im Disneyfilm verhandelt werden. Gewiss wird die Bedeutung einer im realen Kontext als böse eingestuften Handlung im Film

357 Ebd., S. 144.
358 Kristeva: Abjection, S 1.

stark vereinfacht. Dadurch werden die Taten eines Schurken nicht als durch und durch verdammenswert, sondern wie eine zwar unsoziale, aber immerhin verfügbare Handlungsoption inszeniert.

Wenn das Ausleben böser Handlungen nur fiktiv und stellvertretend im Film erfolgt, so ist es gesellschaftskonstitutiv. Denn eine Gesellschaft, die nie in Frage gestellt wird, kann sich nicht weiterentwickeln. Daher ist das Unbekannte, Bedrohliche nötig. Wenn das Unbekannte immer sofort vernichtet wird, so wirkt auch jemand wie Batman, der ein Held sein will, wie ein Antiheld. Er handelt im Vigilantismus nach seinem eigenen Gutdünken. Um ein wahrer Held zu werden, müssen die Ansichten des Möchtegern-Helden mit den in seiner Kultur allgemein als gut angesehenen Werten übereinstimmen (wie eben die Verhinderung der Zerstörung Gothams). Im Falle Batmans geschieht dies augenscheinlich erst posthum.

Jemand, der nach seinem eigenen, von anderen nicht als gut angesehenen Kodex handelt und Erfolg hat, der wird ein Held. Aber jemand, der seine eigenen Pläne umsetzt und mit diesen scheitert, ist ein Schurke. Wenn Scars Herrschaft in DER KÖNIG DER LÖWEN erfolgreich gewesen wäre, so wäre er der Held gewesen, der das Volk vom Tyrannen Mufasa und dessen Nachkommen befreit hat. Simba und seine Revolutionäre wären die Schurken gewesen. Da Scar der Herausforderung der Herrschaft aber nicht gewachsen war, ist er der Schurke, der sterben muss, um das Land wieder erblühen zu lassen. Doch ohne ihn, wer weiß, was für ein König Simba geworden wäre? Der Schurke bietet dem Helden erst die Möglichkeit, durch Gewalt diskurskonstitutiv zu wirken. Das heißt, auf Dauer gesehen wirkt der Schurke eines Systems meist verändernd und somit die Entwicklung vorantreibend. Er bringt jedoch meist zu viele neue Faktoren auf einmal in ein bereits ausgehandeltes System ein, als dass diese Faktoren (oder Fragmente) verarbeitet werden könnten. So wirken die vielleicht sogar nötigen Morde und Gewalttaten exzessiv und unverständlich. Der Held schlägt die ungewollten Veränderungen mit Gewalt nieder und verschafft der Welt, die für ihn vorteilhaft ist, einen Aufschub. Wenn er im Folgenden wiederum zu viel seiner persönlichen Ansichten in das System einbringt, wirkt er auf genau dieselbe Weise negativ darauf ein wie der Schurke.[359] Das Wechselspiel von Held und Schurke bestimmt also den Fortschritt der Welt.

An sich dürfte eine künstliche Einteilung von Optionen in »gut« und »böse« für die Aushandlung eines Systems keine Rolle spielen, da dadurch eventuell sinnvolle Möglichkeiten von vorneherein ausgeschlossen werden. Jedoch kann der Mensch nicht in einer systemlosen, prinzipienlosen Welt mit anderen Wesen koexistieren. Eine in sich stimmige, zwischen Gesetzen und der eigenen Sichtweise ausgehandelte Denkweise ist für den Menschen überlebenswichtig.[360] Daher stellt eine Unvoreingenommenheit gegenüber dem Neuen, Fremden einen Wunschzustand dar. Sowohl das cineastische als auch das reale Böse sind immer Extremfälle, mit denen eine Verhandlung nicht möglich erscheint – im und mit dem Exzess kann man nicht rational verhandeln. Was klar werden muss: Probleme in der Konfrontation verschiedener Meinungen entstehen immer dann, wenn eine einzelne Sichtweise als universal richtig angesehen wird. Insofern scheitern sowohl Schurken wie der Joker und Bane daran, eine bessere Gesellschaft zu erschaffen, als auch Gotham Citys Rechtsvertreter und Batman. In diesem Punkt sind sich die Schurken und Helden genreübergreifend einig: Sie sehen sich selbst im Recht und kämpfen mit allen Mitteln gegen die ihnen entgegengesetzte Meinung. Konflikte sind somit nicht von einer äußeren Bedrohung, sondern meist von einem unzureichend kommunizierten Interessenkonflikt abhängig. Diese Konflikte sind aber nicht typisch für einen bestimmten Bereich, sondern vom kindgerechten Disneyfilm über den ambitionier-

---

359 Vgl. hierzu insbesondere X-Men: Zukunft ist Vergangenheit (X-men: Days of Future Past, Bryan Singer 2014).

360 Vgl. Josuttis: Die Unerkennbarkeit des Bösen, S. 11.

ten Superheldenfilm bis hin zum fatalistischen Horrorfilm in allen Genres deutlich erkennbar. Gewisse Konflikte scheinen somit allgegenwärtig zu sein. Wie diese nun auf der Metaebene behoben werden können, stellt eine interessante Herausforderung dar.

Es gibt einen zentralen Unterschied zwischen realem und cineastischem Bösen: Das cineastische Böse ist immer künstlich, verklärt und romantisiert, sein Gesamtmosaik besteht aus unzähligen Fragmenten, die auch Ästhetik, Spektakel, Inszenierung und andere positive Teile beinhalten. Insofern wird das cineastische Böse niemals über das Maß seiner eigenen Inszeniertheit hinaus anwendbar sein. Denn bei aller Analyse auf der Metaebene ist das, was Ich als böse ansehe, für mich immer noch böse, sodass Ich mich nicht davon lösen kann und will. Aber das, was nicht Ich ist, ist immer ein Teil meiner Welt und beeinflusst sie, selbst wenn Ich es ausklammern will. Die Andersartigkeit eines Anderen konfrontiert immer, ist jedoch nicht dem Anderen selbst zum Vorwurf zu machen. Schurken, die Anderen schaden, agieren immer aus einer Unzufriedenheit heraus und zeigen dadurch die Schattenseiten der »guten« Gesellschaft. Erst wenn einem in dieser Gesellschaft Lebenden die Schattenseiten vor Augen geführt werden, so legt dieser die einfache, nur auf sich selbst bezogene Prägung ab und kann (nach endlos scheinender Verzweiflung darüber) zum Helden werden. »To understand others' villainy, therefore, we need only look into ourselves at our weakest, most enraged, or most desperate and vengeful moments.«[361]

Warum sollte jemand, der ein gutes Leben hat und Vorteile aus der Gesellschaft zieht, diese Gesellschaft selbst in Frage stellen? Schurken sind eine Möglichkeit, die eigene Welt aus einer anderen Perspektive zu sehen, und eine Chance zur Weiterentwicklung. Das Böse in meiner Welt bleibt für mich böse, auch wenn ich verstanden habe, dass es nur

361 Fischoff: Villains in Film, S. 2.

eine mir entgegengesetzte Ansicht ist. Doch nur in diesem Bewusstsein, dass es mehrere, gleichberechtigte Perspektiven gibt, können ein gegenseitiges Verständnis und ein Konsens gefunden werden. Aus der anthropozentrischen Sicht wird sich ein Verständnis für Monster aber kaum einstellen. Bathers Schlussfolgerung »Evil can be seen as the threat of meaninglessness because, firstly, it is irrational, secondly, it is the creator of illusions (…), and, thirdly, in many cases it is inhuman or supernatural.«[362] ist nicht ganz korrekt. Das Böse ist nicht Bedeutungslosigkeit, sondern das, dessen Wollen von mir nicht erkannt werden kann und dem Ich daher meine eigene Bedeutung zuschreibe. Korrekt ist: Das Böse ist das, was nicht verstanden werden kann, oder aber in einer bestimmten Situation nicht von einer bestimmten Person gewünscht ist. Denn alles was mir widerspricht, spricht meinen Selbsterhaltungstrieb an und will von mir schnellstmöglich zurückgeschlagen werden.

Hier treffen Natur und Kultur innerhalb des Menschen antithetisch aufeinander. Die Natur verlangt die Selbsterhaltung, während die Kultur ein rationales Auseinandersetzen mit dem Fremden fordert. Aber zu begreifen, dass alles mir Unverständliche nicht grundsätzlich bedrohlich ist, sondern genau dieselben Rechte hat wie Ich, widerspricht der Selbsterhaltung. Um eine utilitaristisch gute Gemeinschaft zu bilden, müsste jeder Einzelne den eigenen Selbsterhaltungstrieb fast vollständig zurückdrängen, nur in Erwartung der Vorteile, die der Utilitarismus für den Einzelnen (hoffentlich) bietet. Dies wäre eine Aufgabe der eigenen Freiheit für ein übermenschliches Prinzip. Das Wohl aller wird über das eigene, naheliegende Wohl gestellt.

Jemand, der sich selbst für die ihm auch oft schadende Menschheit derartig einschränkt, hat es wohl verdient, »Held« genannt zu werden. Aber muss jeder, der seine eigene Freiheit nicht zugunsten Anderer auf-

362 Bather: Construction of Evil, S. 52.

gibt, gleich ein »Schurke« sein? Nein, denn Gut und Böse, Helden und Schurken, Richtig und Falsch sind nur einzelne Fragmente. Das Mosaik der menschlichen Welt entsteht erst aus ihrem Wechselspiel.

7. Literaturverzeichnis

Aristoteles 1982: *Poetik*. Hrsg. u. übers. v. Manfred Fuhrmann. Stuttgart: Philipp Reclam jun. GmbH & Co. KG.

Campbell, Joseph 1953: *Der Heros in tausend Gestalten*. Frankfurt am Main: S. Fischer-Verlag; Englisches Original: The hero with a thousand faces. 1949, New York: Bollingen Foundation Inc.

Clover, Carol J. 1992: *Men, Women, and Chainsaws – Gender in the Modern Horror Film*. New Jersey: Princeton University Press.

Creed, Barbara 1993: *The Monstrous-Feminine – Film, Feminism, Psychoanalysis.* Abingdon: Routledge/New York.

Dalferth, Ingolf U. 2006: *Das Böse – Essay über die Denkform des Unbegreiflichen.* Tübingen: Mohr Siebeck.

Desilet, Gregory E. 2006: *Our Faith in Evil. Melodrama and the Effects of Entertainment Violence*. North Carolina: McFarland & Company, Inc., Publishers.

Deutsche Bibelgesellschaft 1991: *Die Bibel – nach der Übersetzung Martin Luthers*. Stuttgart: Deutsche Bibelgesellschaft.

Gerstenbräun, Martin: *Sie haben schon genug? Aber wir sind doch noch unter Spielfilmlänge! Die Gewaltästhetik des Mainstreamfilms und Möglichkeiten des Widerstands.* In: Gerhard Scholz/Veronika Schuchter (Hrsg.) 2013: Ultima Ratio? – Räume und Zeiten der Gewalt. Würzburg: Verlag Königshausen & Neumann GmbH.

Hall, Stuart 2004: Das Spektakel des Anderen. In: Ideologie, Identität, Repräsentation, Ausgewählte Schriften Bd. 4. Hrsg. von Juha Koivisto/ Andreas Merkens. Hamburg: Argument Verlag.

Hebel, Kai/ Mathes, Christiane 2009: *The Subversion of Evil in the Films of David Lynch.* In: Achilles, Jochen/Bergmann, Ina (Hrsg.): Representations of Evil in Fiction and Film. Trier: Wissenschaftlicher Verlag Trier.

Heinze, Rüdiger 2009: *Charm and Persuasion of Evil Characters.* In: Achilles, Jochen/Bergmann, Ina (Hrsg.): Representations of Evil in Fiction and Film. Trier: Wissenschaftlicher Verlag Trier.

Heit, Jamey 2011: *No Laughing Matter: The Joker as a Nietzschean Critique of Morality*. In: Vader, Voldemort and other Villains – Essays on Evil in Popular Media. Hrsg. von Jamey Heit. North Carolina: McFarland&Co.

Hroß, Gerhard 2000: *Escape to fear – Der Horror des John Carpenter.* München: belleville Verlag.

Josuttis, Manfred 1987: *Die Unerkennbarkeit des Bösen*. In: Joos, Rudolf (Hrsg.) Die Ästhetik des Bösen im Film – Arnoldshainer Filmgespräche Bd. 4. Frankfurt am Main: Gemeinschaftswerk der Evangelischen Publizistik e.V.

Kainz, Barbara 2009: *Einleitende Worte*. In: Barbara Kainz (Hrsg.): Comic. Film. Helden. Heldenkonzepte und medienwissenschaftliche Analyse. Wien: Erhard Löcker GmbH.

Kaveney, Roz 2008: *Superheroes. Capes and Crusaders in Comics and Film*. London/New York: I.B. Tauris.

Kiesel, Doron/Rabius, Martin 1987: *Die Ästhetik des Bösen im Film*. In: Joos, Rudolf (Hrsg.) Die Ästhetik des Bösen im Film – Arnoldshainer Filmgespräche Bd. 4. Frankfurt am Main: Gemeinschaftswerk der Evangelischen Publizistik e.V.

Kristeva, Julia 1982: *Powers of Horror – An Essay on Abjection*. New York: Colombia University Press.

Lennartz, Norbert 2009: *The Bourgeois as a Villain: Representations of Evil in Ninteenth-Century British Fiction.* In: Achilles, Jochen/Bergmann, Ina (Hrsg.): Representations of Evil in Fiction and Film. Trier: Wissenschaftlicher Verlag Trier.

Mohr, Hans-Ulrich 2009: *Neo-Noir Film. Evil and Postmodernism.* In: Achilles, Jochen/Bergmann, Ina (Hrsg.): Representations of Evil in Fiction and Film. Trier: Wissenschaftlicher Verlag Trier.

Muir, John Kenneth 2007: *Horror Films of the 1980s,* Vol.1 *1980 -1984*. North Carolina: McFarland & Company.

Mulvey, Laura 2009: *Visual and other Pleasures*. Houndmills: Basingstoke.

McGinn, Colin 2001: *Das Gute, das Böse und das Schöne. Über moderne Ethik*. (Übers. Joachim Schulte) Stuttgart: Klett-Cotta; Englisches Original: *Ethics, Evil and Fiction.* 1997, Oxford: Oxford University Press.

Ofenloch, Simon 2009: *Antihelden und Superhelden, Superhelden als Antihelden. Die Pseudo-Comicfilme der Darkman-Reihe und Hancock.* In: Barbara Kainz (Hrsg.): Comic. Film. Helden. Heldenkonzepte und medienwissenschaftliche Analyse. Wien: Erhard Löcker GmbH.

Petit O.P., Francois/Wendland, Diether 1959: *Das Böse, das Übel und die Sünde.* In: Bibliothek Ekklesia Bd.11. Aschaffenburg: Paul Pattloch Verlag.

Plack, Arno 1967: *Die Gesellschaft und das Böse. Eine Kritik der herrschenden Moral.* München: Paul List-Verlag.

Rovin, Jeff 1987: *The Encyclopedia of Supervillains*. New York/Oxford: Facts on File on File Publications.

Staiger, Janet 2010: *The Centrality of Affect in Reception Studies*. In: Irmbert Schenk, Margrit Thröler, Yvonne Zimmermann (Hrsg.): Film – Kino – Zuschauer: Filmrezeption/Film – Cinema – Spectator: Film Reception. Marburg: Schüren.

Vossen, Ursula 2004: *Einleitung*. In: Dies. (Hrsg.): Filmgenres – Horrorfilm. Stuttgart: Reclam.

Walton, Kendall L. 2007: *Furcht vor Fiktionen*, In: Maria E. Reicher (Hrsg.): Fiktion, Wahrheit, Wirklichkeit – Philosophische Grundlagen der Literaturtheorie. KunstPhilosophie, Band 8. Paderborn: mentis Verlag.

Wiener, Oswald 1970: *der geist der superhelden*. In: Zimmermann, Hans Dieter (Redaktion): Vom Geist der Superhelden – Comic Strips – Colloquium zur Theorie der Bildergeschichte in der Akademie der Künste Berlin. Berlin: Gebr. Mann Verlag.

Worland, Rick 2007: *The Horror Film – An Introduction*. Malden/USA: Blackwell Publishing.

Internetquellenverzeichnis:

http://filme.disney.de/dvd&blu-ray

http//www.imdb.com

http://freaky_freya.tripod.com/horror_movie_rules.html

AVbyte 2014: *Disney Villains – The Musical feat. Maleficent*, 27.05.2014. https://www.youtube.com/watch?v=t6em5XNkiIA (Stand: 10.02.2016)

Balzer, Jens 2009: *Die goldenen Jahre der Superhelden sind vorbei*. In: *The European. Das Debatten-Magazin*, 28.09.2009. http://www.theeuropean.de/jens-balzer/839-die-goldenen-jahre-der-superhelden-sind-vorbei (Stand: 31.07.2014)

Bather, Neil 2006: *»There is evil there that does not sleep…« – The Construction of Evil in American Popular Cinema from 1989 to 2002.* http://researchcommons.waikato.ac.nz/bitstream/handle/10289/2564/thesis.pdf?sequence=2&isAllowed=y (Stand: 01.06.2014)

Cocksworth, Ashley 2009: *The Dark Knight and the Evilness of Evil.* In: *Expository Times*, Volume 120, Number 11. http://ext.sagepub.com/content/120/11/541.full.pdf+html (Stand: 29.04.2014)

Dimnik, Tony/Felton, Sandra 2006: *Accountant Stereotypes in Movies Distributed in North America in the Twentieth Century.* In: Accounting, Organizations and Society Volume 31, No.2. http://ac.els-cdn.com/S0361368204000819/1-s2.0-S0361368204000819-main.pdf?_tid=6af2b596-febd-11e3-bdb9-00000aab0f01&acdnat=1403957704_96dc5ae6933bdc15e0fe04794213e49e (Stand: 30.04.2014)

Fischoff, Stuart 2005: *Villains in Film – Anemic Renderings.* In: Popular Culture Review, Vol. 6, No.1. http://web.calstatela.edu/faculty/sfischo/media4.html (Stand: 14.05.2014)

Forbes, Bruce David 1999: *Battling the Dark Side- Star Wars and Popular Understandings of Evil.* In: *Word & World*, Vol. 19, No.4. https://wordandworld.luthersem.edu/content/pdfs/19-4_God_and_Evil/19-4_Forbes.pdf (Stand: 20.05.2014)

Hakimi, Nathan 2007: *The Devil in Disguise – Labeling The Silence of the Lambs and Hannibal Lecter.* http://people.brandeis.edu/~nhakimi/Files/NathanHakimi-Film-Silence_ofthe_Lambs.doc; (Stand: 26.06.2014)

Jahraus, Oliver 2009: *Harry Potter, Frodo Baggings und der Kampf »gut gegen böse«.* http://publikationen.ub.uni-frankfurt.de/volltexte/2009/114079/ (Stand: 23.04.2014)

King, Stephen [o.J.]: *Why We Crave Horror Movies*. http://de.scribd.com/doc/87844780/Stephen-King-Why-We-Crave-Horror-Movies#scribd (Stand: 06.02.2016)

Klapp, Orrin E. 1954: *Heroes, Villains and Fools, as Agents of Social Control.* In: American Sociological Review, Vol. 19, No. 1. http://www.jstor.org/stable/pdfplus/2088173.pdf?&acceptTC=true&jpdConfirm=true (Stand: 24.06.2014)

Knight, Zelda G. 2010: *Monsters and Monstrous Acts- Exploring the Shadow Archetype in BATMAN: THE DARK KNIGHT.* In: Elizabeth Nelos/Jillian Burcar, Hannah Priest (Hrsg.): Creating humanity, Discovering Monstrosity – Myths and Metaphors of Enduring Evil. Oxford: Inter-Disciplinary Press. http://www.inter-disciplinary.net/wp-content/uploads/2009/08/thedarkknight-zeldaknight.pdf (Stand: 20.06.2014)

Kushkaki, Mariam 2013: *Unmasking the villain – A reconstruction of the villain archetype in popular culture.* http://sdsu-dspace.calstate.edu/bitstream/handle/10211.10/4282/Kushkaki_Mariam.pdf?sequence=1 (Stand: 24.06.2014)

Orgain, Bridget 2013: *Villains – (Re)presentations of the Bad Guy.* http://www.frankwbaker.com/Villains.pdf. (Stand: 23.04.2014)

Pollard, Tom 2000: *Postmodern cinema and the death of the hero*, In: CineAction, 2000, No.53. http://www.thefreelibrary.com/Postmodern+cinema+and+the+death+of+the+hero.-a030001385. (Stand: 03.05.2014)

Tanner, Litsa Renée/Haddock, Shelley A./Schindler Zimmerman, Toni/ Lund, Lori K. 2012: *Images of Couples and Families in Disney Feature-Length Animated Films.* In: The American Journal of Family Therapy. Vol.31, No.5, 2003. http://dx.doi.org/10.1080/01926180390223987 (Stand: 06.06.2014)

Westfall, David W. 2009: *Why Nemo Matters – Altruism in American Animation*. http://krex.k-state.edu/dspace/bitstream/handle/2097/1414/DavidWestfall2009.pdf?sequence=1&isAllowed=y (Stand: 30.04.2014)

Stichwortverzeichnis

Filme

Schurken

Abbildungen:

Abb. 1, 27-29: DreamWorks Animation

Abb. 2: Compass International Picture

Abb. 3, 26: Pixar Animation Studios

Abb. 4-25, 30, 61-62: Walt Disney Company

Abb. 31-39, 49: Warner Bros.

Abb. 40: Marvel Studios

Abb. 41-44, 51-53, 59: Columbia Pictures

Abb. 45-47, 54-56: New Line Cinema

Abb. 48, 57-58: Strong Heart/Demme Production

Abb. 50: 20th Century Fox

Abb. 60: Lionsgate

Weitere Veröffentlichungen des Verlags

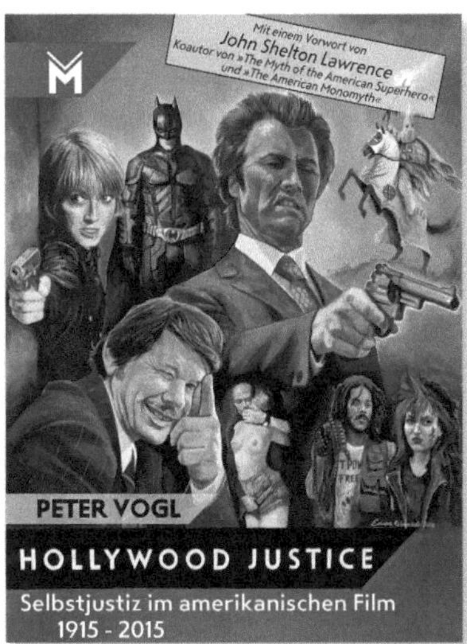

Peter Vogl:

Hollywood Justice

Selbstjustiz im amerikanischen Film

1915 - 2015

217 Seiten, zahlreiche Abbildungen.
E-Book: 14,99 Euro, Print: 18,90 Euro.

Ein Jahrhundert Selbstjustiz im amerikansichen Film: Von BIRTH OF A NATION bis CARTEL LAND nehmen Vigilanten das Recht in die eigene Hand. *Hollywood Justice* ist die weltweit erste Veröffentlichung, die alle wichtigen (und einige weniger wichtige) Vertreter dieses besonderen Genres vereint. Das Buch ist Nachschlagewerk, historischer Überblick und Analyse in einem – eine Enzyklopädie filmischen Faustrechts.

Moritz Rosenthal:

Das Monster im Blick

Die Repräsentation des Femininen im Horrorfilm

96 Seiten, zahlreiche Abbildungen.
E-Book: 9,99 Euro, Print: 12,90 Euro.

Wie wird das Weibliche im Horrorfilm präsentiert? Eine Einführung ins Horrorgenre wie auch in Gendertheorien von Laura Mulvey, Linda Williams, Carol J. Clover, Julia Kristeva und Barbara Creed – anhand von Peter Jacksons BRAINDEAD.

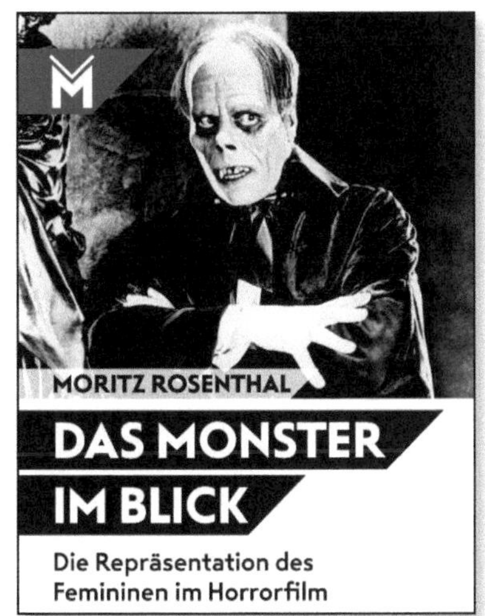